图书在版编目(CIP)数据

实践性法学教育论丛. 第六卷 / 许身健主编 ; 李晓副主编. -- 北京 : 法律出版社, 2024
ISBN 978-7-5197-8986-2

Ⅰ. ①实… Ⅱ. ①许… ②李… Ⅲ. ①法学教育-研究-中国 Ⅳ. ①D920.4

中国国家版本馆CIP数据核字(2024)第066595号

实践性法学教育论丛(第六卷)
SHIJIANXING FAXUE JIAOYU LUNCONG
(DI LIU JUAN)

许身健 主 编
李 晓 副主编

策划编辑 朱海波
责任编辑 朱海波
装帧设计 汪奇峰 臧晓飞

出版发行 法律出版社
编辑统筹 法律应用出版分社
责任校对 似 玉
责任印制 刘晓伟
经 销 新华书店

开本 710毫米×1000毫米 1/16
印张 18.5 字数 300千
版本 2024年4月第1版
印次 2024年4月第1次印刷
印刷 三河市龙大印装有限公司

地址:北京市丰台区莲花池西里7号(100073)
网址:www.lawpress.com.cn
投稿邮箱:info@lawpress.com.cn
举报盗版邮箱:jbwq@lawpress.com.cn

销售电话:010-83938349
客服电话:010-83938350
咨询电话:010-63939796

书号:ISBN 978-7-5197-8986-2
定价:80.00元
凡购买本社图书,如有印装错误,我社负责退换。电话:010-83938349

实践性法学教育论丛（第六卷）

模拟法庭教学

加强新时代法学教育背景下模拟法庭教学设计的完善

张峰振 *

摘　要：加强新时代法学教育，要求健全法学教育体系。模拟法庭是法学实践教学的重要课程，是健全法学教育体系的重要支撑。我国法学专业模拟法庭教学设计存在不足之处，主要表现：模拟法庭的课程属性不明确；竞赛型教学模式限制了多数同学的参与机会；"模拟"变为表演，异化了教学目标；对模拟法庭课程的重视和投入不够。解决模拟法庭教学设计存在的问题，应坚持课程属性、尽量真实、普惠性、综合性等原则。完善模拟法庭教学设计的主要路径包括：确立模拟法庭课程地位，建构以模拟法庭为基础的实践教学课程模块；选取尚未审理终结的真实案件，尽可能克服模拟法庭的不真实性；明确模拟法庭的普惠性和全员参与；确保指导老师的指导能力和认真指导；落实全流程模拟和综合性训练。

关键词：模拟法庭；课程属性；尽量真实原则；普惠性原则；综合性原则

2023年2月，中共中央办公厅、国务院办公厅印发《关于加强新时代法学教育和法学理论研究的意见》，明确提出健全法学教学体系，强化法学实践教

* 张峰振，江苏师范大学法学院教授。

学。模拟法庭是法学实践教学的重要课程，是培养学生法律职业技能的重要途径，是衔接法学教育与法律职业的重要桥梁。《关于实施卓越法律人才教育培养计划的若干意见》明确将模拟法庭作为卓越法治人才培养的重要实践环节。[①]《法学类教育质量国家标准（2021）》也将模拟法庭列为重要的实践课程。模拟法庭已经成为多数法学院校人才培养方案不可或缺的内容。但由于各高校对模拟法庭课程的认识和重视程度不同，导致模拟法庭教学设计模式迥异，影响了模拟法庭教学功能的充分发挥。本文将在检讨我国模拟法庭教学设计现状的基础上，分析制约模拟法庭教学功能的主要因素，提出优化模拟法庭教学设计应遵循的原则和完善建议，以期对规范模拟法庭教学，促进卓越法治人才培养有所裨益。

一、我国模拟法庭教学设计现状

在我国法学院校中，模拟法庭教学设计模式差异较大。以是否列入人才培养方案为标准，可以将模拟法庭分为独立课程模式和非独立课程模式。多数高校属于前者，将模拟法庭列入人才培养方案，设置为一门独立的课程。少数高校属于后者，没有将模拟法庭纳入培养方案，仅将其作为学生活动或学科竞赛，定期或不定期举办或组织学生参加。

在独立课程模式中，又包括综合模拟法庭与专业模拟法庭。前者在培养方案中只设模拟法庭一门课程，课程名称有时也称为模拟审判或模拟庭审等。后者在培养方案中体现为民事模拟法庭、WTO 法模拟法庭、国际模拟庭比赛（杰赛普模拟比赛）等。

作为独立课程的模拟法庭，其教学设计方案亦不相同。根据不完全调研，模拟法庭课程设计大致有以下几种：一是在教学组织上，既有采取与理论

① 《教育部、中央政法委员会关于实施卓越法律人才教育培养计划的若干意见》（教高〔2011〕10 号）。

课程人数一样的班级组织，也有分小组（如每个小组不超过10人）实施小班化教学的组织形式。二是在教学形式上，既有先讲授基本知识和技能，课程结束时再进行模拟法庭展演的形式，也有自始就进行模拟法庭各环节演练的形式。三是指导老师配备上，既有仅安排一个指导老师或一个校内老师一个校外实践老师的情形，也有每个小组安排一个指导老师的情况。四是模拟案件选择上，既有虚构案件，也有真实案例；既有能查到相关裁判文书的案例，也有无法查到相关裁判文书的案例。

总结国内模拟法庭教学的现状，可以发现以下几个特点：一是在是否设置为一门独立的课程上，没有达成共识；二是在模拟法庭的授课方式上，既有传统的理论讲授型，也有模拟演练型；三是在学生参与度上，多数高校只有部分学生参与到模拟法庭的具体演练和展示中；四是在模拟法庭案件选取上，多数是已经裁判终结的案件或可以通过公开渠道获取到相关法律文书的案件，也有改编或编造的案件。

二、我国模拟法庭教学设计存在的问题

从我国法学院校模拟法庭教学现状可以发现，模拟法庭教学在法学人才培养中的重要性并未得到充分发挥。其最主要的问题主要表现在以下几个方面。

（一）模拟法庭的课程属性不明确

一是未设模拟法庭课程。有些高校并未在培养方案中开设模拟法庭课程，使同学们失去了通过模拟训练提升法律职业技能的机会。没有开设模拟法庭课程的高校中，有的开设了法律诊所。虽然法律诊所也是培养法律职业技能的重要课程，其中包含模拟法庭内容，但二者的侧重点和目的并非完全一致，不能相同替代。将模拟法庭作为学生活动而非一门独立的课程的高

校,仅为部分同学提供了训练机会,多数同学无法参与。培养方案中没有模拟法庭课程的高校,对于模拟法庭在法学人才培养中的作用认识明显不足。

二是未设模拟法庭替代课程。开设模拟法庭课程的高校中,多数将其定位为选修课。而将模拟法庭设为选修课的高校,有的并没有设置相应的替代课,如法律诊所、法律援助等,当学生不选修模拟法庭课程时,就会出现无替代性实践课程可选的局面。这样就限缩了学生选修法律职业技能课程的空间。

(二)竞赛型教学模式限制了多数同学的参与机会

有些高校以参加国内外模拟法庭竞赛为宗旨,只挑选比赛选手进行专门培训。这种培训模式事实上把大多数法科学生排斥在外。以竞赛为目的的模拟法庭事实上已经背离了模拟法庭作为课程的本质。模拟法庭作为法科学生法律职业技能培养的实践课程,应当为每一位法科学生提供训练机会,采取普惠制,而不能成为部分学生的专利或特权。

(三)"模拟"变为表演,异化了教学目标

模拟法庭教学中最大的问题在于它的表演性。根据调研,很多高校的模拟法庭使用公开的案例或编造的案例,证据是经过裁剪或杜撰的,庭审按照事先拟好的脚本,庭审前进行彩排或预演,庭审变成表演,整个过程明显缺乏真实性。国外对此亦有批评声音。"模拟法庭上律师的言行举止并不像真正的律师,因为他们没有被教导要像真正的律师一样行事。在大多数—也许是所有的—法学院,过于强调模拟法庭的'模拟'(MOOT)部分,而对'法庭'(COURT)的重视远远不够。"①这是造成模拟法庭不真实的重要原因。这种不真实性削减了学生对于模拟法庭的兴趣和参与的积极性,同时也异化了通

① Alex Kozinski, "In Praise of Moot Court—NOT!", *Columbia Law Review*, January 1997.

过模拟法庭训练法律职业技能的目的，使模拟法庭参与者过分追求辩论技巧和庭审效果，而背离了真实案件的追求——当事人利益最大化。正如批评者所言，“（模拟法庭）给学生们上了一堂有悖常理的课，即当事人的案子是否有优势（STRENGTH）——实际上是当事人的命运——与律师无关，唯一重要的是律师如何机智巧妙地应对法官。也许正是这一点，比其他任何事情都更能赋予模拟法庭一种奇怪的不真实的气氛”。①

（四）对模拟法庭课程的重视和投入不够

重理论知识传授，轻法律技能培养是国内法学院系的普遍倾向。与理论课程相比，模拟法庭课程并没有引起老师和学生的足够重视。从思想上轻视法律职业技能培养，是包括模拟法庭在内的实践课程在国内不受重视的主要原因。有的模拟法庭课程按照理论课程讲授，几十个人一个老师，无法进行职业技能的个别指导和训练。有的高校模拟法庭主要由学生自己准备，老师很少指导。这些都导致法学院系培养的毕业生理论与实践脱节，难以适应社会需求。

模拟法庭指导老师的待遇难以保证。模拟法庭指导比理论教学需要付出更多的时间和精力。理论教学老师通常按照课表规定的时间完成授课任务即可，但模拟法庭指导老师的指导则没有所谓的固定时间，随时都可能接到学生的咨询和问题，并且经常需要指导学生讨论案情、分析证据、研究法律，确定代理方案和庭审辩论策略等。这种几乎全天候的指导会占用老师大量的时间，更主要的是影响老师从事其他任务的专注性和精力。如果学校没有相应的对待和评价，仅凭“情怀”难以持续。“许多指导老师因付出大、收获小甚至没有，指导积极性大受影响。很多优秀指导老师不得不忍痛割爱，婉拒学生的邀请。有的学校连邀请模拟法庭嘉宾评议的老师都很困难，这着实让学生们灰心丧气。”②

---

① Alex Kozinski, “In Praise of Moot Court—NOT!”, *Columbia Law Review*, January 1997.

② 翟业虎：《关于规范我国高校模拟法庭教学的思考》，载《高等教育研究》2015 年第 9 期。

有些高校对模拟法庭软硬件建设投入不足。随着技术飞速发展，我国法院的数字化和智能化建设取得了很大进步。“智慧法院建设业已成为‘法治中国的一张靓丽名片’以及‘中国特色的智慧司法’的标志性成果。”①与法治实践的智能化相比，高校作为法学教育和法学理论研究的重要场所，“承担着为法治中国建设培养高素质法治人才、提供科学理论支撑的光荣使命”，②理应为学生提供数字化、智能化的先进模拟法庭，“充分发挥法学教育的基础性、先导性作用”。③ 但调研发现，我国不少高校的模拟法庭设施设备陈旧，有的仅有同时作为礼堂或阶梯教室的场所，没有智能化的庭审设备；有的庭审设备老旧，不适应数字化、智能化要求。这种模拟法庭明显滞后于司法实践，无法为法科学生提供与现代法庭相适应的法律职业技能训练场所。

三、我国模拟法庭教学设计应遵循的原则

解决模拟法庭教学设计存在的问题，应坚持课程属性、尽量真实、普惠性、综合性等原则。

（一）课程属性

模拟法庭是法学人才培养方案中的实践教学课程。作为一门课程，其应当符合课程设置的基本规律和要求，如应当在专业培养方案中独立设置、具有教学大纲、教学目的、基本要求和相应的学时。④

纳入专业人才培养方案，独立设置。模拟法庭的实践教学课程性质决定

---

① 刘艳红：《人工智能技术在智慧法院建设中实践运用与前景展望》，载《比较法研究》2022 年第 1 期。

② 《关于加强新时代法学教育和法学理论研究的意见》（中共中央办公厅、国务院办公厅，2023 年）。

③ 《教育部、中央政法委员会关于实施卓越法律人才教育培养计划的若干意见》（教高〔2011〕10 号）。

④ 《法学类教学质量国家标准（2021 年版）》第 5.2.2 条：实践教学课程。

了应该把模拟法庭纳入法学专业人才培养方案,独立设置。有些高校未将其纳入培养方案,仅作为一项学生活动,则难以充分发挥模拟法庭的实践育人功能。因为在我国高校目前的管理体制下,教学活动由教务部门管理,学生活动由学生工作部门负责。专业教师的教学工作由教务部门分配。在此情况下,不属于人才培养方案内容的学生活动,对于被邀请承担指导任务的专业教师而言,通常被认为属于"职责外"或"份外"事项,难以获得与培养方案内课程一样的投入和保障。另外,模拟法庭课程与理论教学中的模拟训练也不同。前者属于独立的实践课程,后者仅为理论课程的内容,服务于理论课程教学目的,本质上仍属于理论课程。

(二)尽量真实原则

模拟法庭教学模式应遵循尽量真实原则。所谓模拟法庭的尽量真实原则,是指为克服模拟法庭教学中普遍存在的不真实性,应尽量选取尚未进入诉讼过程或尚在诉讼过程中未裁判终结的真实案件作为模拟法庭案件,在证据的甄别与判断、起诉状与答辩状的撰写、法庭调查与辩论、裁判文书的形成等各个环节,通过沉浸式体验训练学生的法律职业技能,从而淡化"模拟"(Moot)色彩,强化"法庭"(Court)功能,实现教学目的。

选取尚未进入诉讼程序或尚未裁判终结的真实案件作为模拟法庭案件,是克服模拟法庭"表演性"或不真实性的重要基础。使用已经裁判终结的案件,在法律数据库和检索功能强大的当下,裁判文书或相关资料可以轻易获取,通过模拟法庭训练学生证据取舍、法庭质证与辩论、法律文书撰写等技能的教学目的恐将大打折扣。而使用编造或裁剪的案件,更是传统理论教学中案例教学的典型表现,与培养法律职业技能的实践实训课程要求格格不入。"案例教学的主要限制之一是它不能让学生充分了解律师是如何发展案件(develop cases)的。学生们读到的是律师和法官已经处理过的案件的上诉意见书，但他们看不到未经提炼的意见书中的法律问题。”①

以真实案件为基础推进诉讼流程和庭审程序，可以赋予“法庭”最大限度的真实感。学生从接触和分析真实案件的证据材料入手，固定案件事实，进行法律研究，确定办案策略，撰写法律文书，准备法庭质证和辩论等。尽管是模拟法庭，因选取的是真实案件，学生们会考虑在其代理或承办下的案件处理结果，是否以及在多大程度上，与不久后真正法庭的审理结果相一致。这种检验将迫使学生认真对待模拟法庭，从而在一定程度上克服模拟法庭的表演性和不真实性弊端。

（三）普惠性原则

模拟法庭教学模式的普惠性原则，是指模拟法庭作为一门独立设置的课程，应为法学专业学生提供普遍、无差别的选修机会。模拟法庭是法学专业人才培养的重要实践课程，应对所有学生开放，而不能设置准入门槛，仅允许极少数学生享受资源。按照这个原则，仅供部分参赛选手参加的模拟法庭竞赛与模拟法庭作为一门课程的要求不符。中国政法大学许身健教授将具有普惠性的模拟法庭课程与仅供部分参赛选手参加的模拟法庭竞赛，比作全民健身战略与体育金牌战略的关系。这种类比十分准确、恰当。法学专业不仅要关注模拟法庭竞赛，更要重视为全体法科学生提供普惠性的模拟法庭课程，这是保障法学教育整体质量的根本和基础。

模拟法庭课程的普惠性仅指学生有选修该课程的机会。在有其他可替代课程的情况下，学生也可以选修具有相同功能的替代课程。在模拟法庭与法律诊所的关系上，不少同学和部分教师也存有误解。法律诊所课程是学生亲自代理案件，通过“做中学”实现课程目的。因此，法律诊所课程的真实性远远超过模拟法庭课程的“真实性”。后者是尽量接近真实，前者是完全真

---

① Russell L. Weaver, “Langdell's Legacy: Living With the Case Method”, *Villanova Law Review*, April 1991.

实。由法律诊所替代模拟法庭课程是以一种较高的标准替代了低一些的标准,不仅不影响教学目的的实现,其实践育人效果也远远超越了模拟法庭。但也正是由于法律诊所的完全真实性,受制于师资、案源等资源限制,诊所课程接收学生的数量极为有限。因此,模拟法庭可以为学生提供普遍的、无差别的选修机会,而法律诊所需要设定一定的门槛,只遴选部分学生参与。这就决定了无法以法律诊所替代模拟法庭。

(四)综合性原则

模拟法庭教学模式的综合性原则,是指模拟法庭课程是实体与程序的综合,口头表达与文书写作能力的综合,各项法律职业技能的综合,法律职业技能与职业伦理的综合。尽管模拟法庭有综合模拟法庭与专业模拟法庭之分,但这并不影响模拟法庭综合性原则的认定。只要是模拟法庭课程都应遵守综合性原则,培养学生的上述综合能力和素养。

模拟法庭课程与模拟辩论、模拟谈判等模拟类课程亦有明显区别。其区别主要是模拟的对象和内容不同。前者模拟的是“法庭”,一个案件从形成到审判终结的全部过程均包含在模拟法庭课程内;后者要么模拟的是案件从形成到诉讼终结过程中的某个环节或片段,要么模拟的是诉讼程序之外的其他程序。当模拟案件形成到诉讼终结中的某个环节或片段时,模拟的综合性就不明显。当模拟的是诉讼程序之外的其他程序时,可能也应遵循综合性原则,但其与模拟法庭的综合性内容迥然有异。

四、我国模拟法庭教学设计的完善路径

为了充分发挥模拟法庭的实践教学功能,有必要在遵循前述原则的基础上,优化模拟法庭教学设计,完善模拟法庭教学制度。

（一）确立模拟法庭课程地位，建构以模拟法庭为基础的实践教学课程模块

将模拟法庭作为法学实践教学的重要课程列入人才培养方案，是确保模拟法庭课程地位的重要保障。尽管国内绝大多数高校均将模拟法庭纳入人才培养方案，但仍有部分高校没有将其独立设置为一门课程。这些高校或者是因为师资力量不足，①或者是因为重视不够。② 无论什么原因，模拟法庭课程的缺失不利于培养法科学生的职业技能和综合素养。理论教学中的模拟训练和法律诊所无法替代独立的模拟法庭课程。因此，建议各高校法学专业均将模拟法庭设置为一门独立的实践课程。

建构以模拟法庭为基础的实践教学课程模块。实践教学课程模块可以包括模拟法庭类课程（包括模拟法庭竞赛）、模拟类其他课程、法律诊所类课程、法律援助类课程等。模拟法庭类课程是实践教学课程中的基本设置，应作为学生选修的基础或兜底课程。“模拟法庭是法学院提供的培养实践技能的最佳场所之一。”③除非选修模拟类其他课程、法律诊所类课程或法律援助类课程，学生一般都应选修模拟法庭课程。各高校可根据本校师资力量和办学特色，开设一定数量的专业模拟法庭课程模块，为学生提供丰富多样的模拟法庭课程菜单。

（二）选取尚未审理终结的真实案件，尽可能克服模拟法庭的不真实性

模拟法庭案件应以正在发生的真实案件为主。正在发生的真实案件可以吸引学生的注意力和兴趣，学生有很强的代入感。案件来源可以是指导老

---

① 按照《法学类教学质量国家标准(2021 年版)》，各专业师生比不得低于 1∶17。

② 调研发现，未将模拟法庭类课程纳入人才培养方案的高校，既有普通“双非”高校，也有 211 高校，甚至 985 高校。

③ Sam Butler, “The Very Real Benefits of Moot Court”, *Journal of the Kansas Bar Association*, June 2013.

师自己正在代理的真实案件，也可以是从法院获取的正在诉讼中的案件。有些高校也会借鉴法律诊所的形式，将真正案件的当事人引入模拟法庭课堂，把当事人的案件在模拟法庭课程中按照诉讼程序，预演一遍。这样可以最大限度地降低模拟法庭的不真实性。

模拟法庭案件应以尚未审理终结的案件为主。诉讼中的案件因结果的不确定性，可以最大限度激发学生思考案件的积极性、思维的缜密性和对真实案件裁判结果的期待。学生虽然是在“模拟”法庭，但他们已经有了真实法庭的感觉和投入，这是已经审理终结的案件或者编造案件无法达到的效果。美国对模拟法庭教学持批评态度的学者亦建议通过选取尚在诉讼进程中的真实案件作为模拟法庭案件。“如果我要举办一场模拟法庭比赛，我会从一个在州或联邦中级上诉法院悬而未决的真实案件开始，这个案件有真实的记录。”[①]这将“使模拟法庭更像真实法庭”。[②] 如果无法从上述渠道获取正在诉讼中的案件，不得已也可以选取已经审判终结但没有公开裁判文书或无法在公开渠道找到裁判文书的案件。至少这样可以让学生独立思考和分析案件，独立撰写法律文书。

（三）明确模拟法庭的普惠性和全员参与

模拟法庭的普惠性要求应将该课程纳入培养方案，独立设置，使法学专业同学都有选读该课程的机会。尽管模拟法庭竞赛对于提高选手个人和参赛高校的知名度和美誉度更为重要，但竞赛的受益面较小，多数同学没有机会参与竞赛，因此，模拟法庭竞赛有时也被称为“面子工程”。与之相对，模拟法庭课程则为法学专业学生提供无差别的选修机会，是基础性实践课程。高校应处理好基础性模拟法庭课程与模拟法庭竞赛之间的关系。

法学专业学生应全员选读以模拟法庭课程为基本设置的实践教学课程。

---

① Alex Kozinski, “In Praise of Moot Court—NOT!”, *Columbia Law Review*, January 1997.

② Alex Kozinski, “In Praise of Moot Court—NOT!”, *Columbia Law Review*, January 1997.

法学专业学生应至少选修一门实践教学课程。在实践教学课程体系中，模拟法庭的基础地位决定了学生在法律诊所、模拟类其他课程外，应将模拟法庭类课程作为主要的选修课程。

（四）确保指导老师的指导能力和认真指导

模拟法庭任课教师应具有相应的实务工作背景或实务经验。法学教育本质上是一种职业教育，以培养应用型、复合型法律职业人才为主要目的。模拟法庭属于实践教学课程，其主讲教师应具备与法律职业相关的实务工作背景或实务经验方能胜任教学工作。[①] 在选取模拟法庭指导教师时，应按照上述标准，优先选择“双师型”教师担任模拟法庭指导老师。同时，可以聘任法律实务部门有较高理论水平和丰富实践经验的专家作为模拟法庭校外指导老师。但不能将指导学生的任务完全交由校外老师独自负责，应确立校内老师负主要指导责任，校外老师起辅助指导作用的体制。这也是模拟法庭等校内课程与专业实习的主要区别。后者由实习单位的指导老师负主要指导责任。

组织模拟法庭教学过程，强化指导效果。模拟法庭作为一门实践教学课程，其教学组织应采用小组或小班化教学形式，一般每个小组宜控制在 8 人左右。其中，原告、被告代理人各 2 人，法官组 4 人（包括 3 名合议庭成员和 1 名书记员）。每个小组配备至少 1 名校内指导老师。整个模拟法庭过程由指导老师精心组织，统筹安排，个别指导。调研中发现，有些高校模拟法庭任课老师未尽指导职责，任由学生自行组织和准备，包括案件选取、证据编造、庭审准备等均由学生独立完成。在国外亦存在指导老师疏于指导的现象，如美国学者批评模拟法庭课程时说，“法学院往往让学生在模拟法庭上自行其是，而没有提供足够的指导。即使是最聪明的学生也不能指望在没有任何指导的

---

① 《法学类教学质量国家标准（2021 年版）》第 7.2 条：教师专业背景与水平要求。

情况下写出出色的辩护状和展示出色的口头辩论”。[①] 模拟法庭虽然以学生亲自体验为主,但不能脱离老师的指导。指导老师应当全程把控,进行针对性指导,引导和启发学生独立操作,切身体验,以实现课程目的。

完善模拟法庭保障制度。为模拟法庭指导教师提供充分的保障是确保实现模拟法庭教学目的的基础。在我国现行高校评价体系下,重科研轻教学倾向根深蒂固,如职称晋升和各项选拔制度均主要以科研表现(包括科研成果、项目、获奖等)为衡量指标,致使老师难以全身心投入教学,尤其是实践教学。建议给予模拟法庭指导老师相对于理论教学更高的课时量,同时,在职称晋升和其他选拔制度中恰当对待和评价实践教学指导老师的贡献。另外,适应人工智能和数字政府建设的需要,高校应当适时升级改造模拟法庭设施设备,以与人民法院的科技法庭保持基本一致的配置水平,或在一定程度上超前配置。只有这样,承担法学教育重任的高校才能培养出适应新时代法治中国实践需求的卓越法治人才。

(五)落实全流程模拟和综合性训练

超越庭审时空,关注诉讼全流程。模拟法庭课程不应仅局限于庭审时的法庭,而应将模拟法庭活动的时空拉伸。时间上,自当事人第一次接触代理人并向其提交证据材料时起,至案件审判活动终结,公开宣判并整理完卷宗为止。空间上,除了模拟“法庭”,代理人与当事人接触、代理人之间讨论的每个场所可能无处不在。这种时空的拉伸无疑放大了模拟法庭课程的效果,能全方位训练学生的法律职业技能和职业伦理。

聚焦职业技能,注重综合性训练。模拟法庭课程以培养法律职业技能为主要目的。在有些案件中,也培养学生的法律职业伦理。模拟法庭课程培养的职业技能既包括诉讼程序的运用,也包括对实体法律知识的理解和把握。

① Michael v. Hernandez, “In Defense of Moot Court: A Response to ‘In Praise of Moot Court—NOT!’”, *Review of Litigation*, Winter 1998.

学生应该在老师的指导下，从证据材料的筛查、案件事实的发现，到诉讼策略的制定、法律文书的撰写、庭审质证和辩论、口头表达、法庭形象等方面，进行综合性指导和训练。真正培养学生像律师一样思考和行为，像法官一样裁判案件。在真实案件的整个运转流程中，感受法律的实际运作过程，培训学生解决法律案件的综合能力。

总之，在加强新时代法学教育背景下，模拟法庭作为法学专业重要的实践教学课程，是培养卓越法治人才的重要保障。但模拟法庭教学功能的充分发挥，有赖于通过教学设计的优化，不断创新模式，完善制度，增强其吸引力和活力。模拟法庭教学设计的完善必将促进法学教学体系的健全。

高素质法治人才视域下模拟法庭教学存在的问题及优化措施*

荣振华**

摘　要：高素质法治人才的内涵与外延随着时代发展，而不断“传承”与“创新”。从高素质法治人才视角反思当下模拟法庭教学，此门课程的目标与高素质法治人才存在一定偏差，课程缺乏与其他部门法衔接与回应，课堂程序流于形式，对模拟法庭比赛衔接处于两个极端局面，并对线上相关教学资源缺乏适当回应，以及相关保障制度缺位等问题，致使模拟法庭无法负载起“承上启下”的课程功能。为此，从高素质法治人才视角做出系列优化模拟法庭课程的举措：重构模拟法庭课程人才培养目标，采取学期教学会议形式增强模拟法庭课程与部门法课程互动，课堂流程弱“模拟”强“实践”且关注学生个性化成长需求，课堂内容与模拟法庭比赛适当衔接，模拟法庭融入线上教学因素等，进而使模拟法庭课程发挥其课程功效，培养更多符合中国特色社会主义发展需求的法治人才。

* 本文系“2021 年度辽宁省普通高等教育本科教学改革项目：高校跨校修读学分教学管理制度现状反思及完善建议研究”、“2020 年辽宁省教育科学规划课题：高校在线教育教学质量评价体系的构建与实践（JG20DA006）”与“中国高等教育学会高等教育科学研究‘十三五’规划课题 2018 年度信息化专项课题：教育管理信息化视阈下高校治理现代化回应机制研究（2018XXHZD07）”阶段性成果。

** 荣振华，大连医科大学教授。

关键词：高素质法治人才；模拟法庭课程；在线庭审；在线课程

一、问题提出

党的二十大报告明确提出“全面依法治国总体格局基本形成，中国特色社会主义法治体系加快建设……法治中国建设开创新局面”。并且将“法治”融入整个二十大报告的全部主题建设之中，并对未来法治队伍的人才培育提出建构目标，即我们国家需要培养大批德才兼备的高素质人才。2023 年国务院办公厅印发《关于加强新时代法学教育和法学理论研究的意见》（以下简称《新时代法学教育和研究意见》），再次强调“持续培养大批德才兼备的高素质法治人才”。这就需要我们当下的法律教育工作者对法治人才进行全新的思考：我们培养什么样的高素质法治人才？怎样培养高素质法治人才？

首先需要我们厘清的是高素质法治人才内涵，在目标界定清楚之上，还会涉及如何培养的问题。从中央近几年发布的关于法治人才①的文件中，我们可以看出高素质法治人才的内涵与外延，随着时代的发展而不断拓宽容量。例如，2018 年教育部、中央政法委联合发布《关于坚持德法兼修实施卓越法治人才教育培养计划 2.0 的意见》对法学教育的引导方向，从该文件可以推导出，高素质法治人才需要具有端正的德育观、扎实的专业基础和较强的实践操作能力。再如，2023 年国务院办公厅印发的《新时代法学教育和研究意见》明确指出，高素质法治人才具有坚定理想信念、强烈家国情怀、扎实法学根底的法治人才。然而，政策目标属于普适性计划，属于政策改革愿景式的表述，具有很强的开放性。高素质法治人才的培育，需要日常教学活动“量”的累积，才能产生“质”的飞跃，而日常教学活动需要对高素质法治人才

---

① 法治人才是党的十八届四中全会首次提出的概念，随后，中央发布多个文件，对法治人才建设建构了政策体系。

做出“具像描述”，才具有执行性与可操作性。因此，学界从不同视角对高素质法治人才做出界定。陈云良学者认为高素质法治人才是以法律职业伦理为引导的，具有一定知识汲取能力的法律人。① 梁平学者认为高素质法治人才既要具有扎实的法律知识、敏锐的法律思维和高超的法律应用能力，又要具有坚定的理想信念、高尚的道德情操和“知行合一”的道德实践。② 郭为禄学者认为高素质法治人才不仅具备扎实的法学理论功底和系统的法治思维能力与实践能力，还要具有高尚的道德情操和奉献人民的家国情怀。③ 徐显明学者从新文科视角对高素质法治人才做出全新的解读，不仅掌握法律知识与技能，还要将法治与算法、人工智能、区块链等现代信息技术相结合，掌握多种交叉学科且能顺应时代发展的法治人才。④

从上述政策的表达与学者的研究可以看出，虽然高素质法治人才的内涵与外延，因社会发展而不断延展，但其核心要义是“知识 + 能力 + 素养”，即掌握扎实知识技能⑤基础上拥有家国情怀的职业素养以及符合社会需求的实践能力。这三要素是否有效融合最终要以具体实践来检验，诚如习近平总书记所言，法学是实践性很强的学科，法学教育要处理好知识教学和实践教学关系。模拟法庭这门课恰好属于检验学生是否将三要素有效结合的实践课程之一，虽然模拟法庭课堂教学仅是法治人才培养课程体系中的一门课程，但因其教学内容属于法学实践的课堂再现，承载法学教育与法律职业的深度融合功效，因此，此门课程具有双重功效：一方面侧重于学生实务探知能力、诠

① 参见陈云良：《新时代高素质法治人才法律职业伦理培养方案研究》，载《法制与社会发展》2018 年第 4 期。

② 参见梁平：《德法兼修：新时代卓越法治人才培养的实践进路探索》，载《河北法学》2021 年第 3 期。

③ 参见郭为禄：《以习近平法治思想为指引推进高素质法治人才培养》，载《法学教育研究》2022 年第 2 期。

④ 参见徐显明：《新文科建设与卓越法治人才培养》，载《中国高等教育》2021 年第 1 期。

⑤ 知识技能不仅局限于法学，还包括交叉学科，如行业学校立足于本行业特色与法学有效结合而尝试开设的“法 + 医学”“法 + 农学”“法 + 工学”“法 + 理学”等。

释能力、沟通谈判能力、法律推理能力和法律检索能力等综合能力体系化培育。[①] 另一方面对已开设的系列课程法治人才培养进行检验，并具有拾遗补阙之功效。因此，本文从高素质法治人才视角对当下模拟法庭课堂教学进行反思：当下模拟法庭教学是否满足高素质人才培育的需求？如果不能满足，对当下模拟法庭课堂教学存在哪些问题，应做出怎样的改良才能够满足高素质人才培育目标？这些问题对策的找寻，不仅能提高模拟法庭课堂教学质量，还会对其他法学课程提供一个全新的改良思路，以微观课堂改良反促法学教学体系化建设，[②]培养符合中国特色社会主义法治需求的高素质人才。

二、当下模拟法庭教学是否满足高素质法治人才培育需求之剖析

从教育部网站上查找的资料显示，全国开设法学专业大学共计 625 所，[③]这些院校多数都开设了模拟法庭课程，由于模拟法庭这门课开设的学情，是建立在学生基本完成了所有部门法学习基础上，并具有一定的理论知识储备和案例分析能力，因此，此门课一般开设在大三下学期，通过模拟法庭这门课程发现学生在“知识 + 能力 + 素养”等方面存在的不足，并及时在大四实习阶段调整人才培养计划，进而能够使学生在校园期间发现问题并解决问题，渐次达到高素质法治人才所需的标准。鉴于模拟法庭这门课所承载着特殊教学目标，为此，2016 年 7 月，中国法学会法学教育研究会还成立了模拟法庭教学专业委员会，对模拟法庭课程高素质人才进一步精准定位，即符合中国特

① 参见吕辉：《审判学视域下模拟法庭教学模式的完善策略探讨》，载《应用法学评论》2020 年第 1 期。

② 参见马怀德、王志永：《完善中国特色社会主义法学学科体系的实践路径》，载《比较法研究》2021 年第 3 期。

③ 参见张守文：《法治人才培养的目标与路径》，载《中国高校社会科学》2017 年第 4 期。

色社会主义法治体系的复合型、职业型、创新型法治人才,[①]进一步推进模拟法庭课程的发展。然而,从高素质人才培育视角审视当下模拟法庭课堂实践,主要存在六方面问题:一是人才培养目标定位与高素质人才目标脱节;二是案例选择来源缺乏对部门法综合与回应;三是课堂流程过于形式化而缺乏对个性化需求关照;四是课堂内容缺乏对模拟法庭比赛因应与反思;五是课堂授课形式缺乏对信息技术的融入;六是模拟法庭教学保障制度缺位。

(一)模拟法庭课程目标与高素质人才培养目标存在偏差

模拟法庭课程主要关注的是对庭审现场的"模拟",而这个课堂定位使其人才培养目标局限于案例有关知识点的掌握,且锻炼学生思辨能力、文字表述能力和法庭程序掌控能力,与高素质法治人才的"基础知识全面性、能力综合性及家国情怀职业素养"的培育要求相比,具有很大偏差。

人才培养目标定位是贯穿整个模拟法庭授课的"主线",其对课程内容以及教学方法等教学活动指明方向,也是各项教学活动得以确定的前提与基础。[②] 如果课程目标定位不周延或存有局限,必然引发模拟法庭的课程设置、课程内容和课程考核等出现系列偏差。例如,课程内容的选择流于形式,无法形成具体的知识结构,[③]进而导致模拟法庭课程既无法将法学的高素质人才培养目标贯彻其中,也克减了模拟法庭课程这门课对高素质人才培养检验之特有效能,进而引发后续教学无法修正已开放设课程人才培养存在的瑕疵,从而使学生无法在校园求学阶段,完成高素质法治人才培养目标的自律与他律修正,进而导致法治人才培养质量与社会需求产生龃龉。由此可见,模拟法庭这门课在法治人才培养体系中存在承上启下的功效,这个功效因课

---

① 参见中国法学会法学教育研究会 2021 年年会,载 http://flssxy.cupl.edu.cn/info/1018/11890.htm,最后访问日期:2022 年 12 月 9 日。

② 参见刘献君:《论大学课程设计》,载《高等教育研究》2018 年第 3 期。

③ 参见闫亚林、刘冰珂:《"法律职业伦理"四维课程目标及其实现》,载《法学教育研究》2021 年第 4 期。

程培养目标定位与高素质人才要求不符而无法将课程的功效达致帕累托最优境界。

（二）模拟法庭授课缺乏对部门法综合与回应

模拟法庭案例囿于授课教师本人专业限制，往往在案例样本取材时，选择行政案例、刑事案例或民事案例，而这些案例仅是对某个部门法知识的检验，无法考核学生对法律综合能力进行训练，进而不能检验出学生综合能力存在的问题，更不用谈及改进措施。

同时，模拟法庭授课缺乏对其他课程衔接。模拟法庭过分关注庭审现场再现，以及角色分工，忽视了对已开设完毕相关课程的回应与衔接。既没有与已开设相关课程进行学情状况的研讨与分析，根据学生以往学习情况，对模拟法庭课程案例选材、授课内容、教学方法及考核评价做出调整，也无法对后续的专业实习等实践教学活动产生指导作用，进而导致学生在专业实习阶段，无论是知识技能还是专业素养都不能有针对性地改良或提高。这种忽视高素质人才培养系统教学理念，必然使模拟法庭课程功效与高素质人才培养存在一定的偏差。

（三）课堂程序过于形式化而缺乏对个性化需求关照

模拟法庭在授课过程中，无论是从角色分配还是文书撰写，抑或课堂流程再造均有很强的“形式化”。主要表现：一是课堂授课仍然秉持家父主义，以教师为主导，鲜有以学生为中心，导致课堂流程固化，学生关注点因受教师偏好的影响，仅关注模拟流程是否流畅，侧重于陈述、举证、质证、辩论和宣判等程序问题，忽视职业技能与伦理的培养，进而导致模拟法庭流程具有很强的形式化色彩。二是角色分配偏重于表演而流动性较差，进而导致学生对模拟法庭个性化需求没有得到及时回应，囿于角色覆盖人数有限，使模拟法庭成为部分学生“话剧表演课”。三是课程设计偏“模拟”而忽视“实践”，进而导致课程本身设计重显性易考量的形式教学，而忽视人才培养内涵教学，很可能出现两种教学误区：误区一，模拟法庭教学沦为简单地演练司法实务显像流程，而其他隐性流程被忽视，无法激发所有学生参与模拟法庭内驱力。所谓显像流程主要是指起诉、证据指证质证、辩护和宣判等庭审现场。而隐性流程是指法律实事的归纳与重构、适用法律规定的搜集、庭审证据的收集、法律文书撰、庭前交流、裁判思路的形成等。由于授课教师主要关注庭审现场，忽视其他隐性流程，进而导致擅于表现自己的学生得到老师的重视，而从事隐性流程工作的学生没有得到应有的正向激励。误区二，模拟法庭课程仅是庭审现场的形式再现，忽视了学生职业伦理道德的培育。然而，德法兼修也是高素质法治人才的应有之义，同时是新时代法学教育的培养目标。

同时，这种形式主义在人才培养过程中，极易产生目标之虚、实践之弊以及逻辑之谬三宗罪。[①] 在这种课堂中培养的学生，一旦走向工作岗位，在订立工作目标上，多数考量形式是否完美，而不再对工作目标是否具有社会实效进行思辨；在工作实践中，过分追求工作成绩形式表达忽视民众实际需求，喜欢做浮夸的形式工作而不具有求真务实的工作精神；工作逻辑思维侧重于现有制度套用或僵化程序应用，简言之，案件结果是从现有法律自动地推演，无须考量其他社会与事实因素，缺乏对规则适用具体情景考量的自主思辨能力，而这种形式思维培养的法治人才，极易在工作中产生类似于“彭宇案”和“钥匙扣枪案”等突破常人认知的裁判案件。这样的法治人才与我们党的二十大精神相去甚远，既不实事求是又不求真务实。

（四）课堂内容对模拟法庭比赛因应偏重或倚轻两个极端局面

近些年，各类规模的模拟法庭比赛纷至沓来，参加各类模拟法庭比赛成为法学教育中给予学生能力锻炼的重要实践性教学模式，因此，模拟法庭课

---

① 参见周国兴：《法律形式主义的现实主义批判》，载《河南财经政法大学学报》2019 年第 1 期。

程对模拟法庭比赛因应呈现两种极端局面：一是模拟法庭授课与模拟法庭比赛并行不悖，简言之，模拟法庭课程从未关注过模拟法庭比赛，进而达不到以赛促建的功效，[①]致使模拟法庭比赛中感悟到的教学问题没有间接地渗透到模拟法庭课堂上，没有与“模拟法庭课程”形成教学自洽的内循环。二是模拟法庭授课过于关注模拟法庭比赛，由于学科认定以及课程评定均需要比赛显性价值作为佐证，成为全国或地方模拟法庭比赛的准备课，淡化甚至忘却模拟法庭课程属于全体法学生共同选修的课程，演化成为部分参赛人员的指导课，严重破坏了受教育的公平性，这种过于追求显性价值的急功近利授课模式，引发不参赛的学生对此课程产生很大的抵触情绪，选择“用脚上课”，缺课率较高，对此课评价较低，加剧模拟法庭课程的边缘化局面。

（五）课堂授课形式缺乏对信息技术的融入

虽然很多学者对模拟法庭偏重于模拟而忽视实践进行批判，但仅就“模拟”字面理解，是在参照某物基础上进行某物再现，而学生在上模拟法庭课程之前，很多学生并没有对真正的法庭进行观摩，其对模拟法庭的理解，仅限于教师课上对庭审过程的简单描述。而这种学习模式与信息社会严重脱节。近年来，线上法学课程[②]与在线庭审[③]发展速度突飞猛进，并在一定程度上反促线下模拟法庭教学模式进行变革创新。然而，当下模拟法庭课鲜有对互联网变化做出有效回应。

首先缺乏对互联网课程进行回应。近几年双一流课程建设，线上优质教

---

① 参见王倩、乌兰：《应用型本科高校“以赛促创”创新创业实践教育体系研究》，载《赤峰学院学报（自然科学版）》2019 年第 12 期。

② 线上法学课程包括但不限于 MOOC 课程、SPOC 课程、移动学习课程、数字课程、在线课程、精品课程、资源共享课程等。

③ 最高人民法院结合互联网法院实践，最高人民法院于 2018 年发布《关于互联网法院审理案件若干问题的规定》，促进在线庭审规范发展。2021 年 8 月最高人民法院发布《人民法院在线诉讼规则》，2021 年 12 月最高人民法院通过了《人民法院在线调解规则》，2022 年 1 月最高人民法院发布《人民法院在线运行规则》，进一步细化了在线庭审规则。

学资源激增，省级精品开放课程、省级线上一流课程、省级线上线下混合一流课程等公共线上课程资源不断推出，然而，模拟法庭授课教师并没有将这些优质教学资源进行利用，仍然沿袭以往授课模式，仅是偏重课堂庭审现场的模拟，既不会观照网络课程优长，也不会利用网络课程节省模拟法庭事务性课时，进而消解了国家或省级一流课程等网络课程示范效应的积极价值，也阻滞了课程本身的发展。[①]

其次缺乏对在线庭审的对接。我们国家在线诉讼在积累互联网实践经验的基础上，以系列法律法规引导，在纠纷解决方面发挥了显著的作用，据2022年《法治蓝皮书·中国法院信息化发展报告》，2021年，全国法院在线立案1143.9万件，在线开庭127.5万场，截至2021年年底，人民法院调解平台汇聚全国法院调解案件2446.29万件。[②] 然而，模拟法庭授课仍然坚守课堂内的模拟，忽视了在线庭审资源，进而导致学生对在线庭审规则，以及在线庭审与线下庭审转换与衔接等规则完全不清楚，出现校内所学与社会发展脱节，进而走向社会后，还需要一段时间去适应社会职业规则的变化。简言之，知识更新落后于社会发展，能力提升以及职业素养则更无从谈起。

模拟法庭课程与互联网课程与庭审的对接，完全符合我国教育发展趋势。我国发布《教育信息化2.0行动计划》等规范性文件，明确提出提高信息化、智能化对教育发展的贡献度。因此，模拟法庭课程故步自封，忽视网络资源，只会导致学生能力与社会需求无法接轨。

（六）模拟法庭课程保障制度缺位

模拟法庭课程属于法学学科发展中与实践融入的课程之一，前述存在的问题，从表面上来看是课程本身的问题，但仔细推敲不难看出，相关保障制度

---

① 参见张铭凯：《“双一流”建设与课程变革》，载《高校教育管理》2018年第3期。

② 《2021年全国法院在线立案1143.9万件，在线开庭127.5场》，载光明网，https://m.gmw.cn/baijia/2022-06/16/1302999207.html。

缺位才是根源性问题。首先，法学学科课程体系中对模拟法庭课程定位与负载功能不符。从前述可以看出，模拟法庭课程具有侧重学生综合能力培养且承担人才培养“承上启下”的课程功效。然而，模拟法庭课程在法学学科课程体系中的定位却是“选修课程”，且学分不超过40学时，而这种课程定位，与高素质法学人才培养赋予其的课程功能相比，显然是处于边缘课程且无法承载相关功能的状态，直接导致课程建设各方主体处于非积极状态。其次，激励保障制度缺位。无论是模拟法庭课程线上资源的选用，还是与其他部门法课程衔接互动，抑或与模拟法庭比赛适当衔接，均需要师生花费大量的时间成本，且隐性工作量比较大，无法量化考核，导致相关师生对此课热情度不高，流于形式。从学生视角来审视本门课，模拟法庭课前准备需要团队精神与大量时间投入，而获得的学分与投入相比，无法成正比。从教师视角来考量这门课，如果想上好这门课，课前精心筛选案例，引导学生需要构思教学方案，如果满足学生个性化需求，还需要逐一点评，课后还要单独辅导，工作量大，隐性工作量无法得到认可，从业教师的获得感较差，进而不愿意投入更多时间与精力。最后，网络资源衔接保障制度不足。网络资源的选择，涉及其他高校课程和法院工作，这就需要沟通与协调，然而，涉及两个单位配合的工作，显然已超过授课教师职责，如果单位之间不进行沟通与协调，相关工作则无法向前推进。再如线上教学资源涉及动态考核，而多元化考核则需要学校教务处给予相关制度引导，进而才能全面推进工作，这些工作也非单个模拟法庭课程所能够完成。

三、高素质法治人才视角建构模拟法庭课堂的优化举措

从上述分析可以看出，模拟法庭这门课在高素质法治人才培养的所有课程中，越来越扮演一个重要的角色，其不仅是对已开设课程人才培养效果的

检验，还会对未开设课程具有范导性作用。① 因此，我们需要针对上述问题从高素质人才培养目标融入、课程互动教学活动、增强课程实践性、课堂内容参酌模拟法庭总结教学经验并融入智能教学素等六方面采取积极措施，以保障模拟法庭课程能够在高素质法治人才培养过程中发挥其课程应有的功能。

（一）模拟法庭课程目标应以高素质人才培养目标为遵循

模拟法课程目标定位偏差，必然导致授课教师授课取向出现偏位，因此，重构模拟法庭课程培养目标，鉴于模拟法庭课程在法学课程体系中具有承上启下的功效，参酌 2023 年《新时代法学教育和研究意见》擘画的法学教育新命题和新任务，模拟法庭课程培养高素质法治人才需从三个方面进行课程修正：一是知识上，弱化基础知识的讲授，强化法学体系知识框架的搭建。二是能力上，弱化模拟流程强化实践能力与综合能力培育。三是素养上，强化职业素养的提高，以学生为中心，弱化教师授课家父情怀，提升学生识变与应变能力，同时注重课程思政融入，增强学生对法学职业的热爱和家国情怀。

（二）采取学期教学会议增强模拟法庭课程与部门法课程互动

高素质法治人才培养属于体系性工程，诚如 2023 年《新时代法学教育和研究意见》所表述，“更新完善法学专业课程体系，一体推进法学专业理论教学课程和实践教学课程建设”。为此，法学学科培养方案中需要强化模拟法庭与其他课程之间的联系，不仅强化课程之间的知识联系，而且需要加强模拟法庭课程与其他课程在能力培养和职业素养之间的联系。鉴于培养方案的制定是一个系统的工程，如果培养方案暂时无法做到及时动态的变动，也可以采取每学期召开以“课程体系建设”为主题的教学会议，相关课程主讲教师交流下彼此授课内容和学生学习状态，以及培养学生过程中存在的问题，

① 参见沈明敏：《社会科学融入法学教育的应当性与可行性分析——从社科法学的兴起说开去》，载《法学教育研究》2022 年第 1 期。

以便模拟法庭授课教师在模拟法庭课程中总结与修正学生存在的问题，并注重培养学生跨法律部门综合知识运用能力，法律知识融合能力，以及法律知识与其他学科知识交叉融合能力。

（三）课堂流程弱“模拟”强“实践”且关注学生个性化成长需求

鉴于学生能够通过网络或假期实习观摩到模拟法庭庭审现场，因此，模拟法庭采取分组演练与双师授课并行模式，首先分组教学，可以使每一位学生都能够有锻炼的机会，强化对学生在模拟过程个别能力提升需求的回应，然后分组交叉点评，提升学生发现问题与解决问题的能力，最终由授课教师与实务教学共同点评。同时，模拟法庭课程设计不仅关注庭审现场的模拟，还要强化庭审之外的证据收集、证据交换、事实的归纳和重构、法律条文的适用、裁判思路推理，以及相关文书的撰写与制作，加强学生临场应变能力的指导，如此操作可以避免学生对法庭的误解，认为事实上的法庭工作仅有庭审现场，同时也使学生对法庭工作进行了全景体验。

（四）课堂内容与模拟法庭比赛适当衔接

如前所述，模拟法庭课堂内容与模拟法庭比赛之间属于互相促进且相辅相成的关系，那么，这就要求模拟法庭课程师生观摩模拟法庭比赛，总结比赛中的经验，以及模拟法庭课堂中应该注意的问题，例如，模拟法庭竞赛中学生知识应用能力、临场应变能力、知识综合能力等方面的优长及不足。同时，师生在模拟法庭课堂演练过程中，适当选择与模拟法庭比赛相近似的案件进行演练，模拟法庭教师可以借助模拟法庭课堂，对每个学生的实务能力、性格特点以及相关能动性都有一定的了解，在一定程度上，为模拟法庭比赛储备选手，只有这样才能达到“以赛促课堂改良，优质课堂促比赛成绩提升”的“双促”效果。

(五)模拟法庭融入智能教学因素的优化举措

模拟法庭课程本身也需要不断进行自我革命、进行推陈出新,唯有如此,才能培养出符合社会需求的高素质法治人才,因此,模拟法庭课程需要将信息化改革与课程融合,与时俱进地更新学生的知识、能力与素养。

首先,模拟法庭课程充分利用在线课程资源。学校可以细化跨校修读学分制度,调动师生积极利用网络资源完成模拟法庭开课之前事务性工作,并通过线上资源完成模拟法庭课后的知识再提升的评价工作。

其次,模拟法庭课程与在线诉讼的衔接。由于模拟法庭课程与在线诉讼的衔接,涉及两个不同单位工作交叉问题,因此,需要课程所在学校与当地法院进行协商沟通,对旁听的在线诉讼类型、时间、参加人数等细节问题进行协商。随后,从事模拟法庭授课的教师,将授课事务性流程做成教学计划安排,主要分为两类,一类是课外自主学习。这种学习是在模拟法庭授课之前,学生可以参与学校已沟通的在线庭审,熟悉在线庭审的程序,按照自我定位,进行“自适性教育”。[1] 另一类是模拟法庭课程在线庭审的学习。这种学习主要是在教师的组织下,在课外自主学习的基础上,学生带着知识问题,参与在线庭审,并围绕在线庭审案例展开相应学习活动。例如,在教师引导下,进行下列教学安排,运用线上课程对参与观摩案例的基本情况进行推送,引导学生网上检索相类似案例、适用法律的搜寻,参加线上庭审后,发挥线上突破空间的优势,充分利用在线课程平台引导和督促学生巩固、吸收、消化和拓展知识,[2]然后根据线上学生互动情况,总结问题,进行线下模拟教学。如此操作,一方面可以使模拟法庭课程与在线庭审相衔接,避免线下庭审组织成本;另

---

① 陈永井:《〈斯坦福大学2025计划〉对我国高等教育改革的启示》,载《大学教育》2020年第1期。

② 参见孟卧杰、黎慈:《基于“移动优先战略”积极探索法学在线课程建设的几点思考》,载《武汉公安干部学院学报》2020年第4期。

一方面可以让学生提前了解在线诉讼与线下诉讼并行的双轨制司法审判模式，以及两者转换与衔接的相关审判规则，避免所学与社会发展脱轨。

（六）优化保障制度反促模拟法庭课程发展

模拟法庭课程虽然仅是法学科发展过程中的一门课程，但课程建设过程中所涉及的保障制度诉求，在某种程度上兼顾个性的同时还具有普适性的效果。因此，首先模拟法庭课程本身制度建设。建议相关院校借鉴"法律职业伦理"课程改革经验，提高模拟法庭授课时间并建议将"选修课"改为"必修课"，并且建立课程衔接回应制度，进而提高法学各课程之间的衔接度，使课程形成培养高素质法治人才的合力，而不是孤军奋战的状态。同时，模拟法庭课程还要动态地建构课程保障制度，随着法律更新而不断更新综合知识框架结构，这就需要授课教师拥有更高的专业水准，不仅熟知自己所擅长的部门法知识，还要有融汇其他部门法知识的能力。其次建构激励保障制度。激励保障制度根据教师和学生两个主体诉求不同，而建构不同的保障制度。对于教师而言，建立实践课课前、课后准备课时计算制度，网络资源选用课时核算制度。对于学生而言，建立多元化动态考核区间学分制度，根据学生动态考核来计算学分，简言之，模拟法庭课程设置区间学分，例如，4～6学分，模拟法庭线上系统可以根据学生课前线上准备、课后线上讨论，以及线上参与情况直接在线上赋分，进而以学分激励学生自主学习，提升学生学习模拟法庭课程的内驱力。最后建构网络资源衔接保障制度。完善跨校修读学分制度和在线庭审旁听制度，以促进模拟庭课程线上与线下教学有机融合，提升人才培养质量。

四、小结

每一门课程教学既是法学本科生培养过程的细胞，也是师生进行教学活动的最基本单元,更是高素质法治人才培养的核心要素与根本保证,其直接决定本科教学质量。[①] 虽然模拟法庭课程在高素质法治人才培育中具有承上启下的总结与引导功效,但是我们不能忽视的客观事实是,其仅是一门课程,无论怎样演变,这门课程也无法脱离其课堂教学的本质,因此,高素质法治人才培养非这一门课程完善就能达到的目标,[②]其需要在高素质法治人才的引导下,将模拟法庭课程教学与其他课程形成合力,才能为国家输出更多符合中国特色社会主义需求的法治人才。

① 参见史仪凯:《一流课程建设和教学的关键在提升教师的教育教学水平》,载《西北工业大学学报(社会科学版)》2020 年第 1 期。

② 参见苏力:《送法下乡:中国基层司法制度研究》,中国政法大学出版社 2011 年版,第 272 页。

模拟法庭教学的课程定位与改进

赵超伟　梅　宏*

摘　要:目前模拟法庭教学在各校法学院日益受到重视,但由于该教学方式引入我国法学院时间不长,模拟法庭教学中存在价值定位模糊、模拟法庭程式化、学生参与积极性不高等一系列问题,导致模拟法庭教学发展出现"瓶颈",严重影响模拟法庭教学预期效果,模拟法庭实验教学方法亟待变革。因此,有必要在模拟法庭课程设置、教学内容、教学方法上采取一系列措施,如通过明确课程定位、完善教学设置、创新教学方式、创建多元化的教师团队、线上与线下模拟相结合、模拟法庭竞赛与课程教学协同发展等方式,促进模拟法庭教学常规化、课程化、专业化,为更好地培养法治人才助力。

关键词:模拟法庭教学;角色分配;多元化;线上教学

模拟法庭教学在我国法学专业本科及法律硕士教学计划中存在已久,其优点突出,将"学"与"练"合二为一,能够改变学生死记硬背、被动接受知识的学习方式,可以填补传统理论输出式法学教育与实践应用脱节的不足,真正做到法学教育与司法实践相结合,从而提高学生法律应用的综合素质,完善法律思维,顺应我国法律应用型人才的培养目标。然而,近几年受线上教学的限制,再加上各类模拟法庭比赛的冲击,作为课程的模拟法庭教学有边缘

* 赵超伟,中国海洋大学法学院硕士研究生;梅宏,中国海洋大学法学院教授。

化趋势。为此,基于对一线教学现状的了解,本文将分析模拟法庭教学课程运行中出现的问题,明确课程定位,提出改进建议。

一、疫情影响下的模拟法庭教学现状及问题

受新冠肺炎及其变异种疫情影响的近三年中,法学专业课程的讲授由线下转为线上,虽然教师主讲、师生互动的普通课程所受影响不大,但是需要大多数学生参与其中的模拟法庭教学却因客观条件受限而被迫停顿,或者改为在线交流时形式大于内容。与此同时,各种国内、国际模拟法庭比赛仍通过在线方式举行,其前提是本队选手能够当面交流、一同参与比赛。不过,作为竞赛的模拟法庭教学,无论是在实际接受训练的学生人数还是在训练的系统性、规范性等方面都无法替代作为课程的模拟法庭教学。

模拟法庭教学作为培养学生实践操作能力和法律思维能力的良好平台,在实践中仍存在诸多问题,这些问题因疫情影响而凸显,但是,问题的内因是教学双方对待模拟法庭教学的教学理念不明确,教学实践缺乏系统、规范的安排,教学过程重表演轻实战、重程序轻实体。而今,外因将会减弱,我们更要从内因入手去寻求突破高校模拟法庭实践教学困境的方法,法学专业课程中模拟法庭教学的现状及其问题亟待厘清。

(一)模拟法庭教学的定位模糊

目前,我国高校法学课程设置中对模拟法庭教学安排不尽一致,具体分为以下几种模式:

第一,作为独立必修课程开设。将模拟法庭课程作为独立的必修课,意味着学校要将其列入统一的教学计划,设置相应的课时和学分,这种模式将有针对性地提高学生的实践能力,其优势明显,但成本也高。

第二,作为某个课程的实践环节而以非独立课程的形式存在。大多数高

校采用此种方式,将模拟法庭教学作为专业课教学的实践环节,只是将其安排在一门诉讼法课程中,不再单设学分,而由任课老师在教学中灵活安排。这种模式的优势在于,区别于传统的教师主讲方式,丰富了教学形式,有助于增加老师和学生的互动性;弊端在于,此种模式中模拟法庭教学仅作为专业课教学的一个环节,没有单独的课时、学分,教师在授课过程中为了完成教学任务会侧重于讲授知识点与原理、理论,难免影响模拟法庭教学计划的全面落实。

第三,作为社团活动以第二课堂的形式存在。这种以非正式课程存在的模式具有较强的独立性和实践性,由学院学生会及(或)学校有关社团牵头负责,邀请专业老师进行指导和评价,或者以竞赛的方式存在,计划参赛前组成赛队由专业老师予以指导,或由学生自行组织,不定期举办,自行设定模拟内容。这种模式同样存在许多弊端,一方面,学生参与度不够,参与的同学占少数,无法让所有的学生参与进来;另一方面,教师的影响力不大,难以及时开展有针对性、系统性的指导。

长期以来,我国高校法学教育忽视法科生的职业技能培训,缺乏对学生的综合思维和辩论技巧等方面的训练,模拟法庭教学是革除上述弊端的重要举措,①但从上述列举的情形中可以看出大多数高校法学院对于模拟法庭教学存在定位模糊的问题,缺乏必要、统一的规范,其是作为独立课程还是辅助课程存在,法学教育领域对此仍缺乏统一认识。当前客观条件受限,主观上的认识问题凸显。上述教学安排中,方案三固然简便、灵活,但是,这不意味着方案一、方案二被自然淘汰,更不能因为疫情期间线上教学淡化了模拟法庭教学,就因循这种做法,逐渐迷失了模拟法庭教学的目标。须知法学专业虽然不是实验科学,但是其理论与实践相结合的特点不能全靠教师讲授,学生在校内通过模拟法庭教学课程参与实训必不可少。模拟法庭重在训练学

① 参见翟业虎:《关于规范我国高校模拟法庭教学的思考》,载《高等教育研究》2015 年第 9 期。

生的法律应用技能，基于法治理想熟悉庭审前后的每一个环节，在运用法律的过程中深化认识。这是主讲为主的课程、法院实习无法替代的学习过程，因为模拟法庭教学不仅有既定的教学目标，也有中外法学院在长期的教学实践中形成的教学方案，而非可有可无、可多可少、可详可略的课外活动。

（二）模拟法庭形式化严重

锻炼学生的法理功底、法律应用、法律逻辑、是非思辨、睿智创新等能力是模拟法庭的重要目标，但目前模拟法庭大多呈现的是表演式的模拟审判，即事先争辩双方均熟悉双方的攻辩内容，学生将事先准备好的台词照搬到庭审现场，并且部分学生对模拟法庭教学的认识不够深入，参与积极性不高。长期如此，模拟法庭教学应有的效果得不到充分的发挥。①

一方面，模拟法庭表演化。目前，学生自主安排的模拟法庭演练中普遍存在重辩论轻程序、重形式轻内容、表演痕迹过重等问题。从人物角色的分配，到庭审举证、质证、法庭辩论，甚至最后的判决结果都是按照事先准备的剧本进行，由于事先争辩双方均熟悉双方的攻辩内容，②不用对实体法关系进行分析，也无须起草司法文书，一切都是照本宣科，缺少庭审冲突和解决突发问题的环节，学生们的临场应变能力、创造性思维能力和司法文书写作能力自然会受到限制。③ 这种编排式的模拟法庭，不能营造剑拔弩张的气氛和锻炼学生们随机应变的能力，无法使学生们真正理解角色意义和领悟实战目的。由此，模拟法庭教学很容易落入法律表演活动的窠臼，削弱了其在专业教学中必不可少的影响力。

另一方面，在模拟法庭教学中，学生参与度不高。当前，受师资等教学资

---

① 参见曹锦秋、郭金良：《高等学校法学实践教育创新研究——从实训课程与模拟法庭的关系视角切入》，载《辽宁大学学报（哲学社会科学版）》2018 年第 4 期。

② 参见陈学权：《模拟法庭实验教学方法新探》，载《中国大学教学》2012 年第 8 期。

③ 参见钟普诚《“以审判为中心”为教学导向：对传统刑事模拟法庭的反思》，载《经济师》2018 年第 8 期。

源的影响，模拟法庭教学在角色分配上还不尽理想，主要有两方面的原因：一是教学班级规模太大，角色分配无法兼顾所有学生，在每次模拟法庭中，仅有10名左右的学生参与；二是指导教师在角色分配上采取放任态度，任由学生挑选诉讼角色，由此导致学生扮演的角色相对固定，而且锻炼机会比较少，难以做到全员参与。① 由于诉讼过程由法官、书记员、检察官、律师、陪审员、当事人等角色组成，这就导致有些学生注定成为“主角”，其他学生成为“配角”，并且教师一般会选择表达能力强、综合素质好的学生作为主要参与人，多数学生得不到充分锻炼，因此难免挫伤学生们的积极性，导致教学效果不够理想。

（三）模拟法庭教学缺乏正规性和系统性

鉴于目前模拟法庭教学存在的缺乏正规化和系统性的问题，部分法学院系已经在模拟法庭教学课程化方面进行了尝试。但是，放眼全国几百所法学院系，目前的模拟法庭课程教学缺乏正规化性和系统性的问题仍较为明显。

首先，课程以单一教师教学为主，忽视双师教育观念。目前，高校法学实践教学的指导教师安排，基本上是实体法老师一人负责推进，在模拟法庭进行过程中，指导教师任务繁重，容易顾此失彼，并基于指导教师自身和客观环境等因素，制约了模拟法庭作用的发挥。一些高校任课教师并非专业的实践型教师，缺乏实践经验，授课范围局限于课本基础理论知识，未能与时俱进地学习先进成果和适应法律职业新变化，导致教学与社会需求不匹配，难以联系司法实践进行指导。一些教师由于认识原因，将实践教学作为理论教学的辅助方式，指导过程中只注重程序合法，只是局限于庭审程序规范的范畴，忽略了对案件实体要件和诉讼证据的分析，更放松了对法律语言训练及相关法律文书写作的要求。在案例选取方面，模拟法庭教学所采取的案例多是真实

① 参见夏利民：《模拟法庭课程教学模式与方法改革之探索》，载《中国大学教学》2015年第12期。

案例或根据真实案例改编,所选取的案例是否合适以及对案例的掌握程度影响教学效果的优劣,真实案例具有复杂性、综合性的特点,所以要准确理解案例不仅要具有扎实的法律知识,还要具备相关学科的知识,因此在模拟法庭教学中也需要约请其他学科的指导教师或实务专家,使同学们可以更深入地了解模拟法庭过程中涉及的跨学科知识,摆脱空洞的理论学习。所以,模拟法庭课程模式与教学方法改革的重要性不言而喻。

其次,司法程序不完整、规范。模拟法庭教学过程包括庭前准备、开庭审理、庭后总结评分三大阶段,是一套完整的教学过程。但是,当前的模拟法庭教学中,通常只注重法庭审理环节,而忽视了对案件具有重要作用的开庭前准备、证据链搜集和展示、庭后总结等一系列程序过程,导致案件经不得质证环节的推敲,与司法实践中的案件证据链处理要求相背离,导致整个模拟法庭的程序缺失。

再次,教学内容、手段单一。这主要体现在模拟法庭课程侧重于对诉讼庭审程序的模拟再现,单纯局限在诉讼法而缺乏对实体法的训练,缺乏对学生组织、语言表达、思维创新等能力的培养,忽略了模拟法庭课程相关知识的回顾、相关法律条文的学习、真实程序的观摩以及训练环节的复盘反思。

最后,科学评价体系和方法缺失。模拟法庭课程具有教学方法上的多样性、教学环节的复杂性、学生角色的多变性等特点,使得教学评价成为难点。目前我国绝大多数高校法学院评价标准较为单一并缺乏统一标准,几乎都是采取简单的考试或考核,由任课教师据此给出分数或者给出等级的方式,这种方式具有明显的弊端,难以对学生的课程表现做出全面、客观的评价。第一,模拟法庭具有实践操作性、开放性的特点,采用考试方式进行评价显得机械和僵化。第二,模拟法庭包括诸多环节,如案例的查找、诉讼思路的制定等,因此仅依据一项或几项内容难以客观全面评价学生。第三,模拟法庭是以团队的形式进行,评价学生时既要考虑到团队的成绩,也要区分成员之间的成绩，这是评价学生所面临的障碍。[①]

二、模拟法庭教学建设应予明确的基本点

模拟法庭教学方式在14世纪英国法学教育中被率先使用，在我国于20世纪20年代由上海东吴大学首次尝试，但是该教育方式的教学效果不尽如人意，[②]在理论与实践结合的过程中，出现了诸如理论和实践衔接不畅等问题，我们需要通过明确模拟法庭教学建设的出发点、立足点、增长点和创新点来寻求改进模拟法庭教学的策略，优化模拟法庭实践教学的具体路径。

首先，明确模拟法庭教学的出发点。模拟法庭教学作为一门法律技能培养课程，其出发点是通过搭建校内实践教学平台对学生进行实践技能培训，弥补传统法学教学模式的不足，既能使学生加深对实体法和程序法知识的理解，也能培养学生实际运用法律知识的能力，[③]将法学基础理论知识和司法实践相结合，培养新时期高素质法律人才。

其次，明确模拟法庭教学的立足点。模拟法庭教学是从西方国家引进来，目前已经成为具有系统性的实践教学手段之一，对于法科生学习部门法起到了至关重要的作用。传统部门法侧重于理论知识的学习，通过设置与各个部门法相配套的模拟法庭课程，既能够巩固学生的理论知识，又能够提高学生们利用部门法知识进行实践应用的能力。模拟法庭教学的立足点，使其在法学专业不断精简的课程设置中不可缺位。

再次，明确模拟法庭教学的增长点。模拟法庭教学作为法学实践教育方

---

① 参见宋刚：《高校法学院模拟法庭课程学生评价体系初探》，载《中国高教研究》2014年第4期。

② 参见冷凌：《试论模拟法庭在法学专业学生实践能力培养中的作用及创新》，载《教育与职业》2012年第36期。

③ 参见尤佳、李阳：《民法案例教学的合理化运用》，载《淮北师范大学学报（哲学社会科学版）》2022年第5期。

式之一，有利于实现法科学生到法律人才的转变。法治建设事业不断推进，亟待补充大量高素质应用型法律人才。初学者在认知法律应用过程、养成法律实践技能时，需要得到专业教师的引导，需要法治理想的激励，而这些是学生自行在社会选择实习单位所难以实现的。在校园学习中，同班或同级学生相互切磋，可以激发各自的潜能，也能在老师的引导下对成案产生新的认识或反思，这样形成的法律知识与技能增长点是模拟法庭教学最为宝贵的新生力量。同样的案例，即便是同期安排不同的学生组演练，也可能产生不同的思维火花，由训练有素的专业教师及时发现并总结、提升，会对教学双方都产生难得的知识与能力增量。

最后，把握模拟法庭教学的创新点。法学专业在培养学生的过程中，可以兼顾模拟法庭课程教学与国内外模拟法庭竞赛的优势，使两种方式产生相互促进的力量。学生自主参与课外实践竞赛的可以选择免修教学课程，没有参加的学生通过模拟法庭课程来提高相关技能。模拟法庭课程与课外实践竞赛是相辅相成的关系，无论是以课程还是竞赛的形式，都是通过团队合作深入挖掘案例信息，相同的案件在不同的受众群体中有不同的反响，最终达到集思广益的效果，激发学生们的主观能动性和思辨能力。

三、模拟法庭教学的发展路径

基于社会主义法治建设进程中对法律应用型人才的需要和市场经济的发展，使法律专业学生的就业观念与课程选择紧密联系起来，法律课程将不再可能是一种在“象牙塔”里自编自演的封闭体系，[①]改革传统模拟法庭教学模式具有重要的现实意义。目前模拟法庭教学存在诸多问题，应当从课程设置、管理制度、教学方法、优化指导教师队伍等方面改进和完善模拟法庭教

① 参见周刚志、张小罗：《论模拟法庭课程的设置与实施》，载《河南省政法管理干部学院学报》2010 年第 2 期。

学，实现模拟法庭教学与现代法学教育体系的无缝对接，逐步将模拟法庭教学嵌入整个教学计划中。①

（一）明确课程定位，完善教学设置

为促进模拟法庭实效性的提升，与法学专业的职业化培养目标相契合，克服模拟法庭目前存在的诸多问题，高校应明确模拟法庭教学的目标定位与课程设置，完善制度保障体系。

其一，要完善模拟法庭教学设置。模拟法庭作为重要实践性教学环节，有条件的院校应将模拟法庭设为必修课程，亦可考虑在法学基础主干课程中设置模拟法庭教学环节，根据各部门法的特点进行有针对性地模拟法庭教学，着重培养学生将理论知识转化为实践的技能，培养应用型法律人才；授课方式方面，采取小班上课，每班的人数控制在 30 人左右，可以分成两个组，这样可以保证每一位同学都参与到模拟过程中，同时指导教师要明确学生的主体地位，由学生自主地分析模拟案件；角色分配方面，可以打破传统教学中先确定角色的方法，先由学生们集体分析讨论案件，最后采用抽签的方式进行分配角色，这样可以使参与的学生不局限于自己的角色来分析案件，从而提升学生们的参与意识，保证每位学生都能参与到案件全过程。

当前，针对学生参与度不高的问题，高校也进行了积极的创新，以吉林大学为例，吉林大学以模拟法庭赛季为主体，通过春秋冬三个赛季的有序开展、赛季演练和课堂讲授相结合、赛季过程中专门教师和实务专家积极参与，成功构建起校内实践教学平台。②

其二，明晰模拟法庭教学目标。“法律的生命始终不是逻辑，而是经验。”法学是实践性很强的学科，法学教育不仅要注重知识传授和学术培养，还应

① 参见杨成：《论地方高校模拟法庭实践教学的改革》，载《前沿》2010 年第 2 期。

② 参见陈兵：《搭建高校法学教育校内实践教学平台的新探索——以模拟法庭赛季为主体的尝试》，载《黑龙江高教研究》2013 年第 5 期。

该训练学生作为法律职业者必备的技能和素质,[①]模拟法庭教学通过将法律基础理论知识和实践操作有效结合,致力于培养学生运用实体法分析案件的能力,锻炼其随机应变、实践操作能力、庭审语言表达能力、案件分析能力与法律文书写作能力,模拟法庭一方面应当顺应当代法学教育的要求,另一方面也应当注重提高学生的实际工作能力,[②]顺应应用型人才培养目标。

其三,健全制度保障体系。高校将模拟法庭纳入法律教学整体规划进行统一规范化管理,通过开展模拟法庭教学研讨工作,制定符合课时计划的教学大纲、模拟法庭教学整体的规划和具体的实施细节,设置合理的学分与考核机制,[③]在这里可以参考吉林大学在模拟法庭教学中所做的创新和探索,吉林大学采取在实践课程与理论课程同步推进,对部分理论课程进行调整,通过对学分进行有侧重的设置,逐步将模拟法庭教学嵌入整个教学计划中,改变原来的模拟法庭课程仅是辅助理论课程推进的教学模式,全面提高模拟法庭教学的地位。同时要健全相关保障机制,制定一套完备的管理制度,例如,制定《模拟法庭管理办法》等制度对模拟法庭的具体操作进行规范。

(二)创建多元化的指导教师团队,实现多师教学

创建多元化指导教师队伍是培养高素质法律人才的重要举措。由于法律案件涉及的知识面广,处理起来对实践经验要求高,仅掌握法学基础理论知识,无法透彻地分析处理案件,所以在模拟法庭教学中相应地要求教师要具有扎实的法学理论知识、多元化的知识结构以及丰富的实践经验。为了顺应这一需求,可以创建多元化的指导教师团队,实现多师教学,多元化的指导教师团队教学更加强调团队合作,教师不再只专注于自己所负责、擅长的工

① 参见王玉霞:《试论模拟法庭教学法》,载《中国成人教育》2009 年第 17 期。

② 参见夏凤英:《浅谈模拟法庭教学中的几个问题》,载《中国成人教育》2004 年第 12 期。

③ 参见罗时贵等:《高校模拟法庭建设与法学实践教学的配置要求》,载《中国成人教育》2008 年第 18 期。

作，而是通过团队事先沟通协调，准备好教学计划和教学内容，通过高校教师与法治实际工作者进行良性沟通交流，为学生打造高效的提升实践能力的方案。此外，还可以借鉴天津师范大学法学院在这方面的做法，坚持“双向交流”的原则，即专职教师深入实务部门学习，丰富实践经验；同时为校外兼职教师开放学院图书室、实验室等资源，致力于提升其理论水平，以促进指导工作的开展。①

具体来说，多元化的指导教师团队应由 3～5 名教师组成，校内指导教师可以由多个专业的任课老师担任，此类指导老师具有扎实丰富的基础理论知识，主要指导学生的法学原理、法治理念和其他学科基础知识，同时聘请有丰富实践经验的法官、检察官、律师等担任指导老师，此类教师主要指导学生们的法律推理、辩论技巧、法律文书的撰写等，以弥补校内师资不足，使理论教学和实务教学相结合、课堂教学与司法实践接轨。

（三）提高课程内容质量，创新教学方式策略

传统教学模式中滞后且单一的教学方法导致法学实践教学效果欠佳，传统模式主要表现为以“教师为中心”向学生传递知识，学生被动地接受学习，导致理论知识投入实践应用时多数学生表现出难以适从的情况。为此，有必要创新教学方式，提高课程内容质量，向以“学生为中心”转变，充分锻炼学生的思辨能力和自主学习意识。

首先，创新教学方法。模拟法庭传统教学方法存在模拟过程表演化、诉讼文书剧本化等缺陷。为了克服这一系列问题，我们可以引入新的教学方法。对战式教学方法是指以真实案件为主要依据，学生们在不同带队老师的指导下，完成对案情的探讨、对证据的收集、对法条的整理和诉讼文书的起草，随后开展法庭审理等活动，整个过程具有对抗性、竞争性等特点。通过对

① 参见张小蕾：《浅议模拟法庭教学制度的完善》，载《中国大学教学》2010 年第 2 期。

战式教学法能够使学生们充分感受严肃、紧张的庭审氛围，激发思辨创新能力和探索能力，将理论学习和实际操作相结合，真正做到“从法学院到法院”的转变。

其次，提高教学质量。为了提升课程内容质量，指导老师要对案件进行认真审查，筛选对事实认定、法律适用、程序演练具有典型意义的案例，确保学生们能从案件模拟中学有所得。为了让学生们了解前沿资讯，可以尽量选择新的案例和有争议的话题。同时在课程设计上，老师可以先组织学生就案例进行跨部门法的讨论，通过对前沿案例的分析讨论，学生们各抒己见，认识上得到了提高，同时也打造更好的庭审效果。① 老师要从学生角度和职业角色出发，秉承锻炼学生的职业思维、培养职业素养的理念，摆脱理论体系的束缚。②

最后，在新冠疫情的背景下，推广普及模拟法庭线上教学模式。在“互联网+”的背景下，模拟法庭线上教学模式作为一种创新形式出现在人们视野中。2018 年教育部、中央政法委提出的《卓越法治人才培养计划 2.0》中明确提出：“要适应教育信息化与法治建设信息化的新形势，推动法学专业教育与现代信息技术的深度融合……”③该意见为模拟法庭教学提供了教学方式新思路，2020 年由于受新冠疫情的影响，大部分院校延期开学，采取线上教学的方式，更加推动了模拟法庭的线上教学模式的发展。采用此种模式能够有效地弥补传统实践教学的不足，但是作为一种新兴的教学模式，在探索应用过程中也存在一系列的弊端。

其一，采用模拟法庭线上教学模式的优势可概括为：与传统的线下教学模式相比，可以更加轻松地利用各种网络资源，丰富整合各种教学资源和切

---

① 参见杨云霞、郭慧敏：《模拟法庭教学改革模式探讨》，载《实验室研究与探索》2008 年第 8 期。

② 参见田洪鋆：《模拟法庭教学的课程内容设计——以吉林大学法学院的实践为例》，载《中国大学教学》2014 年第 10 期。

③ 参见《教育部、中央政法委关于坚持德法兼修实施卓越法治人才教育培养计划 2.0 的意见》。

近热点的前沿资讯,更加方便地与其他高校或实务部门取得联系,通过建立跨院校、跨专业、跨领域的互联网平台,构建多元化的资源共享平台;可以激发学生参与模拟法庭的热情,采用线上教学,学生学习时间、地点更加的灵活,并且通过仿真实训软件,学生们可以在线体验不同的角色,有更多的自主选择权,使学生得到全方位的锻炼,克服传统模拟法庭教学学生参与积极性不高的缺陷;顺应实务部门电子诉讼的趋势,2007 年上海市第一中级人民法院开创国内电子诉讼先河,率先使用电子信息技术进行庭审,同年通过了《关于建立杭州互联网法院的方案》,之后北京、杭州等多地建立了专门的互联网法院。2020 年新冠疫情更是加速了在线诉讼的发展,在这种大趋势下,线上模拟法庭教学可以顺应电子诉讼的发展方向,适应实务部门电子诉讼的需求。

其二,模拟法庭网络教学存在诸多问题,仍需进一步探索。线上教学对网络质量要求非常高,各大 App 都普遍存在网络迟延、卡顿等问题,给庭审过程的流畅性带来干扰,从而影响庭审过程严肃、紧张的氛围;模拟法庭强调的是实景演练,这是线上教学所无法提供的,并且目前线上教学以会议的形式为主,无法满足模拟法庭的要求,使得模拟法庭的效果大打折扣;线上教学使教师难以确切地了解学生对课堂的感受,不能及时地针对学生的问题改变教学策略;线上模拟法庭开展难度较大,不利于个体的交流和法庭秩序的维护。

鉴于此,我们可以吸收两种教学模式的优势,采用线上教学和线下教学结合的方式,实现课堂教学、实践教学和网络教学的有机结合,提高模拟法庭教学的实效性。

(四)规范模拟法庭运行过程,保证庭审程序完整性

其一,为应对模拟过程表演化的问题,需要规范模拟法庭运行过程。“实战型”模拟法庭能够有效地克服这一问题,“实战型”模拟法庭意味着双方所拥有的证据材料按照原告、被告双方的原始状态分别进行,这样就可以保证

双方在庭审中能够对证据材料进行真正的质证。这种没有事先编排、演练的教学模式可以引导学生自主地分析思考案件、充分发挥主观能动性，培养学生的临场应变能力，从而实现学生在教学过程中不仅仅是在表演“角色”，而且是在创造“角色”。

其二，提供充足的模拟法庭教学物质支持，强化物质保障。学校要提供完备的硬件设施，保证模拟法庭场所的独立性和专门性，有条件的院校建设模拟法庭实验室，配备相应的设备，在没有模拟法庭实验室的条件下，开展模拟法庭教学也必须重视模拟法庭的场地布置，①营造庄严、肃静的法律氛围，还原真实的法庭场景，给学生更好的模拟体验。随着高校数字化的发展，传统的模拟法庭场景存在诸多局限性，已经不能适应信息时代对大学生的要求。高校为了实现法学教育的系统化、实用化以及适应国内信息庭审发展现状，应着力构建数字化模拟法庭实验室，通过计算机网络、音视频以及其他庭上设备，模仿审判机关法庭审判的教学环境，②同时强化多媒体手段在模拟法庭教学实践中的应用，可以引入 VR 仿真技术应用于模拟法庭教学。通过 VR 技术的使用，可以最大限度地还原案件，再现案件细节证据，从而可以明晰证据链条，将案件的始末得以重现。充足的物质支持和数字化模拟法庭场景对高校法学教育的开展有着重要的意义。

其三，完整的模拟法庭教学设计应包括分组讨论、案件选定之审核、庭审与法律文书准备、开庭、庭后审议、法律文书与成果提交、学习评价等流程，模拟法庭教学不应割裂它们之间的关系而只注重某一方面的训练。为了克服“重庭审轻庭外事务”的问题，模拟法庭有必要细化司法实务的各个阶段，增设模拟法庭实训课，如立案作为决定一个案件能否进入庭审的关键环节，可以有针对性地增设“立案”模拟法庭实训课程，使模拟法庭实践教学和司法审

① 参见孟丽君、于巍巍：《完善模拟法庭教学法的思考》，载《教育与职业》2012 年第 30 期。

② 参见王娜：《浅议高校数字化模拟法庭实验室建设》，载《实验室研究与探索》2015 年第 12 期。

判实务有效衔接。

其四，完善模拟法庭课程评价体系。模拟法庭课程考核体系应该多样化设置，在评价主体方面，有教师评价，有学生互评；在评价来源方面，有庭审的，有抗辩赛的；在评价内容上，有文本的，有语言表达的。[①] 同时可以请专职律师和法官参与、指导和点评。总之，要恰如其分地对学生在课堂中的表现进行评价，这关系到学生学习的积极性和该课程建设的科学性，合理的评价机制能够激发学生学习的积极性和培养团队合作精神。同时，模拟法庭课程评价体系的具体指标和权重应不断探索修正，力图反映学生实际情况。

（五）促进模拟法庭竞赛与课程教学的协同发展

模拟法庭竞赛和课程教学作为模拟法庭课程的两种形式，都有助于模拟法庭课程实践教学效果的发挥。二者之间联系和区别并存，模拟法庭竞赛是检验高校模拟法庭训练成果的重要途径。模拟法庭教学和模拟法庭竞赛之间的关系可以体现在三个方面：一是模拟法庭课程教学和模拟法庭竞赛都属于高校模拟法庭课程的重要组成部分；二是模拟法庭教学是基础性的综合训练，而模拟法庭竞赛属于模拟法庭课程的高级阶段，具有"选拔"和"竞争"的特点，体现着"学而优则仕"；三是二者的侧重点不同，模拟法庭教学重在培养学生法律的规范分析能力、程序意识和程序操作能力、庭审语言表达能力以及培养学生法律文书写作能力，而高校模拟法庭竞赛重在培养证据意识和证据运用能力和培养学生法律职业伦理。

为了创新模拟法庭教学方法，可以将这两种形式打通，让学生在模拟法庭竞赛和课程学习之间自由选择，已经积极参加课外模拟法庭竞赛的同学可以申请免修模拟法庭课程教学内容，或者仅学习课程教学部分来提高自己的司法实践技能。通过这两种方式的配合、协助，既能够丰富模拟法庭教学形

① 参见夏利民：《模拟法庭课程教学模式与方法改革之探索》，载《中国大学教学》2015 年第 12 期。

式,又可以提高学生参与的积极性,有效地巩固模拟法庭的实践教学效果。通过校内实践教学平台的搭建,摆脱教材和纯理论的局限,自然而然地将实践内容贯彻到教学过程中,切实提高学生们的法律实务技能。

(六)协调课程的关系,完善实务型法律人才培养体系

"律师实务"和"法律诊所"同样是将法学基础理论和法学实践紧密结合的法学教育方法,律师实务课程注重培养律师职业技能和树立正确的职业伦理道德,兼顾律师职业的各个环节,而模拟法庭侧重于庭审中的各项活动,包括法律文书写作、法官、律师在庭审中的作用等;法律诊所课程侧重将模拟法庭和法律实务课程中学到的知识用于解决实践中的法律问题,区别于模拟法庭模拟实践的方式。协调衔接三门课程的关系对于构建实务型法律人才培养体系具有重要意义,根据三门课程侧重内容的不同可以在课程安排上进行调整。模拟法庭和律师实务两门课程可以同步进行,达到模拟法庭训练和律师技能训练同步进行的效果;律师实务课程可以安排在模拟法庭课程的前一个学期,这样可以使学生掌握的律师技能在模拟法庭课程中充分运用;诊所课程安排在另两门课程之后,这样学生们在掌握实体法、程序法知识以及进行了充分法庭模拟后,可以更好地应用于法庭实践。①

四、结语

模拟法庭教学作为法学实践教学的重要方式之一,为学生学习各类实体法和程序法知识搭建了高效的学习平台。在法学人才培养目标由理论型向应用型转轨的过程中,模拟法庭课程教学发挥重要作用既弥补了传统理论教学的不足,也为法学教育开辟了新途径,但在实践应用过程中出现诸如诉讼

① 参见王竹青、王雪薇:《论实务型法律人才的培养体系》,载《中国大学教学》2013 年第 3 期。

过程戏剧化、学生参与性不够、模拟法庭教学价值定位模糊等问题，为了转变这一现状，法学教育工作者有必要通过明晰模拟法庭教育建设的出发点、立足点、增长点、创新点来探索模拟法庭创新思路。[①] 在我国法学教育发展和改革的进程中，我们既要锐意改革，大胆创新，又要精心组织，扎实工作，[②]在坚持传统理论教学的基础上，适时实行模拟法庭教学法，将理论学习和实际操作相结合，为司法机关和法律事务输送具有现代信息技术的高级复合型法律人才。

---

① 参见李清宇、王晓萍：《试论模拟法庭实践教学的特点及其完善——以法律诊所教育的借鉴为视角》，载《教育教学论坛》2013年第26期。

② 参见尹维达：《模拟法庭在高校法学教学中的应用》，载《中国成人教育》2010年第22期。

新时期高校模拟法庭教学的功能定位与流程再造*

李路根**

摘　要:高校模拟法庭教学是理论联系实际培养学生法律实践能力的重要课程,旨在培养学生运用法律理论与知识去解决司法实践中的法律适用问题,进而培养与提升学生的法律运用能力。我国高校模拟法庭教学面临很多现实问题,模拟法庭教学改革已经开始了诸多的探索、提出了相关方案与举措。在全面推进依法治国、建设社会主义法治国家的今天,国家与社会对于高校法学人才培养包括模拟法庭教学提出了很多新的要求。文章立足于模拟法庭教学流程的现状分析,提出新时期高校模拟法庭教学的实训功能定位与教学流程改革再造问题,探讨了模拟法庭教学流程再造的可能方案,以期做好模拟法庭教学实践,提升模拟法庭教学的效果。

关键词:模拟教学;庭审基本功;功能定位;流程再造;优化设计

党的二十大报告中,习近平总书记强调"坚持全面依法治国,推进法治中国建设",对我国法治实践发展和法治人才队伍建设提出新的目标,这些对于

* 基金项目:本文系李路根主持的安徽省级质量工程重点教研项目《国内外高校对大学生"人文情怀、科学精神、国际视野"的培育经验及其对安徽师大的启示》的阶段性研究成果(项目编号:2020jyxm0619)。

** 李路根,安徽师范大学司法案例研究中心国际法编辑部副主任。

高校法学人才培养以及模拟法学教学提出很多新的要求。根据法学人才培养目标和要求、立足学生的专业能力发展实际,本文提出高校模拟法庭教学流程改革问题,以促进模拟法庭教学的规范化、标准化,培养“德法兼修”、具有国际视野、家国情怀、科学精神的复合型法律人才。

一、高校模拟法庭教学探索与教学流程改革问题的提出

(一)高校模拟法庭教学改革的实践探索

一些高校积极推进教学改革,引入“慕课”“翻转课堂”①等方式进行了有益的探索,这些教改探索,对于模拟法庭教学都具有借鉴意义。我们在模拟教学改革中,较早尝试并将模拟法庭教学内容与形式的改革,落实在“学生实训”上。根据模拟法庭教学大纲,在指导老师教授原理、知识以及模拟法庭庭审规则的基础上,加强教学实训安排。在此探索中有很多尝试,例如,我们曾经利用一个学期,尝试在一个法学本科班内,将全班同学分配为若干模拟法庭实训小组,进行模拟法庭实训活动,在该学期的模拟法庭实训中,绝大部分同学使用大陆法系的民事或刑事诉讼程序开展模拟法庭活动,也有同学依据英美法系的庭审程序,在模拟法庭运用了有陪审团参加的对抗式庭审模式,使参加模拟法庭活动的同学得到充分的锻炼。该班级几乎全体同学用了一个学期的时间分批次地展开了实训教学活动,大家反映教学成果很显著。我们充分利用了模拟法庭的教学实训的机制,使学生得到了锻炼。

(二)高校模拟法庭教学流程改革问题的提出

模拟法庭强调实践性教学,是案例教学的实践化、程式化,使学生在掌握

---

① 赵丽、张慧:《基于 ITIAS 的翻转课堂教学行为及效果分析》,载《中国大学教学》2022 年第 11 期。

理论的基础上，主要掌握开庭审理[①]的要点与技巧，增强法律分析以及解决问题的能力。立足于模拟法庭类型以及现状分析，结合来自实践部门的反馈以及毕业校友的经验分享来看，大家认识到传统“讲授式”为主模式重点是理论与知识的传授，不足之处在于实训环节的时间不够、对于学生法律运用能力的培养不够。因而，很多高校积极进行模拟法庭教学改革探讨。在此基础上，我们提出新时期高校模拟法庭教学流程改革问题，分析了相关的理论与经验，提出以练好庭审基本功[②]为抓手，提出模拟法庭教学流程再造的可能方案。

二、模拟法庭教学的理论支持与经验借鉴

（一）高校模拟法庭教改需要科学的理论指导

模拟法庭教学需要科学的理论指导与支持。高校模拟法庭教学的原则包括科学原则、合法原则、仿真原则、普法或者法治教育原则、专业教育原则等。模拟法庭需要科学的理论指导与支持，模拟法庭的教学元素包括理论、事实、规范等诸多要素。学术界的专家提到了模拟法庭教学中厘清事实的重要性，这里的事实不是学生编写的、主观造就的模拟法庭“剧本”中的事实，而是在庭审实践中，基于对证据材料进行识别、认定的基础上所确立的案件事实，需要学生在模拟庭审实训中，注意区分客观存在的事实与真实以及法律意义上的事实与真实，模拟法庭教学不是简单地照本宣科，而是积极运用开庭审理的理论与技巧，基于案件事实和正确适用法律规范，创造性地进行教学活动。模拟法庭教学，需要依据中国特色社会主义法治理论结合诉讼法

---

① 开庭审理包括庭前准备、开庭审理、评议三个阶段。参见张晓秦、刘玉民主编:《庭审要点与技巧》，中国民主法治出版社 2009 年版，第 18 页。

② 庭审基本功主要包括法庭驾驭能力、语言应用能力、质证能力、举证分配能力等。参见张晓秦、刘玉民主编:《庭审要点与技巧》，中国民主法治出版社 2009 年版，第 57 页。

学、教育教学理论等理论作为指导与支持、借鉴相关专业和行业的人才培养经验，通过法学师生的互动沟通，调研模拟法庭教学的现状并解决存在的问题。

（二）高校模拟法庭教学改革的理论支持与经验借鉴

从教育教学理论，我们可以借鉴的是沉浸式教学与成长理论，因为模拟法庭的教学仅凭课堂教学，有的学校只是选修课而不是必修课，仅凭一个星期两节课的教学安排，很难带给学生深入的体会和收获。如何完善模拟法庭的教学方式，我们在理论支持方面，除了法学专业方面的司法理论、诉讼法学理论，重点要探讨和援引沉浸式教学模式，让学生真正喜欢和参与模拟法庭活动，从而享受这种教学模式。在教学活动中能够深刻体会所扮演的诉讼中的角色，进而更深地理解程序法和实体法的相关内容，进而启发学生更好地与团队成员之间的互动合作，更好地接受老师的指导，实现模拟法庭教学的目标要求。再者我们可以借鉴戏剧人才培养的方式方法，比如话剧中对人才培养的台词功夫的训练，这可以启示我们在模拟法庭教学中提升参与模拟法庭活动的各个同学在庭审中注意运用法言法语，尤其注意角色的法律规范要求，提升学生在模拟法庭中的表达能力，进而完善学生法律语言的表达方式。另外，在京剧人才的培养过程中，对演员的基本功要求就是"唱""练""做""打"的训练，借鉴这种方式，对于模拟法庭参训的同学而言，可以提升大家的演讲辩论能力，包括运用证据材料进行案情说明、阐释事实和法理的逻辑能力。另外，运用模拟法庭培养法科人才，促进青年的成长，就要理解青年学生的身心成长规律，在模拟法庭的教学中进行循序渐进的教学，促进学生在理解法律理论、社会规范的同时，提升自己的社会使命、社会角色的认识，促进法学专业学生的社会化，进而促进他们健康的成长。

三、模拟法庭教学的实训功能定位与流程再造①

(一)对模拟法庭教学进行科学的实训功能定位

现在高校所进行的模拟法庭活动和模拟法庭教学,呈现多种多样的模拟法庭形式。有的是教学中的模拟法庭,有的是普法实践的模拟法庭,有的是学生社团举办的模拟法庭活动与模拟法庭的公演,还有的是真实庭审在模拟法庭场所举行的审判实践。例如,安徽师范大学与芜湖市中级人民法院合作,将我校花津校区的模拟法庭作为芜湖市中级人民法院的审判庭加以使用。由芜湖市中级人民法院选择、安排合适的具有普法意义的真实案件在该审判庭进行审理,起到较好的法治教育作用。同时,教师指导学生参加的类型众多的模拟法庭比赛,包括国内法、国际法的有关模拟法庭竞赛,各类模拟法庭竞赛也能培养学生。2021 年我们带领由研究生和本科生组成的参赛团队参加了 WTO 中国模拟法庭的比赛,获得了优秀奖。2023 年我们有学生参加国际刑事法院中文赛的比赛活动收获很大,有老师还作为评委(法官)执裁了若干场次的国际刑事法院中文赛庭辩比赛,很高兴看到兄弟院校法学专业学生代表在模拟法庭竞赛中的突出表现,他们展示了各自学校模拟法庭人才的培养成果。

面对模拟法庭教学活动的多方面需要,高校模拟法庭教学就要做好精准定位,发挥模拟法庭的实训功能,一些高校进行了有效探索,积极定位并发挥模拟法庭的实训功能,打磨好学生的庭审基本功,使模拟法庭教学与实训活动鲜活起来,成为法学人才培养的有效机制。

---

① 流程再造(Process Reenginerring)理论,由美国教授哈默(Michael Hammer)等于 1990 年提出。企业流程再造理论主张要改善现代组织的生存与发展的基础,要对工作流程进行根本性反思并彻底改革。参见潘豪红:《企业流程再造分析——以对国有企业的分析为例》,载《中外企业家》2019 年第 8 期。

（二）模拟法庭教学流程再造的意义与重点

模拟法庭教学流程再造是法律人才方案优化的需要，是落实法学本科建设标准，包括国家一流本科建设标准要求、实现法律人才培养方案优化、强化法律人才专业能力建设的需要。同时，在法学教学环节，落实司法公信力在司法程序中的要求，强化法学专业人才庭审能力培养、促进庭审法治现代化的需要。此种教学流程再造也是模拟法庭教学有效性提升的需要，进而保障模拟法庭实践的规范化、标准化。

模拟法庭教学流程再造，主要是使得教学流程能够优化，从传统意义上的知识教学向庭审基本功的“能力培养”重点的转化，从教师从事案例讲解的“讲授”为主转为以模拟庭审“演练”为主的模式，根据教师指引，学生在认真预习准备的基础上，重点展示他们对于案例的理解、对于庭审程序规范要求、对于庭审中各个角色把握，进而使得“教学”的理论讲授、案例分析与规范解释的内容与学生的“训练”或“演练”的部分能够有机结合，即模拟法庭教学不是停留于理论的“教”的部分或模拟法庭知识的传授，而是培养学生运用法律理论与法律法规，分析并解决实训案例中的法律问题。授课老师指导学生学会在模拟的情境中，展示他们学习掌握的法律知识与诉讼技能，再造后的流程，是在知识与案例内容讲授的基础上，强化对于学生“做”的能力的培养，即对于学生法律运用能力的培养，强化培养学生在庭审程序中的陈述与表达、解释与辩论、[①]分析与总结等能力。在此实训中，不仅积极培养学生的理性分析能力，也要培养其想象力等感性方面的能力，让学生能够运用相关的电子设备与器械，对案例证据资料等进行可视化的呈现，同时，深入浅出地展示案例分析的结果。

---

① 此处指法庭辩论。参见张晓秦、刘玉民主编：《庭审要点与技巧》，中国民主法治出版社2009年版，第86页。

(三)模拟法庭教学流程再造的基本任务

模拟法庭教学要做到教学目标与流程的优化,强化学生能力培训,促进学生在教学中的司法能力提升;模拟学习真实案件的审判流程,学习庭审中的组织与管理流程的技巧,提升学生办理真实案件的专业意识、流程意识、责任意识,进而培养与提升学生在庭审中的办案能力。

模拟法庭教学要积极推进案例教学的实践化。在模拟法庭教学中所适用的法律包括实体法、程序法。如何使我们模拟法庭教学规范化,就要借鉴教学理论,课程思政理论。在模拟法庭教学中要明确树立什么样的价值观,培养什么样的人才。还可以从管理学和组织理论的角度进行思考,思考如何对于模拟法庭教学流程的活动进行改革甚至是再造。模拟实践教学,有很多的相关模拟教学活动、方法、原则、技术可供借鉴,如高校举办的模拟政府、模拟外交谈判、外交会议的教学或实训,模拟联合国会议对于模拟法庭教学都有借鉴意义。模拟法庭离不开案例教学,离不开案例的精准选择与有效的应用,这就是案例教学的实践化,需要处理好法律规范与案件事实之间的关系,正确理解与适用法律规范;模拟教学本身具有虽然有模拟与仿真的问题,但是,要训练学生学得贴近事实,用法学专业标准看待问题,要培养学生使用法言法语。

通过教学激发学生主体责任感,领会司法公正①的意义。教学中,教师不仅要选择好案例、组织好模拟庭审的教学内容,抓好教学重点,实现教学目的与价值,还要通过纠错机制促进学生正确理解与演练,在庭审教学中,让学生感受司法公平正义的重要性、必要性以及确保司法公信力的办案制度与要求。积极发挥教师主导与学生主体作用,做好两个作用的协调,积极运用教学现场精讲与演练环节,有效提升现场教学效果,同时,做到线上与线下教学

① 公正司法对于维护社会正义具有重要意义。习近平总书记在党的二十大报告中指出:“严格公正司法。公正司法是维护社会正义的最后一道防线。”

训练资源的整合，运用模拟法庭教学视频、真实案件庭审录像资料等进行实训，丰富学生参与庭审的角色设计，通过模拟庭审，培养学生的司法使命感与责任意识，强化学生的司法公平正义意识。

（四）模拟法庭流程再造的教改设计重点

模拟法庭教改要积极做好资源整合工作。模拟法庭的教学改革要在前面的基础上立足实践，理论联系实践，要整合好方方面面的资源，那么这种整合面临很多任务。资源整合的意义在于充分利用模拟法庭的教学资源，优化模拟法庭的教学方案，提升教学效果，培养具有国际视野、家国情怀的复合型、高素质的法律人才。

模拟法庭教改需要拓展国际视野。模拟法庭教学改革任务众多，包括如何整合运用理论教学资源、在线教学资源、现场教学、教学微课的开发、案例数据库的建立与运用、模拟法庭的题库及如何有效建立兴趣小组，以及相关的视频影视资源，在线的实际庭审资源。随着我国法治建设，强调统筹国内法治与涉外法治两大方面，在模拟法庭教学中，应该拓展学生的国际视野，包括学习运用大陆法系与英美法系不同的庭审模式以及国际法庭的庭审模式和国际仲裁的方式。

模拟法庭教改需要强化中国问题意识。在模拟法庭教改中，在教师带领下，树立中国问题意识，强化学生的法律问题意识，要研读我国法治建设中的典型案例，研读外国法、国际法案例文献，还要强化学生的能力建设，包括推动他们将理论转化为实践的能力、提升案例分析和庭审思辨的能力。

模拟法庭要抓好案例选择与剧本写作。模拟法庭立足于新的功能定位，实施教学设计，其中很重要的文本基础，就是模拟庭审的案例文本的确定。在庭审剧本写作过程中，不是简单把实践案例拿来就用，而是取材于实践，进行必要的加工，要优化模拟法庭的剧本写作，发挥案例的教育功能，培养学生的庭审管理能力。

(五)模拟法庭教学流程再造的主要举措

首先,“德法兼修”,做好模拟法庭课程思政工作。模拟法庭教学,要根据“全面推进依法治国、建设中国特色社会主义法治国家”的战略要求,推动庭审基本功实训,做到学生的德法兼修,教学中精讲庭审程序,讲好审判权的运用与监督,培养庭审项目管理要素,促进学生庭审中程序管理的能力提升。

其次,应当分配好理论教学与实训活动的时间比例。在教学中,让学生充分认识并体现自己的主体作用,鼓励学生参与模拟法庭“演练”环节内容与程序的设计;在正式演练之前,让学生通过项目小组分工合作、加强团队学习与队员之间的互动配合,在研读案例真实资料的基础上,参加模拟法庭模块的设计与汇报,从而发挥学生的能动性与创造性。

再次,要优化学生参与角色与路径的设计,提升学生在模拟法庭活动中的参与度,在教师主导下发挥他们的主动性,使他们具有规范意识、办案标准意识,开展类案审判的训练,引入沉浸式教学。在此实训中,既发挥庭审的剧场效应,营造一种戏剧化的效果,又反对为了戏剧化而搞戏剧化,偏离原有庭审实训的初心。

最后,完善模拟法庭教学全程评估制度,防控教学的误区。要积极探索、促进模拟法庭教学的可视化,注意教学误区的防控,包括实践中的程序失误。例如,某校学生在刑事案件模拟法庭活动中,在庭审结束时,模拟“合议庭”成员忘记处理被告席中的“刑事被告”,导致出现了刑事“被告”在法官宣布“闭庭”后,自行离开法庭的“事故”,幸好被及时纠正,这样的教训值得我们警醒。模拟法庭庭审流程的再造,不仅有赖于教学案例的精准选择,还要提升学生的法律意识、专业意识,发挥学生的主体作用,这就需要科学设计学生参与庭审的评价方法,应当采取全过程的考评积分与期末考核相结合的总评方式,促进学生深度、有效地参与。

四、结语

新时期我国高校的模拟法庭教学、法学专业人才的培养，都要积极回应中国式法治现代化实践的需要。本文研究就模拟法庭教改，提出模拟法庭教学流程再造的初步方案，旨在强化学生庭审基本功的训练。如何更好培养国家与社会所需的“德法兼修”的法学专业人才，高校模拟法庭教学如何立足新时期我国法治建设与法学专业人才培养实际，推动模拟庭审教学的改革，进而引导学生全员参与，发挥模拟法庭实训作用，促进学生解决法律问题的能力与创造精神的培养，如何通过模拟法庭得到充分锻炼，这些问题都需要进行更多的探索，以促进模拟法庭教学的规范化、标准化，推动我国高校法学专业人才培养水平的提升。

刑事模拟法庭教学全面化之探索

蔡 鹤*

摘 要:刑事模拟法庭适应应用型法律职业人才培养的需要,在法学专业中已取得独立的法学课程地位,在教学上已克服了形式化问题,从表演走上了实战,师资力量和学习资源已得到很大充实和提高。但模拟法庭的教学全面化还有待提高,存在模拟环节不全面、庭审内容不全面、学生任务不全面、考核内容不全面等问题,不能适应培养卓越法治人才的需要。解决问题的关键是将审查起诉阶段纳入模拟,通过三师同堂和背靠背的教学方式模拟三个案件,即可极大地解决教学不全面的问题。同时按照建构主义教学论要求,采取翻转课堂方式克服课时不敷使用问题。

关键词:刑事模拟法庭;教学全面化;翻转课堂;卓越法治人才

一、应用型人才理念下刑事模拟法庭的教学改进

刑事模拟法庭是在教师的指导下,由学生扮演法官、检察官、律师、案件的当事人、其他诉讼参与人等,模拟审判刑事案件。该课采用体验式的教学方法,让参与者在所提供的动态平台上进行互动的角色扮演,对法学理论与

* 蔡鹤,四川师范大学教授。

实践进行批判性思考。① 在训练方法与模拟形式上具有以下特点：教学方式的实践性；学生参与的主体性；言行依据的复合性；诉讼角色的扮演性；实验场景的逼真性。② 模拟法庭的理论基础是建构主义教学论，建构主义教学论是瑞典心理学家皮亚杰（J. Piaget）在美国教育心理学家杰罗姆·布鲁纳（J. S. Brunner）等人将教育教学问题与心理学理论相结合的教学理论基础上提出来的。该理论认为，学生是认知主体，是知识的主动建构者，教师只起帮助和促进作用；学习具有社会性，依赖于协商和合作，学习者与周围环境的交互作用对知识意义的建构起关键作用；最后，强调以"质性"评价方法为主进行教学评价，全面了解学生学习探究过程，全面评价其科学素养，不得片面依靠考试成绩。③ 刑事模拟法庭也适应了应用型法律职业人才培养的需要。2011 年《教育部、中央政法委员会关于实施卓越法律人才教育培养计划的若干意见》提出"培养应用型、复合型法律职业人才，是实施卓越法律人才教育培养计划的重点"，并具体要求"强化学生法律职业伦理教育、强化学生法律实务技能培养，提高学生运用法学与其他学科知识方法解决实际法律问题的能力，促进法学教育与法律职业的深度衔接"；2018 年《教育部、中央政法委关于坚持德法兼修实施卓越法治人才教育培养计划 2.0 的意见》（教高〔2018〕6 号）（以下简称《卓越法治人才 2.0 意见》）提出，高等法学教育要"培养造就一大批宪法法律的信仰者、公平正义的捍卫者、法治建设的实践者、法治进程的推动者、法治文明的传承者"。上述要求在本门课上可具体化：一是继续巩固刑事法律理论基础，牢固掌握刑法、刑事诉讼法和证据法知识。二是熟练掌握法律职业技能，培养学生的刑事诉讼程序操作能力、运用刑法分析案件的能

---

① See Kevin Farmer et al., *The Mock Trial: A Dynamic Exercise for Thinking Critically about Management Theories, Topics, and Practices*, 37(3): 400 – 430 Journal of Management Education (2012).

② 参见陈学权编著：《模拟法庭实验教程》（第 3 版），高等教育出版社 2016 年版，第 2 页。

③ 参见姚莉、显森：《建构主义视角：证据法教学模式改革研究》，载《国家教育行政学院学报》2010 年第 4 期。

力、刑事证据运用能力、刑事庭审语言表达能力、刑事法律文书写作能力、法律文献检索能力、职业沟通能力和团队协作能力。三是培养创新能力,能够自我学习,创新性地将不断变迁的现实和进化的法律有效对接。四是在价值上,要求德法双修,培育具有法治思维、良好法律职业伦理和熟练的法律技能、富有创新精神的应用型卓越法律人才。知识、技能、素质、价值四个方面层层递进。

笔者所任教的四川师范大学法学院(以下简称我院)于2009年着手开发的本课程被命名为"刑事司法实务模拟",以培养应用型人才为目标,较早地采用了独立实践课程模式,基本成型于2013年的法学专业人才培养方案,2018年版的人才培养方案继续巩固了这一成果。刑事模拟法庭特别是在其早期存在一些普遍性问题,我们坚持实验材料真实、实验内容真实、实验角色仿真、实验过程仿真、实验档案仿真的原则,在克服这些普遍性问题方面取得了较好的效果。

首先,取得了独立的法学课程地位。

模拟法庭用于不同领域有不同目的,比如在英国应用广泛,不仅用于高校法学教育,而且用于建筑、医疗机构、行业协会以培养工作人员的法律风险防范意识。① 在我国实践中也呈现独立实践课程模式、辅助实践教学模式与实践社团模式,②以适应不同需要。实践社团模式主要是用于法治宣传教育活动,并非基于法学教育目标。辅助实践教学模式将模拟法庭理解为刑事诉讼法的"附属性"课程,着眼于诉讼法学知识和诉讼流程,服务于理论教学而

---

① 参见刘期安、曹照洁:《英国模拟法庭的运用及其启示》,载《重庆文理学院学报(社会科学版)》2017年第5期。

② 我国高校法学教育中模拟法庭出现的模式主要有以下三种:(1)独立实践课程模式,即将模拟法庭单独作为一门课程名称。(2)辅助性实践教学模式,即将模拟法庭运用于某门法学理论课程中,以实践教学学分的形式出现。目前这种模式日益受到非法学专业类高校教师的青睐,并广泛运用于课程实践教学环节。(3)实践社团活动模式,即以学校实践社团活动的形式,由对法律有着共同兴趣的学生们自愿组成一个"模拟法庭"社团,在学校法学老师的帮助和指导下,开展校内外的模拟法庭活动。参见谢晓雪:《"基础"课模拟法庭教学法的实践应用研究——以北京体育大学为例》,载《教育教学论坛》2020年第49期。

用以说明和验证理论教学中的某些知识点，并非以培养学生法律职业技能与法治素养为依归。辅助实践教学模式不能适应应用型法学人才培养的需要。其一，在内容上几乎不涉及系统化的归纳法律事实的方法、解释法律的方法以及庭审技术等法律职业的基本技能与素养。这样就导致模拟法庭的系统性欠缺。① 其二，参与人数极少，多数学生只能以旁听形式了解基本规则与流程。② 其三，作为“附属性”课程，仅是诉讼法的一个教学环节，课时极其有限，“一场模拟法庭的时间往往被严格限制在5分钟之内，以至于法官和双方当事人经常只有一句‘台词’，只能匆忙地将诉讼流程粗略地演示一遍。很明显，与其将这种方式称为模拟法庭，不如称为庭审流程演示”。③ 应用型人才理念要求培养现代法律职业能力，主要包括：根据客观材料提取、归纳法律事实的能力；根据法律事实寻找可适用的法律并阐释法律规范的能力；运用法律主持或参与纠纷解决活动（包括诉讼、调解、仲裁及听证）的能力；法律职业活动中的人际沟通能力。显然，将模拟法庭作为一种教学手段或附属性课程难以达到培养法律职业能力的目的。正因如此，对模拟法庭在法学教育中的定位，在前期有教学方法说、教学模式说和课程说三种观点，在后期课程说就取得了统治性地位，为研究者所赞同。④ 国家现行规定的核心必修课程都是理论课程，将来有望将其扩充到实践课程上，而已得到充分重视的模拟法庭无疑应成为核心必修课程的先行者。

我院针对传统实践教学课程形式化、片段化与小众化的缺陷，全面构建了包括基本技能、常用技能、辅助技能与常识、职业技能模拟、诊所实践在内

---

① 参见赵珊珊：《模拟法庭教学对刑事诉讼法学教学的促进——以卓越法律人才教育培养为视角》，载《中国法学教育研究》2014年第1期。

② 参见冯翔：《模拟法庭教学模式在刑事诉讼法教学中的功能与应用》，载《宁夏党校学报》2013年第6期。

③ 娄必县：《PBL教学法视角下模拟法庭训练的功能及其完善——基于实训观察的研究》，载《西华师范大学学报（哲学社会科学版）》2021年第5期。

④ 参见于军：《智慧教学视阈下模拟法庭教学的反思与路径探索》，载《上海公安学院学报》2022年第1期。

的全新的法律职业技能课程体系（共 15 门课程），改变了传统法学本科实践课程薄弱零散的情况。[①] 这类课程体系具有体系化、仿真化与较宽的受益面特征，其中实验性法律职业技能模拟课程（民事诉讼实务模拟、刑事司法实务模拟、民事非诉实务模拟）是其中的主干课程。该课程体系下的法学本科教学模式获得了较高的社会评价，[②]模拟法庭课程的成效尤为显著。[③]

其次，克服了传统模拟法庭的形式化问题，从表演走向实战。

在模拟法庭依附于诉讼法学教学时，模拟法庭呈现的是表演式的模拟审判，其特征：在学生参加模拟法庭之前，指导教师已经为学生准备好了各种诉讼文书和法庭审判的台词剧本；在正式开庭前，学生要做的准备工作便是熟记自己的台词，有时还会根据已有的台词剧本进行排练；在准备工作做好后，模拟法庭实验的主要内容便是所有参与实验的人员按照事先准备好的台词进行庭审。而在刑事司法实务课独立成课后，这种遗风仍有延续。[④] 其实国内公开出版的模拟法庭教材，大多存在浓重的表演化倾向。这些教材均针对实验案例为学生提供了详尽的模拟法庭台词剧本，学生在使用此教材进行实验时只需按照教材提供的台词剧本进行演练即可。[⑤]

表演性是实践社团活动模式的重要特点和优点。实践性社团活动主要

---

① 参见唐稷尧：《以法律职业技能训练搭建法律职业与法学教育的桥梁》，载唐稷尧、陈驰主编：《法学本科人格培养模式创新与课程教学改革》，四川师范大学出版社 2014 年版，第 7 页。

② 四川师范大学法学院的本科人才培养模式荣获四川省高等教育优秀教学成果奖二等奖 2 次、三等奖 1 次；2013 年被四川省教育厅和中共四川省委政法委员会纳入首批“四川省卓越法律人才教育培养计划”，同年，法学专业获批四川省高等学校专业综合改革试点项目；2014 年获批省级“卓越法律人才校外实践教学基地”；法学专业入选 2020 年国家一流专业建设点。

③ 2016 年四川师范大学法学院入选中国法学教育研究会“模拟法庭教学专业委员会”常务委员单位，是当时唯一一家省属高校法学院会员单位。2015 年至 2022 年四川师范大学法学院学生荣获四川省大学生模拟法庭竞赛第一名 4 次、第三名 2 次、二等奖 1 次、三等奖 1 次，其中二等奖为 3 ~4 名、三等奖为 5 ~8 名。

④ 参见杨娜：《“基础课翻转课堂教学实效性研究”调查报告——以模拟法庭为例》，载《高教学刊》2019 年第 2 期。

⑤ 参见樊学勇主编：《模拟法庭审判讲义及案例脚本》，中国人民公安大学出版社 2007 年版；申君贵主编：《模拟法庭教科书》，湘潭大学出版社 2007 年版；廖永安等：《模拟审判：原理、剧本与技巧》，北京大学出版社 2009 年版；刘晓霞主编：《模拟法庭》，科学出版社 2010 年版。

用于普法活动，是一种较为直观的普法形式，用于机关、企事业单位及社区普法宣传中，实践中产生了良好的法治教育效果。[①] 模拟法庭参加者的法律知识和技能的获得并非主要任务，活动宗旨在于通过模拟法庭审理而使观看者受到普法的直观教育，达到“审理一案，教育一片”的目标。[②] 这就需要模拟法庭在有限的时间里既具备传递法律知识培植法治理念又具备相当吸引力的双重功效，在法律展示上要求程序流转的畅通性、实体结局的唯一性、模拟过程的可控性，在吸引力上要求故事的生动性、角色冲突的戏剧性、叙事的流畅性。因此，模拟法庭被视为一场演出，[③]好坏不在于法庭成员法律知识的储备及法律素养，剧情冲突的好坏及剧情参加者的言行举止所展示的风采占第一位。

表演式的模拟法庭，由于事先确定了剧本，学生不需要分析案件实体法律关系，不需要起草司法文书，法庭举证、质证以及法庭辩论都是按照事先固定的模式进行，一切都是照本宣科，学生的创造性思维能力、应变能力都会受到限制。表演性的模拟法庭忽视了实际能力的培养，[④]有违应用型法学人才培养的基本目标。

模拟法庭从表演走向实战，意味着每一个参加模拟法庭的学生不仅是演员，而且还应当是自己的导演。在实验前提供给学生的仅仅是案件的证据材料，在收到实验证据资料后，公诉组必须在规定时间内完成起诉书的制作，并及时向审判组和辩护组送达。在开庭审判时，尽管控、辩、审三方都会准备好相关资料，但是在法庭上各方如何举证、质证，证人和鉴定人出庭如何陈述，审判长如何指挥庭审，合议庭作出何种裁判，这一切都是不确定的，完全由承

---

① 参见林昶：《以“模拟法庭”为载体实施法治教育的实践探索》，载《现代教学》2020 年第 8 期。

② 参见韩晓玲、陈亮、武莉莉：《为未成年人维权普法 武科大城市学院开模拟法庭》，载《湖北日报》2007 年 12 月 5 日，第 4 版。

③ 参见乐平：《“模拟法庭”开到林学院》，载浙大城市学院网，http://www.zucc.edu.cn/art/2004/11/25/art_16_14397.html，最后访问日期：2023 年 4 月 8 日。

④ 参见郭翔：《试错理念在模拟法庭教学中的运用》，载《新疆师范大学学报（哲学社会科学版）》2011 年第 4 期。

担相应诉讼角色的同学灵活决定。

模拟法庭从表演走向实战,才真正符合建构主义教学论的要求。建构主义教学论把学习看作学生主动建构知识的过程,特别重视“情境”对意义建构的重要意义。模拟法庭教学法中,情景教学法、体验式教学法、合作式教学法符合建构主义教学论。① 但是,只有实战式模拟法庭才能真正引发学生的情感体验,在真实情景中共情、共鸣乃至融入其中;体验式教学要求学生亲自操作来认识和感知学习对象,然后才引导学生分析理解所学知识,最后感悟验证教学内容,重在发挥学生的主动性和亲历性,按老师事先制定的程序和环节按部就班地走下去就有悖于情景体验式教学的精髓。

再次,完善了刑事模拟法庭的师资配置。

教师的实务经验是本课程能否取得成功的前提。学界主张聘请实务部门人士参与指导,②也存在这样的实践,③但是这仅可偶尔为之,无法在课程内容和时间安排上做到规范化和体系化。一则本科生的课时进度和时间安排极其严格,几无可以调课的机会,法官、检察官无法在规定时间内到场。二则该项活动对检察官和法官的吸引力不大,于其职业成功亦无帮助,有兴趣参加此项活动的人选难以寻觅。即使存在“双迁计划”,实施高等学校与法律实务部门人员互聘的制度,④但能够获取法官、检察官进入学院教学的机会很小。“由于参与高校教学的司法实务人员其自身工作的繁重,且高校对校内教师和校外参与人员的态度不一致,还有教学规范、管理规范、师资资格等其他担忧,使得这类措施的实施范围过窄,未改变大部分高校的现实困境。”⑤

① 参见李斌主编:《模拟法庭教学与专业比赛训练》,南京大学出版社 2016 年版,第 6 页。

② 参见杨利军:《刑事模拟法庭实践教学探究——以烟台大学法学院模拟法庭为视角》,载《高教论坛》2014 年第 4 期。

③ 参见吴应珍:《刑事模拟法庭教学的实践与探索》,载《甘肃高师学报》2015 年第 6 期。

④ 参见《教育部、中央政法委员会、最高人民法院、最高人民检察院、公安部、司法部关于实施高等学校与法律实务部门人员互聘“双千计划”的通知》(教高〔2013〕8 号)。

⑤ 颜勇:《以模拟法庭课程建设为中心的法学实践教育研究》,载《中国法学教育研究》2019 年第 3 期。

因此,师资配备必须立足于本院教师。学界曾有设想:"建设全国性或者区域性的法学专业教师培训基地,组织开展法学实务研修班",[①]但前者事实上尚未提上议事日程,后者成本较高也是学校不得不考虑的问题。我院的做法是尽量挖掘潜力,要求教师都具有实务经验,有的是兼职律师,有的是人民法院特邀调解员,有的是检察机关人民监督员,他们以教学活动为主而以法律实务为辅。

此外,充分发挥教师专业技能。在授课形式上实行三师同堂,审判组、公诉组和辩护组各由一位教师指导;在师资配备上,既有从事刑事诉讼法证据法教学科研的教师,又有从事刑法学教学科研的教师,这样有利于对程序性问题和实体性问题的精准把握。

最后,丰富了学习资源。

促进学生进行知识建构的有效途径是为学生提供丰富的学习资源,学习资源包括学习材料和学习工具,二者共同构成了知识建构的文化环境。[②] 模拟法庭学习资源中最重要的是案例。采用教师实际办理过或法院审结过的案件为最优方案,做到案件真实、材料齐全、案件有争议性和难易适中,并且有利于比较模拟法庭和实际办案处理结果间的差异。[③] 由此,我院构建了由300余个真实案件的案卷材料组成的全息案例库,课程使用原始案卷材料。为杜绝实务部门的一些担忧,对案件中的当事人和办案人员的身份信息作了改动。除此之外,我院打造了优质的教学设施,如模拟法庭是设施齐全的已多次提供给法院实际审案的大型法庭;教师们写作了课程实施大纲,编写出版了《模拟法庭实验教程(刑事审判卷)》;并提供给学生四川省"十佳庭审"视频等资料;还充分利用网络资源,如"中国庭审公开网"、各地人民法院的

---

① 颜勇:《以模拟法庭课程建设为中心的法学实践教育研究》,载《中国法学教育研究》2019年第3期。

② 参见袁维新:《影响知识建构的环境因素探析》,载《教育科学》2003年第1期。

③ 参见陈伟:《模拟法庭实训教学案例的选择》,载《长春理工大学学报(社会科学版)》2011年第1期。

“庭审直播网站”“中国裁判文书网”等。使用了语课堂、QQ等信息化手段。

二、课程仍然存在的问题

广大教学同行多取得了上述类似成绩,但是在取得上述成绩的同时,近年来我们发现该课程仍然存在一个较大的问题,这个问题可以用“教学不全面”来加以概括。该问题虽已被学界注意到,但问题解决的必要性还未被充分认识,更未提出问题解决的具体措施。

(一)诉讼环节覆盖不全面

“从教学实施过程看,部分院校的模拟法庭仅限于庭审环节,过于程式化,同时模拟法庭教学很难提高每一位学生的综合能力。”[①]仅仅模拟了刑事庭审(包括刑事一审和二审),就对公诉机关的审查起诉和庭前准备、审判机关的庭前审查和庭前准备、律师的案件接收与庭前准备等重要事项毫无反映。模拟内容仅表现为庭审作准备,实际上对刑事模拟法庭课程与刑事模拟法庭辩论赛未加区分,就此而论,将课程像我院那样称为“刑事司法实务模拟”比“刑事模拟法庭”更具准确性及更有界分意义。有的著作也将两者等同看待,将模拟法庭教学的工作看作法学专业比赛的指导工作。[②] 刑事模拟法庭与刑事模拟法庭辩论赛的区别主要在于以下几个方面:第一,辩论赛特别强调对抗性,这是其价值和灵魂所在,但模拟法庭的对抗性大小要依案件而论,如认罪认罚案件庭上的对抗性就流于形式。第二,辩论赛在诉讼效率方面要求不高,控辩双方充分发言的可能性大,甚至在某些比赛中,审判方根本就不是参与比赛一方,输赢名次只存在于控辩双方。而模拟法庭对法官的主

---

① 于军:《智慧教学视阈下模拟法庭教学的反思与路径探索》,载《上海公安学院学报》2022年第1期。

② 参见李斌主编:《模拟法庭教学与专业比赛训练》,南京大学出版社2016年版,第6页。

持效率要求高，要随时准备制止重复累赘的发言，必要时强行打断控辩双方的发言而进入下一环节。第三，辩论赛展示的辩论内容和策略设计并非全由参会队员完成，指导老师发挥了关键作用。而模拟法庭指导老师几乎不参与案件的审理设计，不参与定罪量刑的讨论，全由学生主导。第四，辩论赛的胜负全都基于庭审表现，对其准备工作完全不作考察，这与模拟法庭不仅要考察结果还要考察过程的要求背道而驰。

在混淆模拟法庭与模拟法庭辩论赛的情形下，模拟法庭的工作内容大受局限，所有工作和考核都依赖于庭审。就众多的刑事模拟法庭教材而言，其内容大致可分为基础知识篇和实验操作篇，实验操作仅指庭审，基础知识也是关于庭审实验操作的预备知识，并没有将模拟内容扩张到庭审之外。如我院教师编撰出版的《模拟法庭实验教程（刑事审判卷）》的基本内容如下：基础知识篇包括：（1）模拟法庭刑事庭审各诉讼角色及职责；（2）模拟法庭刑事审判程序流程；（3）相关诉讼文书及法律语言规范；（4）模拟法庭刑事庭审场景布置及司法礼仪。实验操作篇包括：（1）公诉人模拟法庭刑事庭审基本法律技能分项实验，可具体分为公诉人宣读起诉书，公诉人庭审讯问被告人，公诉人庭审询问证人、鉴定人，公诉人庭审举示物证、书证等证据，公诉人庭审质证，公诉人发表公诉意见和量刑建议，公诉人庭审答辩和公诉人庭审诉讼异议；（2）辩护人模拟法庭刑事庭审基本法律技能分项实验，可具体分为辩护人发问被告人，辩护人质证，辩护人举证，辩护人询问证人、鉴定人，辩护人发表辩护词，辩护人发表辩论意见，辩护人的诉讼异议等；（3）法官模拟法庭刑事庭审基本法律技能分项实验，可具体分为开庭的主持，法庭调查的主持，法庭辩论的主持，被告人最后陈述的主持、评议和宣判，庭审突发事件的处理等。①

① 参见李文汇、陈山主编：《模拟法庭实验教程（刑事审判卷）》，四川大学出版社2020年版。

现有的众多模拟法庭教材所涉内容几乎都不超出上述内容,[①]最多对检察官业务流程、律师业务流程、法官业务流程作了概要介绍,这些介绍却没有实际演练内容,[②]实际上是对刑事诉讼法教学内容的细化和补充,并无模拟的意蕴在内。

(二)庭审环节模拟内容不全面

尽管当前的模拟实践聚焦于庭审,但是由于诉讼环节模拟不全面,导致了庭审环节模拟也不全面。

其一,庭审内容不全面,不能反映司法实务的重要知识和技能。比如认罪认罚在实务中是极重要的操作,但认罪认罚采用简易程序的可能性较大,导致普通程序的操作技巧得不到锻炼,因而一般不模拟认罪认罚案件和简易程序案件。另外,由于对庭前准备阶段没有进行模拟,导致庭前会议不属于演练范围,因而使庭前会议报告在庭审中的处理得不到模拟,使最高人民法院出台的《第一审普通程序法庭调查规程(试行)》里的相关重要内容得不到反映。

其二,学生任务不全面。该课程只审理一个案件,每个学生就只能承担控辩审中的某个角色,只训练了一种职能;虽是三师同堂,事实上只听从一个老师授课和管理,对其他两个老师的授课内容全然不知。从给学生创设的实践机会看,有的角色极为边缘,比如扮演法警,在整个庭审中一言不发,毫无存在感,扮演的证人上场时间也极为有限,根本达不到模拟目的。更有甚者,有的模拟法庭"由于庭审活动分配角色有限,仅有一部分学生有机会参加庭

---

① 参见董雷、张虹主编:《模拟法庭实验教材》,浙江大学出版社 2016 年版,第二章、第三章;陈学权编著:《模拟法庭实验教程》(第 3 版),高等教育出版社 2016 年版,第一章、第二章、第三章、第四章;罗文燕、刘建明主编:《模拟法庭原理与实践》,浙江工商大学出版社 2013 年版。

② 参见王喆、周毅主编:《模拟法庭实训教材》,经济科学出版社 2014 年版,第二章、第三章、第四章、第六章。

审，而其他学生只能旁听，没有角色体验的感受和压力”。[①] 这种局面会造成学生之间的矛盾，如果同一小组的学生都积极主动，会造成主要角色争相承担而次要角色无人问津的局面，反之如果同一小组同学都学习消极则争相承担次要角色。

其三，考核不全面。由于一切以庭审为中心，因此，根据庭审表现进行打分，违背了建构主义教学论所主张的形成性评价原则，难以考察学生在学习过程中的表现。具体表现：一则造成轻实体重程序的结果，有观点将其归结为认识问题，[②]实际上深层次问题在于仅依据庭审打分则实体评价操作可能性低。比如，量刑建议和判决结果的实体结论是如何产生的难以追溯，法官、检察官和律师对案件实体问题的认知细节也难以显现。如果检察官起诉和法官判决的罪名和刑罚过轻，作为辩护方对案件的正确认知在法庭上就得不到展示，因为其不可能置被告人的实体利益不顾而追求所谓的“以法律为准绳”。二则存在对部分同学无分可打的情况，比如对法警、对证人难以根据其表现打分。即使表现再好，也不足以打高分，因为他们很容易做好自己的工作，并不会为庭审作多少准备。

总之，教学不全面的表现是，教学活动辩论赛化，教学活动集中于庭审，庭审辩论没完没了，与实务的简洁明快相距甚远；学习内容单一化，特定学生只关注特定角色的庭审知识；后进学生边缘化，他们仅愿扮演法警等简单角色；考核表面化，仅考察庭审表现，对次要角色几乎无法评分，不能反映学习全貌。

（三）教学不全面的后果

教学不全面不能适应卓越法治人才专业培养的需要。《教育部、中央政

---

① 房娇娇、武婷婷：《模拟法庭实训资源整合与优化配置研究》，载《课程教育研究》2020 年第 5 期。

② 参见高耀清：《应用型法学人才培养理念下模拟法庭仿真教学改革探讨》，载《时代经贸》2020 年第 29 期。

法委员会关于实施卓越法律人才教育培养计划的若干意见》要求“把培养西部基层法律人才作为培养应用型、复合型法律职业人才的着力点”。“培养一批具有奉献精神、较强实践能力,能够‘下得去、用得上、留得住’的基层法律人才。”这样的基层法律人才,要求“上岗即上手”,因此,对于诉讼过程的全面把握和深入了解是其题中之义。对刑事司法而言,公诉业务、辩护业务、审判业务是其三大核心,应用型人才的培养应对此全覆盖,使学生全面掌握法律实务综合能力,这些当然包括材料审查、讯问询问、信息检索、调查取证、协调沟通等能力,这显然不是单靠庭审训练所能完成的任务。

教学不全面不利于强化德法兼修社会主义法治人才培养的实效性,不利于树立社会主义法治职业伦理观。《教育部、中央政法委员会关于实施卓越法律人才教育培养计划的若干意见》要求“加强学生职业意识、职业伦理教育”。《卓越法治人才2.0意见》要求“厚德育,铸就法治人才之魂”,“坚持立德树人、德法兼修,践行明法笃行、知行合一”,这个要求难以仅通过庭审环节实现,因为不同诉讼环节对不同角色的职业伦理要求侧重不同,职业伦理需要诉讼全程导入,德法兼修需要在全过程办案中培育。聚焦于庭审的模拟法庭的价值取向在于对抗性,这就模糊了其他环节的一些职业伦理的培养。以检察官角色为例,我国《检察官法》对检察官的客观公正立场作了明文规定,[①]检察官的客观公正义务恰恰更多地体现于审查起诉环节。比如,不起诉的决定以及认罪认罚的实施导致检察官的决定极大地左右了实体结果,具有相当程度的实体决定权。[②] 在认罪认罚中,检察官话语权较大,案件处理结果形成其协商筹码,从而形成控辩关系的另一种失衡,造成压制性协商的新问题,需要在模拟中对其加以引导。在不起诉裁量中,要求学生正确认知不起诉制

---

① 2019年修订的《检察官法》第5条第1款规定:“检察官履行职责,应当以事实为根据,以法律为准绳,秉持客观公正的立场。”

② 根据《刑事诉讼法》第201条规定,除了“可能影响公正审判”的法定情形和“量刑建议明显不当”,“人民法院依法作出判决时,一般应当采纳人民检察院指控的罪名和量刑建议”。

度，从检察官视角实现社会矛盾的化解。法律是以最严肃的态度对待人的学问，隐藏在法律条文背后的思想是对人和人性的最深刻最本质的理解。① 法治人才对待人的学问体现为具有公平正义观念、树立法治信仰，在实际操作中体现出法律理性和法律人格。而对待人的学问是在人际交往中生成和发展的，而庭审仅仅是法律实践中的一个环节，法官、检察官、律师、被告人相互之间的交往大量地处于庭审之外，庭审仅仅是这种交往结果的一种集中呈现。

教学不全面也难以加强对其他课程知识的深入理解和巩固提高。比如刑事诉讼法、证据法的许多环节具体怎样操作，司法实务中的流程及文书到底是怎么回事，学生不甚了了，没有感观认识和具体经历，难以对刑事诉讼法和证据法有深入的理解和感悟。因此，需要"将模拟法庭教学模拟范围由庭审扩展至立案、证据收集固定、证据审查运用、庭前会议、调解、执行等环节"。②

三、教学全面化的初步尝试

我们遵循《卓越法治人才 2.0 意见》"要着力强化实践教学……积极探索实践教学的方式方法，切实提高实践教学的质量和效果"的要求，力求达到教学的全面化。首当其冲的是模拟诉讼环节的全面化，即以模拟诉讼环节全面化为抓手，致使其他方面也相应达致全面化。

（一）模拟诉讼环节的扩张

控、辩、审三方的模拟都在诉讼环节方面作了扩展，克服了只注重开庭审

① 参见蔡剑桥、高晓清：《神与法之中的人性彰显——荷兰大学的人文源泉与课程实践》，载《高等教育研究》2014 年第 8 期。

② 吕晓刚、杨彩虹：《诉讼全覆盖视域下模拟法庭教学模式研究》，载《文教资料》2021 年第 20 期。

理而忽视对庭前诉讼程序进行教学的弊病。同时,将学术研究成果和司法实务上的最新进展带入校园,比如庭审实质化改革、刑事审判三项规程的运用等。

审判组教学任务,分为庭前审查、庭前准备和开庭审理三个环节。在庭前审查阶段,学习庭前审查的目的与性质,庭前审查的主要内容,审查后的处理方式和适用的法律文书,掌握阅卷归纳要点和阅卷笔录制作方法;实务操作方面,阅卷并制作阅卷笔录,向公诉机关和被告人送达案件受理通知书,制作并向公诉机关送达补充材料函,向被告人和辩护律师送达起诉书,在送达起诉书时制作起诉书副本送达笔录。在庭前准备阶段,学习主持庭审的相关知识;实务操作方面,主持召开庭前会议,送达开庭通知书和传票,张贴开庭公告,制作本案的实体性庭审提纲和程序性庭审提纲。在开庭审理阶段,主持庭审,制作并送达判决书。

公诉组教学任务,分为提起公诉、公诉预备和出庭支持公诉三个环节。在提起公诉阶段,学习公诉案件审查的目的与性质的知识、公诉阅卷笔录的知识、起诉书的知识、讯问犯罪嫌疑人的知识、公诉案件审查报告的知识;实务操作方面,制作阅卷笔录,制作并送达不起诉决定书、起诉书,讯问犯罪嫌疑人并制作讯问笔录,询问被害人并制作询问笔录,制作公诉案件审查报告。在公诉预备阶段,学习公诉预备的知识、认罪认罚的知识;实务操作方面,参加庭前会议,制定认罪认罚具结书,制作量刑建议书,制作庭审预案。在开庭审理阶段,出庭支持公诉。

辩护组教学任务,分为接受案件、出庭准备和出庭辩护三个环节。在接受案件阶段,学习制作辩护人阅卷笔录的理论和会见被告人制作会见提纲的方法;实务操作方面,制作委托协议和委托书,制作阅卷笔录,会见被告人并制作会见笔录。在出庭准备阶段,学习庭前会议的相关规定、庭审预案的知识、认罪认罚的知识;实务操作方面,参加庭前会议,参与认罪认罚协议的制定,制作庭审预案,制作辩护词。在开庭审理阶段,出庭辩护。

（二）角色承担

为使学生工作任务全面化和均衡化，采用背靠背的教学方式，分角色分工作场地分别教学。学生分为公诉组、辩护组、审判组 3 个大组，分别担任控、辩、审 3 种角色；分别由 3 位教师在不同场地指导；每个大组再分为 3 个小组，总共 9 个小组；总共审理 3 个案件，每个案件审理 3 次，共庭审 9 次。比如，第一小组的工作流程是，在第一个案件中分在公诉组，出庭支持公诉一次并旁听另两次法庭审理；在第二个案件中分在审判组，出庭主持法庭审理一次并旁听另两次法庭审理；在第三个案件中分在辩护组，出庭辩护一次并旁听另两次法庭审理。在学生角色承担中，担任法警、证人的表现机会较少，庭审准备工作也很轻松，因此在不同案件中，这几个角色必须由不同的人担任，方取得工作量的平衡。通过上述方式，能够为每个学生“提供真实的情景，让学生获得经验，在情景中建构知识的理解”。①

（三）考核内容

刑事模拟法庭的考核内容具有其他课程的不同特点，要使模拟法庭教学规范化，需要有明确的评价标准和合理的评价体系，以充分发挥学生的主动性和创造性，达到培养应用型人才目标。美国西海岸大学和马里兰大学建议从内容/知识、批判性思维、联邦/州法律的应用/讨论、引用/参考、视觉辅助、表达/风格和积极倾听等几个方面进行。② 据此，考核内容可从以下方面进行。

其一，考核既要重视实体法知识又要重视程序法知识。比如，起诉书、辩

---

① 袁维新：《影响知识建构的环境因素探析》，载《教育科学》2003 年第 1 期。

② See E. Rosenberg et al., *Implementation and Lessons Learned from a Mock Trial as a Teaching-learning and Assessment Activity*, 1076 – 1086 (8) Currents in Pharmacy Teaching and Learning (2018).

护词和判决书的质量主要体现在实体法知识和证据法知识的掌握上，需考察其内容是否体现了该案件所涉及的前沿性知识，是否引用和参考了刑法理论的最新进展。又如，阅卷笔录内容是否全面正确，起诉罪名、量刑建议、判决是否合理。在程序上是否体现了庭审实质化的改革成果，是否体现了最高人民法院出台的《第一审普通程序法庭调查规程（试行）》的内容。另外，还要考察学生在庭审过程中是否具有创新性思维，如果能够超出老师预想地给出某些合理结论和论点，当然应认定其具有批判性思维。还要考察学生在法庭上反映是否敏捷，是否抓住问题的要害，能否理解对方的论点，积极倾听对方观点并给出针对性应对。

其二，我们采用全过程、全方位考核方式，小组考核和个人考核相结合。考核内容由小组作业、个人作业、小组庭审表现、个人庭审表现及考勤与纪律五部分组成。(1)个人作业。包括：三个案件的阅卷笔录（公诉、审判、辩护各1份），考核标准为是否参按照阅卷笔录的格式、内容和摘录方法进行摘录；规范化量刑实验，有专门的规范化量刑参考答案作标准；个人总结，是否有真情实感，内容是否真实和全面，是否反映学习和知识形成过程。(2)小组作业。一是审查格式是否符合要求，如起诉书、判决书、辩护书等要求高度格式化、程式化的文书是否满足标准格式。二是审查提交材料是否齐全，其中，公诉组是否提交提押证、讯问笔录（未作组不交）讯问笔录、认罪认罚具结书（未作组不交）、询问笔录和谅解书、案件审查意见书、不起诉决定书、证据目录、证人名单、量刑建议书、庭审预案（含举证、质证提纲、公诉意见书）、判决书等；审判组是否提交起诉书、证据材料清单（如公诉方的证据目录和证人名单等、辩护方提供的证据材料清单、法官自行调查所得的证据材料清单，若无辩护方证据材料、法官自行调查证据材料则该内容可不列出）、送达起诉书副本笔录、庭前送达工作记录、庭前会议笔录、送达回证[案件受理通知书、补充材料函（若无补充材料函送达回执可不列出）、《刑事诉讼当事人诉讼权利义务告知书》、出庭通知书、开庭传票、判决书的送达回证及开庭传票存根]、辩护人出庭证明材料[如律师出庭函、授权委托书、刑事指定辩护公函(若无刑事指定辩护公函可不列)]、庭审提纲(实体提纲与程序提纲)、证人如实作证保证书(若无则不列)、量刑建议书、认罪认罚具结书(若无则不列)、辩护词、合议庭评议笔录、庭审笔录、判决书；辩护组是否提交辩护词、委托协议、委托书、会见笔录、判决书等。三是审查内容是否合理、规范，包括用实体法分析案件的能力的评价，法律文书的写作能力的评价。(3)庭审表现。包括是否遵守法庭礼仪，程序意识和程序操作能力，庭审语言表达能力，庭审中的反应能力，是否充分履行了公诉、审理和辩护职能。

本课程没有设置专门的考试环节，学生当场操作，老师现场检查并当场在模拟办案记录表中予以确认。三位老师仅对自己指导部分评分，以求评分标准的统一。老师点评、学生互评自评相结合。在课程结束时，教师给出材料归档指南，将指南上所载的所有材料归档，作为评分依据。

由此，我们构建了“多维度、过程性的教学考核评价体系”，满足了“评价应当是结果评价与过程评价统一”及“适用多元化考核标准”的要求。①

四、课时紧张之解决办法

我院本门课为选修课和实验课，3 个学分 48 个课时。在之前只模拟一个案件组织三次庭审时，时间是充裕的，但当前模拟三个案件组织 9 次庭审，并且模拟内容从开庭审理扩展到审查起诉阶段，48 个课时就显得捉襟见肘不敷使用了。我院的实践课程体系比较完善，达到 15 门课，远超《教育部、中央政法委员会关于实施卓越法律人才教育培养计划的若干意见》所规定的 15% 课时低限。尽管《卓越法治人才 2.0 意见》强调“要着力强化实践教学，进一步提高法学专业实践教学学分比例”，但是仅就我院模拟课程本身而言，刑事司

---

① 参见于军：《智慧教学视阈下模拟法庭教学的反思与路径探索》，载《上海公安学院学报》2022 年第 1 期。

法实务模拟、民事诉讼实务模拟、民事非诉实务模拟就达9个学分144个课时，无法再增加课时量，必须调整教学内容和教学安排以适应之。

（一）模拟环节的有限扩张

刑事诉讼环节极其广泛，除执行和特别程序外，就审判层级而言，有一审程序、二审程序、死刑复核程序、审判监督程序；就一审程序类型而言，有普通程序、简易程序、速裁程序；就刑事追诉过程而言，存在立案侦查阶段、审查起诉阶段和法庭审理阶段。对这些内容都进行模拟是不可完成的任务，因而现有模拟法庭教材一般将模拟内容局限在一审普通程序上，最多扩展至二审程序。

一审普通程序是环节最全面内容最丰富的最基本程序。《刑事诉讼法》对二审程序的庭审环节及具体内容未作具体规定，而是规定“参照第一审程序的规定进行”，因此，模拟一审后无须再模拟二审。死刑复核程序的刑事诉讼法规定极其简略，没有规定庭审内容，且实际适用面极小，亦无模拟必要。审判监督程序本身就按一审或二审程序进行，亦无特别模拟的必要。此外，先前模拟法庭只审理一个案件，就只能采用普通程序审理，当扩张至可以审理三个案件时可将简易程序也纳入模拟范围。

立案侦查环节对一般法学专业而言亦无模拟必要。辩护律师的工作，仅仅是与犯罪嫌疑人会见或通信，为犯罪嫌疑人提供法律帮助，代理申诉、控告，申请变更强制措施，以及向侦查机关了解涉嫌罪名和案件有关情况，提出意见。检察机关的工作仅是立案监督和批准逮捕。法院没有介入侦查阶段。侦查活动更多的是一种单方决定活动，缺乏控、辩、审的诉讼结构，无法充分发挥三方职能和作用，不适宜进行模拟。对立案侦查活动进行模拟也存在现实困难。一是教师缺乏刑侦的实务经验，也缺乏设施设备完善的刑侦实验室。二是难以制造刑侦模拟场景，特别是侦查工作作为专门性的技术活动，难以模拟。三是授课时间无法安排，审查起诉和庭审阶段的工作奠基于侦查结果之上，无法做到对模拟侦查人员、检察官、法官和律师的教学活动同时进行。

立案侦查环节在一定条件下也能模拟。其一，《公安技术类教学质量国家标准》《公安学类教学质量国家标准》均要求突出公安职业特色，适应公安实战要求，实行教学练战一体化人才培养模式。因而对于公安院校或非公安院校的刑侦专业而言，可以说立案侦查模拟其重要性并不亚于一般法学专业的庭审模拟。立案侦查环节模拟也具有可行性，学生已具备专业性、技术性强的刑侦知识，同时拥有相应的师资条件，特别是拥有完善的刑侦实验室等硬件设施，可以完成现场勘验，指纹足迹的发现、提取、固定和检验等基础实验。其二，通过引入智慧司法平台、虚拟仿真等技术设备和系统软件，能够做到模拟诉讼全程场景和案情全貌，并且能做到成本可控。“拥有模拟仿真实验室，可以完成刑事案件的立案、侦查程序中的证据采集、检验鉴定以及刑事照相卷、侦查卷宗的制作。”①“在线模拟法庭教学手段具有灵活、高效、开放等优势，能够克服传统实践教学手段的诸多弊端，应当在公安院校的法学实践教学中予以提倡和推广。”②

当前学生对公诉、审判、辩护实务到底如何开展工作没有机会作全面的了解。审查起诉阶段公诉方应做哪些工作，辩护方如何接受案件及庭审辩护前应做哪些准备工作，审判机关如何受理案件及受理案件到法庭审理阶段应做哪些工作，这些内容都是原来模拟内容中付诸阙如的。审查起诉阶段的不起诉和认罪认罚等具有相当实体决定性的内容没有纳入模拟是最大缺陷。审查起诉阶段本身是先于庭审阶段的，但是在刑事模拟法庭这个时间冲突可以克服，可将侦查卷宗同时发放给公诉组、审判组、辩护组，同时进行阅卷审

---

① 杨利军：《刑事模拟法庭实践教学探究——以烟台大学法学院模拟法庭为视角》，载《高教论坛》2014 年第 4 期。

② 董文哲、程斌：《以审判为中心的刑事诉讼制度改革背景下公安院校模拟法庭实践教学面临的挑战与应对路径》，载《上海公安学院学报》2020 年第 5 期。

查，公诉组在此期间（在2个课时内）加紧制作起诉书并送达。

综上所述，应将审查起诉阶段纳入模拟范围，只模拟一审程序即可。

（二）翻转课堂理念的切实贯彻

传统的教学模式是教师先进行教学传授知识，其后通过学生作业来进行知识内化，形成知识传授与知识内化前后相继的两阶段教学过程。而"翻转课堂"（The Flipped Classroom）相对传统教学模式存在四个颠倒。一是教学顺序的颠倒，先学后教。先由学生自主学习，然后在课堂上与教师面对面讨论，完成作业辅导，实现知识内化。二是主体地位的颠倒，翻转课堂学生是整个教学过程的主动构建者，自主探索，实现学习的时间、内容、数量及地点的自我控制。三是教学时间的颠倒，要求学生在课后花大量时间，课后主要学习任务是观看教学视频和针对性练习。四是教学评估方式的颠倒，翻转课堂不但注重对学习结果的评价，还通过建立学生的学习档案，注重学生学习过程的评价。[①] 翻转课堂来源于布鲁姆教学目标分类理论。该理论将教学目标分为知识、理解、应用、分析、综合、评价几个层次，Anderson 等人后来对该目标体系进行了修订，提出了"知识"和"认知过程"的教学目标二维框架，"认知过程"分为识记、理解、运用、分析、评价和创新的由低到高的层级。[②] 由此可见，知识传授即"识记"和"理解"是其低层级目标，但传统教学模式将教学重心置于其上，不利于应用分析知识和进行评价与创新这些高层次目标的达成。加州大学圣马科斯分校教授艾利森·金进一步主张的建构主义教学方法强调，教师在课堂上主要不是信息的传递者，而是从旁指导学生主动地运用已有经验和现有知识对新知识进行有意义构建或重构。[③] 2007 年科罗拉多

---

① 王洪叶:《翻转课堂教学模式在行政法学课中的运用》，载《教育探索》2015 年第 10 期。

② 参见祝珣、马文静:《布鲁姆教育目标分类理论对大学英语阅读教学的启示》，载《中国大学教学》2014 年第 9 期。

③ See Alison King, *From Sage on the Stage to Guide on the Side*, 41 (1) College Teaching (1993).

州 Woodland Park High School 两位化学老师 Jonathan Bergmann 和 Aaron Sams 在建构主义理念指导下提出了 classwork 和 homework 模式的“翻转课堂”。

传统的模拟法庭由于时间较充裕，因此翻转课堂的适用较为有限，主要表现：一是实现了主体地位的颠倒，即强调实战性，教师对模拟诉讼内容不再操控，而由学生自主实验，自主推进；二是注重对教学过程的考核。但在另两个方面与传统教学并无差别。首先，在教学顺序上，还是先由老师详细讲解，后由学生练习。比如对公诉人庭审讯问被告人的教学程序如下：(1)先由指导教师对公诉组同学集中讲解庭审公诉人讯问被告人的目的、作用及应遵循的讯问规则、方式方法等原理内容。(2)指导老师通过示例对庭审公诉人讯问被告人项目作实验演示。(3)指导教师根据实验素材指导学生制作讯问提纲、制定讯问策略和预案。(4)指导教师根据实验素材指导学生进行各种讯问方法的实验。(5)实验项目演练完成后先由学生对项目实验情况作自评、他评，再由指导教师点评，总结和打分评定成绩。① 其次，在教学时间上，绝大多数教学任务还是由学生在课堂上完成。

全面模拟后课时太紧张了，必须全面采用翻转课堂方式。我院本门课一共 12 堂课 48 个课时。除 4 个课题用于介绍课程、进行量刑实验、分组等共同工作外，能够用于三个案件进行模拟庭审的时间安排为：两个案件采用普通程序，一个案件采用简易程序，每个案件将 8 个课时用于庭前审查和庭审准备，普通程序用 8 个课时开三个庭，简易程序用 4 个课时开三个庭。很显然，老师能够面对面对学生进行讲解的时间太有限了。为此，本课程采用一般实验与典型实验相结合的方法，对一般的程序性事项，教师略作引导学生通过自主性学习即可掌握，但对技能要求高的关键性环节需教师加以特别指导。

---

① 参见李文汇、陈山主编：《模拟法庭实验教程(刑事审判卷)》，四川大学出版社 2020 年版，第 60 页。

以审判组为例，在庭前审查阶段主要讨论阅卷笔录制作注意事项，在庭审准备阶段主要讨论庭前会议的注意事项和庭前会议报告的制作，在庭审阶段总结庭审得失。其余事项均由学生自主操作，老师在旁观看并及时指出不足。审判组师生的工作流程如下：在拿到案件后第一堂课前，老师布置学生在课外阅读案件材料，并发送课前学习资料，如《人民法院案件案号的若干规定》、《阅卷笔录格式及范本》、老师制作的录音课件《庭前审查：审判官务案件受理与阅卷实验》等，学生制作并打印第一堂课上要使用的法律文书。第一堂课上，老师先测试了解学生自学情况，并检查法律文书准备情况，师生讨论阅卷笔录制作要点，学生再制作阅卷笔录；等公诉组将起诉书送达后，审判组就填写并送达案件受理通知书、权利义务告知书、起诉书、补充材料函，制作起诉书送达副本笔录。第二堂课课前作业包括继续完成阅卷笔录，制作第二堂课上需使用的空白法律文书，阅读课前学习资料，这些资料包括《第一审普通程序调查规程》、《人民法院办理刑事案件庭前会议规程》、《关于办理刑事案件严格排除非法证据若干问题的规定》、《庭前会议笔录范例》、《庭前会议报告范例》、《非法证据排除范例》以及老师制作的录音课件《庭前准备、庭前会议与庭审提纲》等。第二堂课上先由老师测试学生自学情况并检查法律文书准备情况，重点讨论庭前会议召集注意事项、非法证据与证据瑕疵的区别与处理；然后由学生主持庭前会议，并送达开庭传票、出庭通知书、张贴开庭公告；再由师生讨论法官主持庭审的注意事项，比如反对对方不当发问的异议规则。第三堂课课前作业包括制作需庭上使用的空白法律文书，制作实体性庭审提纲和程序性庭审提纲，学习司法礼仪和庭审规则，学习开庭审理各个环节的主持，学习庭审笔录的制作方法，学习刑事判决书的写作，观摩《四川省十佳庭审》视频。开庭审理老师的教学体现在点评上，点评工作亦要讲究技巧，为避免学生思维逻辑上呈现的一致性和同质化特征，对程序性问题和庭审表现可即时全面评价，而对定罪量刑等实体性问题需要在最后一个庭开完后再予以评价，并告知案件的真实审理过程（一般选取起诉罪名和宣判罪名不一致，或者无罪，或者二审改判的案件）和最终处理结果，以“引发学生的认知冲突，激起学生科学探究的欲望”。[①] 如果教师在开完第一个庭后急于对实体问题作出讲解，后两个庭的表现脱离不了“生硬的程序配合教师传统的理论讲授，学生可以自主创新的空间相当有限”[②]的表演化巢窠。开庭审理后需制作和送达判决书。

由此可见，学生课后时间远远超出了课上时间，学生自我操作时间也远超过老师面对面讲解时间。实际上，全面性模拟之前老师讲解的大多数内容都省略掉了，由学生自学。比如前述公诉人庭审讯问被告人的教学，老师对同学们自学过程中出现的疑问进行引导即可。学生们需要在完成个人任务的基础上作为小组成员通力合作，共同分工协作完成小组作业。在共同作业的期间，相互讨论、相互借鉴，在意见相持不下时亦可求助于老师，老师在此亦不应提供一个固定答案，仅提供一个思考方向，否则会造成各小组诉讼策略的同一化及定罪量刑的雷同，达不到高阶层教学目标。学生的学习是课前、课中、课后一体化，老师的指导亦是如此。课前利用雨课堂、QQ 等发布学习任务和引导问题，课中现场观察学生动手操作和作必要讲解，课后利用雨课堂或 QQ 推送学习材料和复习测试题，课前和课中都可网上答疑。总之，这种模式实现了翻转课堂的精髓：“本质上就是对课堂上师生‘面对面’（face to face，缩写‘F2F’）场合进行全新的利用——老师不再向学生‘灌输’所谓的‘新知识’（已经由学生在课前通过信息化手段自学完成），而是学生在老师的指引下，通过课堂测验、互相讨论、提问、借鉴以及小组合作、反馈等方式来展示和运用自己学到的新知识，从而形成一个学习者社区——以学生为中心的主动式学习组织形式，由此实现建构主义教学理念

---

① 袁维新：《影响知识建构的环境因素探析》，载《教育科学》2003 年第 1 期。

② 董文哲、程斌：《以审判为中心的刑事诉讼制度改革背景下公安院校模拟法庭实践教学面临的挑战与应对路径》，载《上海公安学院学报》2020 年第 5 期。

所讲的：通过互动学习去创造一件作品来展示他们所学到的知识。”①最终达到“两性一度”的要求。②

---

① 全亮：《在线直播课程“翻转”探究》，载唐稷尧、向海平主编：《卓越法治人才暨公证人才教育培养改革研究》，四川大学出版社 2020 年版，第 210 页。

② 在 2018 年 11 月 24 日第十一届“中国大学教学论坛”上，教育部高等教育司司长吴岩作了题为“建设中国金课”的报告，提出“两性一度”的“金课”标准，即高阶性、创新度和挑战度。“高阶性”是知识能力素质的有机融合，是要培养学生解决复杂问题的综合能力和高级思维；“创新性”是课程内容反映前沿性和时代性，教学形式呈现先进性和互动性，学习结果具有探究性和个性化；“挑战度”是指课程有一定难度，需要跳一跳才能够得着，老师备课和学生课下有较高要求。

《行政法律实训》课程中模拟法庭教学方式的改革与创新

于晓旭*

摘　要:面对新文科建设对当前法治人才培养模式的创新要求,法律实训课程的教学内容与授课方式均需要及时更新,"协同育人"是实现模式创新的重要切入点。相较于理论教学,法律实训课程一直在不断探索"协同育人"理念的实现路径,在取得一定效果的同时也存在一些问题。以《行政法律实训》课程为例,在教学过程中实训演练形式重于实质、学生主体地位尚未建立、课程实践性特征并未凸显等问题较为突出。由此,如何打破"协同育人"机制的体制困境、依托何种方式实现"协同"则成为法律实训课程改革的重点,具备实务性要素且具有可操作性的"应用实务资源开展模拟法庭训练"成为实现"协同"的突破口。为此,要明确模拟法庭训练在实训教学中的功能与地位,优化模拟法庭训练的教学内容,规范模拟法庭训练的教学环节,通过重构模拟法庭训练模式实现法学实践教学目标。

关键词:实践教学;协同育人;实训;模拟法庭

---

* 于晓旭,江苏警官学院教师。

一、研究缘起:《行政法律实训》课程现状及反思

《行政法律实训》课程于 2014 年开始正式建设,初期以场景演练为主要实训方式、内容上涵盖了主要的行政行为、行政复议和行政诉讼等制度。对标卓越法律人才培养目标,该项课程建设取得了阶段性成果,也为法科人才培养质量的进一步提高奠定了基础。随着法律职业人才培养要求的转变与提高,在授课过程中发现该课程在教学内容和授课方式等方面依然存在一些问题。这些问题的存在对于学生把握与理解行政法律理论知识、提升法律执业能力和形成法律共同体意识均有重要影响,也是本课程进行教学改革的缘起。

(一)课程教学现状梳理

《行政法律实训》课程一直在不断探索优化课程体系。目前,课程安排是按照行政法律关系各方主体开展行动所遵循的一般法律逻辑展开,增加了行政法律规范的选择适用、事实认定方面的认识,从单纯的程序训练逐步转向了法律规范、事实认定与程序的综合训练。课程开展形式上从单一的情景演练,向更加多元的教学方式转变,这是考虑情景演练更加适合程序训练,而研讨、案例分析所对应的技能训练更加全面。对 3 位授课教师 6 轮授课情况进行梳理,该课程在授课内容、方式、实训目标与课程体系安排等方面具体表现如表 1 所示。

表1　3位授课教师6轮授课情况梳理

	2014～2015级	2016～2017级	2018～2019级
教学内容	《行政处罚法》《治安管理处罚法》《道路交通安全法》《行政许可法》《行政强制法》《行政复议法》《行政诉讼法》《国家赔偿法》的内容和程序规定	《行政处罚法》《治安管理处罚法》《道路交通安全法》《行政许可法》《行政强制法》《行政复议法》《行政诉讼法》《国家赔偿法》的内容和程序规定	行政处罚、道路交通安全管理、城乡规划、行政许可、行政强制、行政征收、行政复议、行政诉讼、国家赔偿等制度中的法律规范、证据、程序等
教学方式	情景演练 案例分析	情景演练	情景演练 主题研讨 案例分析
训练技能	行政执法与行政救济程序 文书制作	行政执法与行政救济程序 文书制作	法律规范的选择与适用 取证、举证与质证 行政执法与行政救济程序 文书制作
课程体系	《行政处罚》实训 《治安管理处罚法》实训 《道路交通安全法》实训 《行政许可法》实训 《行政强制法》实训 《行政复议法》实训 《行政诉讼法》实训 《国家赔偿法》实训	《行政处罚》实训 《治安管理处罚法》实训 《道路交通安全法》实训 《行政许可法》实训 《行政强制法》实训 《行政复议法》实训 《行政诉讼法》实训 《国家赔偿法》实训	行政法律规范的选择与适用实训 证据制度实训 行政程序实训 行政复议实训 行政诉讼实训 国家赔偿实训

（二）问题剖析

《行政法律实训》的教学目标紧紧围绕三个方面，即通过实训加深对行政法律一般理论的理解，学会运用所学知识分析和解决实际问题，培养良好的法律职业素养。在此目标指引下不断进行教学体系的完善，其持续过程充分体现了课堂教学应当以促进学生发展为本的理念，教学内容的调整、教学手段的革新等目的皆在于让学生在学校获得今后走向社会所需要的基本生存能力，如法学专业能力、自主学习能力、信息收集与处理能力等。通过课程考核、对学生的调查问卷，运用“效果和实用”的评价标准，当前《行政法律实训》课程还存在以下问题。

1. 实训演练形式重于实质。课程设置之初意在通过情境演练的方式，让学生模拟行政行为、行政复议或行政诉讼中的程序，从而建立依法行政的理念，加深所涉及法律规定的了解，但课程开展的效果不尽如人意。一是授课教师普遍不具有实务经验，所选题材脱离实践，给予的指导意见仅停留在学理，有时难以解决实践中的突出问题，不利于提升学生实践能力这一教学目标的实现。二是师生片面理解情境演练的教学方式，将演练重点集中于程序，忽视了行政法律实体内容方面的训练，由此导致学生只懂程序，而无法处理具体案件所涉及的行政法律规范的选择与适用、具体事实认定等方面的复杂事项。

2. 学生在课堂实训教学中的主体地位尚未建立。在法律实训课程中，学生的主体地位应当体现为学生对给定的实训科目进行思考、通过课堂实训形式将自己的思考结果予以体现，教师再根据实训过程中学生的表现结果进行有针对性的指导。结合当前学生在《行政法律实训》课程中的表现与调查问卷，学生尚未建立对“课堂实训”这种教学方式的认同感，主要是不认同其实践性，仍然将其视为一种理论课。在尚未建立认同感的情况下，学生的主动参与性相对较差，教师在授课过程中也未能实现有针对性的指导。这一问题的存在将直接影响该课程的存在价值，实训课堂的教学模式依然沿着“灌输式”的方式进行，并未实现以学生为主体的教学理念转变。

3. 课程的实践性特征并未凸显。实践性应当是实训课程区别于理论教学的重要特征。以实训课程中经常运用到的“案例教学”方法为例，如果实训课程不能实现授课方式与内容的突破，那么法学实训课程可能就变为简单的“案例教学课”，从而被吸纳到正常看理论授课过程中，最终造成教学资源的浪费。鉴于前述两个问题的存在，当前行政法律实训课程虽然引入了案例化教学、情境演练、模拟法庭等形式，但实质上“灌输式”的教学方式、案例缺乏真实性、任课教师缺乏实务经验等“实践性要素缺乏”的问题依然存在，继而影响该门课程的定位。

（三）反思与研究路径

基于对《行政法律实训》课程现状的梳理与问题剖析，目前《行政法律实训》课程改革的重点应当是如何彰显其“实践”本色。解决前述课程存在的问题共同指向于高校与实务部门的“协同育人”。（详见图 1）

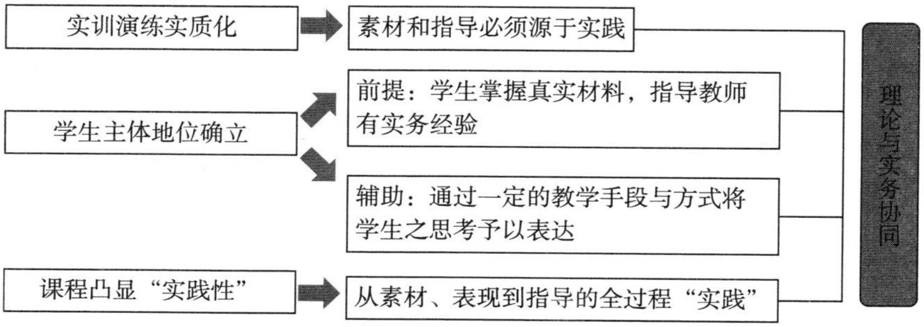

图 1 《行政法律实训》课程改革重点

“协同育人”理念自 2011 年提出，各高校形成了相对固定的实践模式，但是基于高校与实务部门的体制壁垒、高校教师考评机制、学生培养评价体系等原因的限制，“协同育人”机制的实现与社会需求、政策要求尚有一定差距。如何打破“协同育人”机制的体制困境、依托何种方式实现“协同”则成为法律实训课程改革的重点，采取恰当方式进行教育资源的运用就成为改革的一个突破口。

二、“协同”之突破口：应用实务资源开展模拟庭审训练

在新文科背景下，什么是新法学、怎样建设新法学、培养什么样的法治人

才、怎样培养法治人才都是当前法学教育要思考的问题,解决以上问题的根本出发点在于法学教育要适应社会需求,以社会需求带动法学教育的新发展。基于此,高校人才培养目标、培养体系与培养模式等方面均需要与社会需求相契合。在此背景下,法治人才培养的教学内容、师资队伍及人才培养方式要及时更新,"协同育人"是实现模式创新的重要切入点之一。法学人才培养中的"协同"则具体指向了由法律实务部门(既包含律师界,也包含执法部门、司法实务部门)联合高校共同培养学生,如何实现"协同",需要牢牢把握"协同"的内容指向及具有现实可操作性的具体方式。

"协同育人"理念的本质在于资源共享,人才共育。法学是一门实践性很强的学科,高素质的法治人才培养仅靠高校自身力量和资源是很难达成的,必须紧紧把握协同育人这个强有力的杠杆。基于此,法学院校应当主动对接法律实务部门,形成常态化的合作机制,在教学资源、师资等方面形成"即时共享"的资源汇聚平台,使人文科学素养、法学知识、伦理养成与实践能力四个方面有机结合起来,塑造理想的法律职业人。

资源共享的最基础环节是教学素材,实训素材来源于实践并在实践中得到验证的过程是学生实践能力得以培养的重要路径。无论是法学实训课程还是基础理论课程均离不开具体案例研习方法,同样是案例研习,那么如何凸显法律实训课程的实践性与必要性呢?从教学目的出发,法学实践教学的目的在于让学生切实感受到法律实践的环境、氛围与技巧等,而不仅局限于基本法律常识。基于此,法学实践教学中的案例研习应当具备以下特点:一是开放性,即未预先设定案例结果;二是过程性,即结果须经讨论、辩论方能得出;三是可期待性,即结果能够通过某种方式获取,使学生结论能够得到验证。

依托中国庭审公开网获取庭审资料并进行模拟庭审训练有利于法学实践教学目的的实现。模拟庭审训练是以较为复杂的案件为素材,组织学生按照角色模拟真实案件的审理过程,以获取如同律师、法院那样处理、分析实际案件、出庭应诉、作出裁判等经验和技巧。在这一目标导向下，模拟庭审训练必然不能是“表演式”的，每个人均应当为自己在模拟庭审中的行为埋单。如何突破“表演式”的模拟庭审训练模式？当前法律资源平台中的“庭审公开网”与“裁判文书网”可以使模拟庭审训练更加契合法学实践教学的培养目标。依托“庭审公开网”筛选合适的案例（实训前未出裁判、双方证据材料充分、庭审现场双方诉讼思路具有可完善空间等），由学生重新整理诉讼思路并进行模拟庭审训练（各自补充与收集材料），最后通过裁判文书网查找案件裁判文书验证学生庭审效果。按照以上思路可以充分实现学生实践技能的培养与评价。

三、落实“协同”之改革与创新：模拟法庭教学法的重构

（一）明确实训教学中模拟法庭教学的地位与功能

“模拟法庭是对真实法律生活的模仿，是非常类似真实案件辩护进程的。”模拟法庭能够提升学生对于案件事实的认知能力、对于法律规范的选择与适用能力、对于诉讼进程的把握与临场应变能力、对于观点的表达能力、对于法律文书书写能力等。模拟庭审训练是一种综合性的实训模式，是实现法学实践教学目的的重要方式，实训教学中应当提升模拟法庭训练的占比，将其作为实训教学的主要环节。此外，模拟法庭训练还必须建立在一定的实训技能与理论基础之上，因此，行政实训的课程设置应当包含以下内容并按照次序层层推进：行政法律规范的选择与适用、行政证据制度、行政程序制度、模拟法庭训练。通过前三项内容的训练提升法律规范运用能力、事实认定能力、程序思维，最终在模拟法庭训练的过程中形成综合能力的显著提升。

（二）改进模拟法庭教学内容

第一，避免“案例式”教学，模拟法庭要重点训练学生对于实体法和程序

法的综合运用能力,突出学生自我创新和自我解决能力的培养。第二,避免“表演式”教学,模拟法庭不需要各方当事人进行事先彩排,各模拟诉讼参与人根据庭审视频中所显示的证据、自行查找的材料等,结合各自诉讼目的的需要进行开展现场庭审活动。第三,保证庭审案件素材的“实践性”,模拟庭审目的在于检验和提高学生运用所学知识解决实践问题的能力,因此庭审所涉及的案例必须来源于实践,且能够在实践中得到结果认定,最终反馈给参与庭审训练的学生。

(三)规范模拟法庭教学路径

1. 模拟法庭教学的双前提:模拟法庭教学是学生综合实践能力的训练,必须建立在一定基础训练之上。前提之一是基础能力的培养,包括法律规范的运用能力训练、事实认定能力训练,教学路径是在模拟法庭训练之前开展单项技能的实训教学;前提之二是正确的诉讼思维确立,教学路径表现为选取规范的庭审现场供学生观摩,学生梳理、总结庭审中法院、原告、被告等诉讼参与人的诉讼思路,从而形成规范的庭审思路。

2. 模拟法庭教学的资源平台:模拟法庭训练的最优模式是由法官、实务部门人员担任评委,再现“真实”的法律实践。但是基于体制壁垒、人才合作方式等的限制,并不是所有高校皆能够实现此种模拟法庭训练模式并将其作为常态化的教学模式。因此,依托于各法学资源平台探索模拟法庭训练的新模式更具有可操作性,常用的法律资源平台如庭审公开网、裁判文书网、北大法宝等皆可以作为实训素材的来源。

3. 模拟法庭教学的实训展开:模拟法庭实训教学由课前、课中和课后三部分组成。课前,学生根据给定的庭审视频,梳理案情与证据材料,查阅相关法律文献、形成诉讼思路、收集支撑材料、撰写相应法律文书、准备辩论提纲。课中,法官组结合案情把握庭审过程、依法查清事实,原告、被告及其他诉讼参与人根据各自的诉讼思路开展庭审活动。课后,法官依法作出裁判,参与实训的学生对模拟法庭训练进行复盘，提出改进措施。此外，要关注教师在模拟法庭训练中的作用，课前集中于素材的选取，课中针对学生实训演练的问题进行针对性解答，课后结合学生训练效果进行总结，完善基础技能（法律规范的适用能力、事实认定能力、文书撰写等）的实训教学。

科技模拟法庭在线上线下混合式法学教学中的应用*

杨永钊**

摘　要：随着互联网技术的不断发展，越来越多的高等教育课程采取了线上线下混合式的授课方法，但是作为法学实践教学环节的模拟法庭教学，因为受场地、设备等条件的制约，进行线上线下混合式教学具有一定的难度。如果能够对模拟法庭进行改造，在建设过程中注意对模拟法庭进行科学地分区、规划，购置必需的软件硬件，则是能够满足线上线下混合式教学的要求的。在建设科技模拟法庭的前期，就需要按照教学使用的需求进行设计，将建设和教学使用进行通盘考虑，这样场地建设完成后才会得到充分应用，从而达到培养法学专业复合性人才的目的。

关键词：科技模拟法庭；线上线下混合式教学；法学教学

* 本文系西南民族大学教育教学研究与改革一般项目"'互联网+'条件下的法学实验教学方法创新改革研究"（2019YB06）和"《劳动与社会保障法学》线上仿真实训研究"（2021YB06）的阶段性研究成果，并得到西南民族大学教育教学研究与改革项目资金资助。

** 杨永钊，西南民族大学证据科学技术实验室主任。

一、科技模拟法庭概述

科技模拟法庭，又称数字模拟法庭，是指应用先进多媒体展示技术、互联网信息技术、视听技术、人工智能技术等多种科技手段同法学专业模拟法庭教学相结合，参照法院科技法庭的相关软硬件设施建设的能实现科技法庭功能的教学场所。在智慧司法、智慧审判理念越来越普及的今天，越来越多的高校开始把传统模拟法庭改造为科技模拟法庭。但是也应该看到，科技模拟法庭同审判实务中的科技法庭在功能应用上还是有一定的差别，因而在建设中不能照搬科技法庭的方案，而需要结合自身的教学实际灵活配置相应的设备和软件。

科技模拟法庭与科技法庭相比，有以下几点不同：

1. 使用对象上，科技模拟法庭主要是参与模拟法庭教学的教师和学生使用，对设备应用不太熟，需要将控制设备设计在法庭旁侧，由技术人员来保障。实验技术人员、教师和学生构成模拟法庭实训教学共同体，通过三方互动来推进模拟法庭教学。这也突破了传统模拟法庭的师生双向互动的模式。而法院科技法庭主要是面对审判人员及诉讼参与人，由书记员控制设备，因此控制设备和软件主要集中在书记员席。

2. 使用功能上，科技法庭是专门用于审判的场所，审判桌椅、各种设备位置相对固定；而科技模拟法庭不仅仅用于模拟审判，还需要考虑会议、讲座等多功能变换的需要，需要设计成可以随使用场景随时变化的多种模式，所以要求桌椅可移动，设备可拆卸。

3. 网络安全上，科技法庭一般具有较高的保密需求，网络是内部专网；而科技模拟法庭没有那么高的保密要求，需要满足线上线下教学的要求，这就需要同时要有局域网和互联网的结合需求。

4. 展示手段上，科技法庭侧重于向诉讼参与人展示，主要在法官及各个诉讼参与人席位上设置显示屏,用于同步显示书记员输入的庭审笔录。而科技模拟法庭主要侧重向现场人员展示,需要多种形式的大屏来对活动主题、宣传海报、教学课件、庭审画面等多种信息进行展示。在线上线下混合式教学中又需要将以上信息在直播或录播的视频窗口中予以显示。

二、高校科技模拟法庭针对线上线下混合式教学的功能设计

基于对上述功能差异的认识,科技模拟法庭一般可以按照以下几个功能模块分别进行设计和建设。

(一)场地分区

1. 审判区:主要由三个审判席、两个当事人席、一个书记员席和一个被告人席组成。由于模拟法庭还有会议需求,当主席台有多人就座时需要将当事人席也一并放置在主席台上,与审判桌拼合到一起。所以在前期设计时要注意对拼合状态整体进行设计,侧面不设计突出的装饰花纹,以便于拼合时不留空隙。因为要经常搬动,所以在各个审判桌板材的连接处增加角铁予以加固。桌子之间还会有各种设备的连线需求,故在桌面、侧面可增加一些线孔,满足设备布线需要。

2. 旁听区:采用影院椅,既考虑庄严性,又考虑教学实际,扶手处可拉出桌板便于做笔记。采用联排设计,尽可能多地增加参与人数。同时也要准备一些活动折叠椅,在会议模式下,可以在审判区增加座位,以满足大会、讲座的需要。

3. 后台控制区:专门放置设备机柜的场地,机柜里放置庭审主机、直播服务器、电源时序器、功率放大器等控制设备。此场地内安装静电木地板,有独立的照明、空调设备。

4. 实时控制区:对于现场的直录播设备、显示设备和音响需要进行实时操

作，这样在场地侧面可以划分一个实时控制区，将需要操作的电脑主机、导播台、调音台、遥控器放置于此。

5. 准备区：最好有独立的房间将模拟法庭教学所需的一些物品存放于此，如法庭桌牌、法槌、法袍、多余话筒、电池、案例资料等。需要时能迅速找到并带到场地内使用。

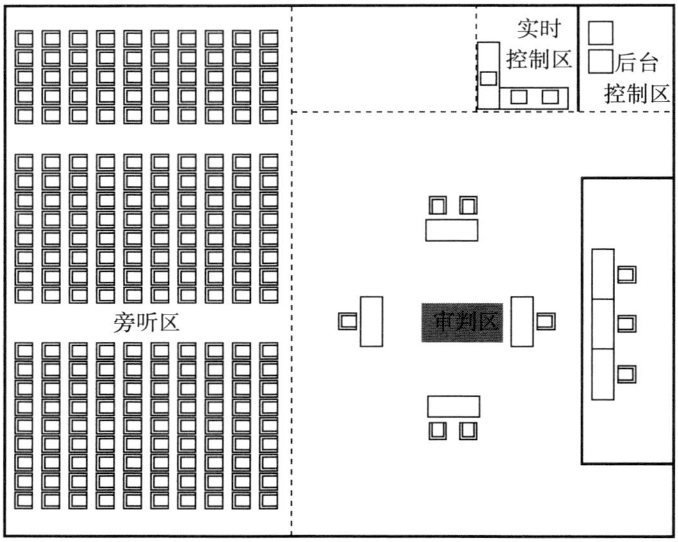

图1　科技模拟法庭分区示意图

（二）音响系统

1. 在审判区、旁听席两侧均分布若干对阵列音箱，同时增加一对低音音箱，使整个模拟法庭具有环绕立体声效果，保证在室内任何位置的学习质量。

2. 同时装备会议无线话筒、手持无线话筒和有线话筒。无线话筒优点是没有明线，场地干净，但缺点是耗费电池，几乎每用一次活动后都要换新，否则会有杂音影响效果。有线话筒优点是插电即用，不用提前准备电池，缺点是在活动准备时需要布好线，否则场地会显得凌乱。有线话筒的主要作用其实是语音激励，就是不同席位的诉讼参与人在说话时，摄像机会自动切换，并与其对准。审判席三个席位可设置一拖多的手拉手有线话筒,其他席位可设置单独的有线话筒。对于场下观众提问,可配置几对手持无线话筒以满足要求。

3. 后台需要配置无线话筒主机,手拉手话筒主机,功率放大器,反馈抑制器,调音台等配套设备对其进行控制。不过当一次性配置好以后,只需要对其进行开关操作即可。但是考虑一次性开机可能产生过大的瞬时电流损坏设备,因此增加电源时序器,当打开关闭其电源时,其他设备会依次逐个打开或关闭,可尽可能减小开关机对设备的损害风险。

(三)多媒体显示系统

1. LED 屏幕:主要用于展示活动主题,内容可以通过手机、电脑对其显示内容进行修改。如果有 Wi – Fi 功能的显示屏最好设置复杂的连接密码,或者在内容设置好能够有开关关闭显示屏 Wi – Fi 功能,防止出现损害网络安全的情况。

2. 吊顶显示屏:位于审判区两侧,通过信源切换可以显示摄像头信号与电脑投屏信号。庭审模式下可以像科技法庭那样在平板电视上显示各席位同步视频画面;在会议、讲座模式下可以切换到电脑投屏,播放 PPT 课件画面。

3. 投影仪:主要用于展示电脑播放的 PPT 课件、视频、网页等内容。

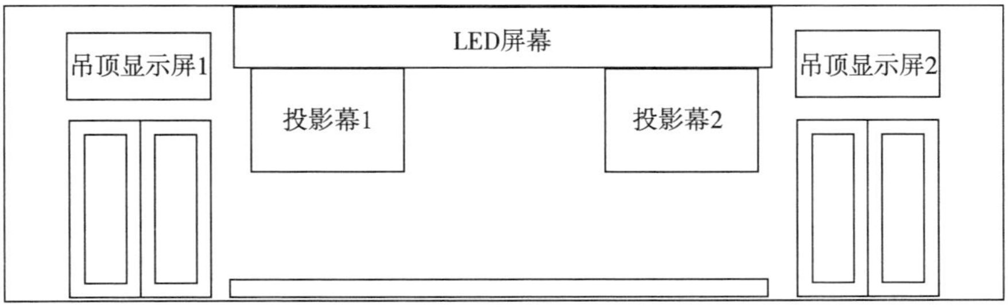

图 2　审判区多媒体显示系统立面分布示意图

（四）直录播控制系统

1. 电脑主机1：向学校网络主管部门申请并设置外网固定IP，同时绑定庭审系统内网IP，这样便能够同时连接场内庭审设备局域网、校园网以及互联网。在庭审模式下，此主机主要用于庭审排期、同步庭审笔录、同步录音录像、下载同步录音录像等任务，作为书记员主机使用，在此主机上需安装书记员控制系统。在授课模式下，该主机可以作为一个联席主持机位加入会议软件中，在不影响电脑主机2的画面的情况下，操作会议软件界面，联系与会成员，会议云录制，监看监听会议音视频，保障模拟法庭课程的直录播达到预期效果。

2. 电脑主机2：主要用于播放PPT、音频、视频、网页等多媒体信息，需要外接音频采集卡、视频采集卡等配件。音频采集卡主要与后台机柜内的音响系统相连接，其中输入口连接功放系统音频输出线，输出口用音频线连接到调音台音频输入端。视频采集卡用HDMI线同导播台连接，接受导播台传过来的视频信号。通过安装OBS这样的本地录制软件，可以实现对模拟法庭活动的本地录制。在远程直录播时，该主机要作为会议主持人登录远程会议软件，可以将现场话筒音频、场内摄像头画面、本机画面传送至会议窗口中，实现远程直播。

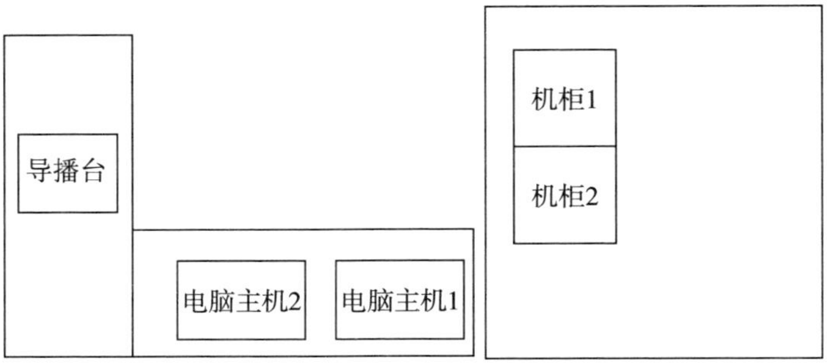

图3　控制区直录播设备示意图

3. 庭审系统：由庭审服务器、庭审主机、排期主机等设备构成。通过开启运行庭审同步录音录像系统平台的服务器，在控制主机或同局域网的其他终端上，可以通过软件或浏览器进行一键排期、一键开庭、同步录音录像下载等功能。此系统也是科技法庭的核心系统。庭审系统各设备与实时控制台的电脑主机1通过场地内部局域网相连接。

4. 摄像头：法庭同步录音录像要求在一个大屏上同时展现各个诉讼当事人的发言情况，因此需要在各个方向上布置不同的摄像头。主要有以下几种：

(1) 审判席全景变焦摄像头：主要是拍摄审判人员发言情况，可以通过遥控变焦功能实现对审判员特写镜头或审判区全景镜头的切换。此摄像头还要负责讲座、会议时对主席台的直录播任务。(见图4中的4机位)

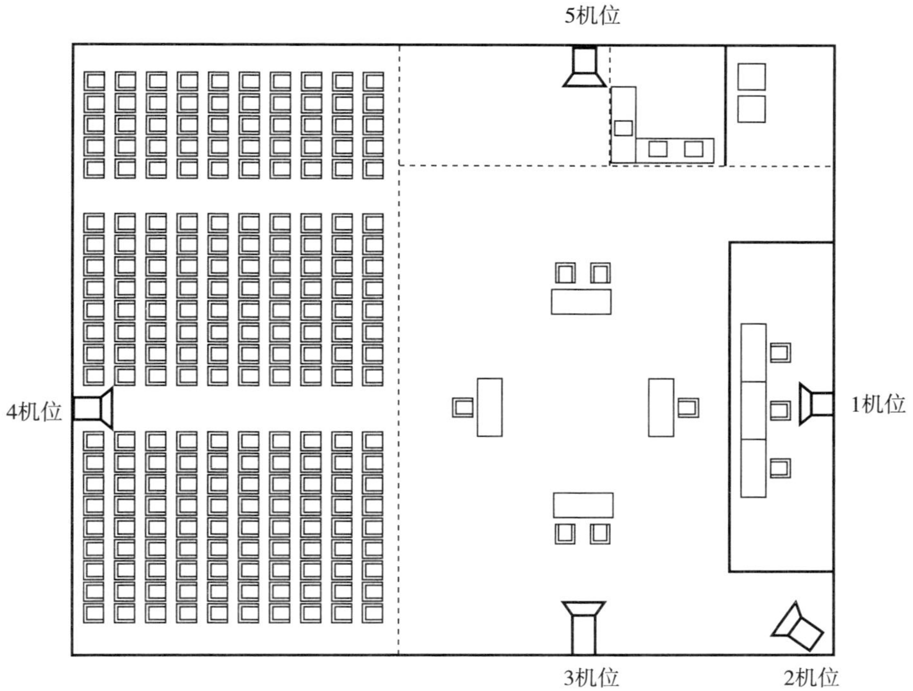

图4 审判区摄像头分布示意图

(2) 双方当事人摄像头：此类摄像头通常为一对，分别对准原、被告，分布于审判区两侧。在庭审模式下要注意将原、被告的席位按照摄像头画面来布置，并且通过语音激励实现镜头切换，这样现场和远程的观众就可以通过镜头切换看到双方的正面近景，有助于了解是哪方在发言，更容易沉浸在模拟庭审的案情中。（见图4中的3机位和5机位）

（3）被告人摄像头：主要拍摄刑事诉讼案件中被告人发言情况，位于背景墙正中，背对审判席，正对被告人席。（见图4中的1机位）

（4）旁听席全景摄像头：能够将旁听席入座情况拍摄下来，通常位于背景墙一侧，面向旁听席摄录。（见图4中的2机位）

5. 直录播导播设备：通过对多路信号的控制，实现对直播内容的设计编排。在模拟法庭教学实践中，我们通常使用两路信号：一路是采集的现场摄像头信号，在庭审模式下就是采集主画面，通过语音激励功能实现主画面切换；另一路是放映主机信号，其播放的课件、视频、网页等信息，可以和摄像头画面同步显示。在导播设备上可以用二分屏的方式对模拟法庭教学实况进行录制或直播，即左边画面为现场视频，右边画面为PPT课件、视频、网页等多媒体信息，这样就能够最大限度保证模拟法庭教学记录的完整性。

（五）相关软件

1. 智慧庭审软件：通过学习排期、一键开庭、制作庭审笔录、庭审音视频导出等任务，对标真实科技法庭技术实务，让学生熟悉操作过程，缩短入职适应期。

2. 导播软件：OBS、vmix 等。通过导播软件对各路信号的优化设计与编排，让直播画面更加美观，而且可以制作模拟法庭在线精品课程。

3. 远程会议、教学直录播软件：通过现场话筒进行拾音，现场摄像头、放映主机作为视频来源，通过腾讯会议、钉钉、Zoom 等远程直录播软件进行线上线下课程教学。操作时需要切换到正确的音视频设备，远程观看才会正常。

同时电脑音频也通过现场音响系统播放出来,这样远程互动也能轻松实现。

4. 视频编辑软件:视频录制后还可以借助剪映等视频编辑软件,对原始视频增加片头片尾、转场效果、添加字幕等后期操作。加工后的视频可作为活动档案进行长期保存。

5. 远程连接软件:常用的远程连接软件有 Teamviewer、Todesk、向日葵等,主要是主讲人、书记员面前的笔记本电脑,通过远程连接的方式与电脑主机 1 或电脑主机 2 连接,可以达到用最少的连线实现多媒体操控的目的。

三、科技模拟法庭针对线上线下混合式教学的应用模式

在具体使用时,科技模拟法庭可以根据不同的模式进行布置和设备切换。

(一)授课模式

在进行授课模式时,审判区不需要保留其他诉讼参与人席位,审判桌可以留在主席台上作为讲台使用。如果现场观众数量多于现场座位数量,则可以在审判区空地上加上若干排折叠椅。

如果只是一般的授课讲座,不用远程或录制,那么只需打开音响系统、显示系统以及电脑主机 2 即可。课件在课前拷到电脑主机 2 上,播放也由电脑主机 2 控制。主席台上放置笔记本电脑远程连接电脑主机 2,这样主讲人在讲座时不仅可以自主控制 PPT 播放,而且主席台上也不需要额外布置网线、音频线、视频线等线材,这样显得更加简洁,场地模式切换也更加方便。

如果要对讲座或课程进行 300 人之内的远程直录播,除了要按上述流程操作,还需要:

1. 除了打开电脑主机 2,还要打开电脑主机 1 和导播台。

2. 在电脑主机 2 上先打开 OBS 软件,检查 OBS 的视频采集器画面以及麦克风拾音是否正常。如一切正常,就开启虚拟摄像头。在活动开始前按开

始录制，即可实现课程的本地录制。然后登录会议软件，在进入会议室时需要选择音频、视频的输出输入端口，注意音频输出要选择音频采集器的输出端，麦克风输入选择音频采集器的输入端（这样可以采集场地内所有麦克风的声音），摄像头选择 OBS 虚拟摄像头。云录制时注意隐藏没开摄像头的用户。

3. 在电脑主机 1 上打开远程会议软件，加入电脑主机 2 主持的会议号。由主持人分配给电脑主机 1 联席主持人的身份，这样会议通知、文字交流、云录制等会场控制可以通过电脑主机 1 来完成，而不会影响电脑主机 2 的投影画面。把监听耳机插入电脑主机 1 的音频口，可以对会议音频进行监听，以便随时进行调整。

4. 在导播台上检查现场摄像头信号和电脑主机 2 信号是否正常，如正常则切换到二分屏模式。这时在电脑主机 1 的显示屏那里，可以监看到画面切换的状态。

如果要进行对外直播，则需要额外准备一台笔记本电脑作为直播主机，在其上登录会议软件以及直播助手，通过采集会议软件的音视频信号对外进行直播。

（二）庭审模式

对场地进行庭审模式的布置时，就需要将所有诉讼参与人席位都摆放入审判区。审判桌上放置三个手拉手有线话筒。原、被告席按照现场和摄像头画面的构图要求摆放。笔记本电脑放置在书记员席上，并远程连接电脑主机 1。

在电脑主机 1 上打开书记员系统，进行法庭排期。进入软件操作界面时，就可以进行一键开庭、同步记录、画面切换等书记员的实训操作。可以对担任书记员的学生利用此系统进行实务培训。

如果要线上线下同步进行模拟法庭教学，则需要另外打开电脑主机 2 和导播台。同前面的授课模式一样，在电脑主机1、电脑主机2和导播台上分别操作，就可以将模拟法庭实况进行远程直播。与授课模式不同的是，在导播台上，只需要导出场内摄像头画面，一般不需要导出二分屏画面。镜头的切换主要依靠庭审系统的语音激励功能。

（三）后期制作与发布

从场地使用完后，会生成文字、音视频等各种存档材料，可以对其进行备份和整理，便于今后查看。

1. 汇总备份：将不同渠道备份的资料统一汇总到一个当天活动文件夹，不同的活动用不同的文件夹区分。

2. 后期编辑：对视频进行美化和编辑，添加精美片头和转场效果，制作成更精美的微课课件。

3. 添加字幕：通过剪映等具有AI字幕功能的视频编辑软件，可以一键生成字幕文件。只需通过对字幕文件进行校对，就可以制作带字幕的课程资料。

4. 上传慕课平台：对于制作好的模拟法庭视频资源，可以发布到超星泛雅、智慧树网、学堂在线等慕课平台上，这样能更好地开展线上线下模拟法庭教学。

四、科技模拟法庭对学生实践能力的提升

科技模拟法庭建成后，就需要将其与模拟法庭教学结合起来，在使用中不断完善科技模拟法庭的功能。通过近一年时间的教学运行，西南民族大学的科技模拟法庭在以下几个方面让学生的司法实践能力得到了切实有效的提升。

第一，课前的认真准备让学生了解每一次庭审的背后会涉及哪些基础的工作。把各个小组的同学都动员起来，在模拟法庭活动前做好充足的准备，

包括理论和法条的准备、司法文书的准备、庭审程序上的准备、法庭布置和设备方面的准备等。并且在理论授课环节和案例观摩环节，教师将案例涉及的程序、注意事项以及相关模拟法庭教学录像与学生进行充分交流。通过让学生参与到模拟法庭活动的准备阶段，可以让更多的同学体验到实践教学的参与感。

第二，通过学习科技模拟法庭软件硬件的操作，让学生能够迅速熟悉新技术条件下的庭审模式和流程。本科技模拟法庭的软硬件系统均引进的是实际科技法庭所应用的系统，学生熟悉操作以后，毕业后进入法院很快就能上手。以书记员控制系统为例，传统的模拟法庭教学中，书记员通常只是庭前宣读一下庭审纪律就行了，而在新技术条件下，书记员需要操作系统进行庭审排期、庭审宣告、庭审速记等书记员实操技能，他是能够控制整个庭审系统的角色。其他审判人员、诉讼参与人则对于庭审辩论、举证质证更有直观的感受，特别是各席位上的屏幕能够同步书记员打字界面，可以在表达自己意见的同时核对书记员笔录，使模拟庭审更接近司法实务。

第三，无论是远程直录播，还是现场观看，旁听人员都可以在视频画面上随着语音激励控制下的画面切换，直观感受庭审辩论各个角色的表现，不会出现线下传统模拟法庭听众有时不知道是哪方在发言的情况。

第四，科技模拟法庭使传统的表演性质的模拟法庭具有了更丰富的可操作性，能够获得同步录音录像及实时庭审笔录两种成果，能使学生具有更强的获得感。配合后期视频剪辑技术，可以制作出完整的模拟法庭课程视频，并作为线上模拟法庭课程资源，供以后的学生反复观摩。此外，教师可以在课前播放前几届学生的模拟法庭活动视频，介绍注意事项，课后通过播放视频回放可以有针对性地进行点评、指导，使其成为课程评价、考核的直观依据。

第五，通过将科技模拟法庭的课程资源同线上线下教学平台相结合，可以让模拟法庭课程具有实时交互以及可视化的教学展示等先进功能，这不仅便于学生进行自我学习、相互学习、深入思考，更便于教师对每个环节的把控以督促和指导学生训练，可以随时、随地、随人、阶段性地进行指导、示范，针对学生的不同表现予以分门别类地针对性指导，同时通过分析数据可将学生的共性问题提炼出来后在线下教学时予以探讨。[①]

五、讨论与结论

如前所述，科技模拟法庭对传统模拟法庭有了很大的改进。首先，它已经将表演性走流程的形式转化为实实在在的技能实训，并且使教学互动变得更广泛，无论是参与学生还是旁听学生都会对庭审有更深入的体验。其次，它可以将每次的模拟审判记录下来作为教学视频播放给学生，在让学生观摩的同时也可以找出模拟审判中存在的问题，既让学生了解了庭审的过程，也巩固了理论知识。[②] 最后，它能将司法实务中的智慧法庭同线上线下法学教育结合起来，让实验技术人员、教师以及参与学生成为实训教学共同体，在和平台资源技术的互动中，提升了学生司法职业的综合能力。

但是也要看到，再先进的模拟法庭教学也只是一种教学手段，而并非最终的教学目的，它再接近实际审判也不能完全替代实际审判。所以模拟法庭教学的定位应该是对包括实际庭审的观摩、实习在内的众多法学实践教学其中的一种，它应该与实际庭审的观摩、实习等手段结合起来。模拟法庭活动的开展是为了更好地理解实际庭审流程，更好地熟悉案情、了解实务操作，最终目的是掌握一种职业技能。

---

① 参见于军：《智慧教学视阈下模拟法庭教学的反思与路径探索》，载《上海公安学院学报》2022年第1期。

② 参见王娜：《浅议高校数字化模拟法庭实验室建设》，载《实验室研究与探索》2015年第12期。

科技模拟法庭的建设是为了应用，是为了让广大师生能够从中获得一些利益，进而提高法学教学质量，促进法学教育改革。[①] 本文仅探讨了高校科技模拟法庭建设中的一些心得体会，而如何在模拟法庭教学中融入科技模拟法庭的特色，将科技模拟法庭的优势充分发挥出来，并对模拟法庭课程设置进行改革与创新，则需要和广大的同行一起继续不断地进行探索。

① 参见郑春燕：《高校数字化模拟法庭建设的困境及其解决措施》，载《阜阳职业技术学院学报》2014年第1期。

我们需要什么样的模拟法庭教材*

李　晓**

摘　要：目前的模拟法庭教材过多关注庭审具体流程，对于裁判方法和论辩技巧着墨不多，关注不够，应结合我国司法实践状况与要求，从裁判者和执业律师的角度出发，突出重点，编写集裁判方法、论辩技巧、关键流程于一体的模拟法庭教材，训练学生法律分析、庭审表达和解决问题的能力。

关键词：模拟法庭教材；裁判方法；法庭论辩；关键流程

一、引言

习近平总书记指出："法学学科是实践性很强的学科。法学教育要处理好法学知识教学和实践教学的关系。学生要养成良好法学素养，首先要打牢法学基础知识，同时要强化法学实践教学。要打破高校和社会之间的体制壁垒，将实际工作部门的优质实践教学资源引进高校，加强校企、校地、校所合作，发挥政府、法院、检察院、律师事务所、企业等法治人才培养中的积极作

* 本文系根据许身健、李晓编著的《模拟法庭原理与法庭论辩技巧》前言部分修改而来。

** 李晓，中国政法大学法律硕士学院讲师。

用。”[①]2023年2月26日,中共中央办公厅、国务院办公厅印发《关于加强新时代法学教育和法学理论研究的意见》(以下简称《意见》),强调要强化法学实践教学,深化协同育人,推动法学院校与法治工作部门在人才培养方案制定、课程建设、教材建设、学生实习实训等环节深度衔接。

法律实践教学强调“在做中学”,主要包括案例演习、模拟法庭、法律诊所等多门课程。其中,模拟法庭与司法实践贴合度高,且开设课程成本较小,因此在实践教学体系中占据重要位置。据不完全统计,几乎所有开设法学本科专业的院校均开设了模拟法庭课程或者模拟法庭竞赛训练。根据2017年《法律硕士专业学位研究生指导性培养方案》,模拟法庭被列为法律硕士专业学位研究生实践教学与训练课程的重要组成部分。

开设模拟法庭课程客观上需要相应的模拟法庭教材。但由于模拟法庭课程很强的实操性,课程本身规范化程度不高,导致教材建设存在较大的完善空间。例如,目前的教材主要介绍模拟法庭的流程,对于裁判思维关注不够,学生拿到案件材料后无从下手,不知道该怎么分析,容易导致模拟法庭“走过场”。又如,对于法律论辩技能技巧关注不多,对学生论辩能力训练不够等。因此,有必要在借鉴现有模拟法庭教材的基础上,紧密结合我国司法实践状况和要求,编写一本集裁判方法、论辩技巧、关键流程于一体的模拟法庭教材。

二、《模拟法庭原理与法庭论辩技巧》的主要特点

为更好地指导模拟法庭教学,我们根据多年模拟法庭及法律论辩教学经验,在参考目前多本模拟法庭教材体例和内容基础上,编著了《模拟法庭原理与法庭论辩技巧》,作为开展模拟法庭与法律论辩教学的参考用书。

---

① 习近平:《全面做好法治人才培养工作》,载习近平:《论坚持全面依法治国》,中央文献出版社2020年版,第177页。

相较其他同类教材，本教材具有以下突出特点：

一是注重裁判方法的指导。模拟法庭虽然有“模拟”属性和“角色扮演”要求，但模拟法庭教学不是“走过场”，不是准备好了剧本由学生进行庭审表演。从目前教学实践看，这种“剧场化”的模拟法庭仍然较为普遍，甚至表演得“过了火”，与真实的审判场景相距甚远。实际上，模拟法庭的舞台虽然是在课堂上的“法庭”，但要想做好模拟法庭演练，单靠舞台上的表演是不够的，更需要背后大量的案情分析论证，掌握如何归纳案件事实，如何寻找法律规范，如何解释应用法律，如何在事实与规范之间形成互动论证等，而这些都需要司法实务中相关裁判方法的指导。但在我们的模拟法庭教学中，往往缺少对裁判方法的分析，而是直接给学生提供一套案件材料，或者一份案件剧本，进行简单案情分析指导后即由学生准备模拟演练。这种情况下，学生或者手忙脚乱、不知所措，或者干脆根据剧本表演，难以训练其法律思维、法律分析能力，更谈不上提升其解决实际问题、得出妥当裁判结论的技能。一言以蔽之，如果学生不懂裁判的基本方法，则根本不会分析案件，模拟法庭只能停留在“模拟”阶段，其效果与模拟法庭教学的预期目标差距较大。从目前的模拟法庭教材看，也鲜有涉及裁判方法的内容。其原因可能是认为裁判方法不是模拟法庭教学自身的内容，而是专门的裁判方法课或法学方法论课程的内容，在进行模拟法庭之前，推定学生们已经掌握了相关的裁判方法，因此并无必要在模拟法庭课堂上传授裁判方法。这种认识从逻辑上是有一定道理的，但过于理想化。一方面，并不是所有的学生在模拟法庭课程之前已经接受了专门的裁判方法课程训练；另一方面，即便之前上过裁判方法课程，但更多的是理论教学，较少涉及裁判方法的具体应用，因此也有必要在模拟法庭教学中强化对裁判方法的习得与应用。当然，由于模拟法庭教学是对理论知识的应用，因此在教学过程中不可能系统讲授裁判方法，而是关注裁判方法中的重点内容及具体应用。

二是加强论辩技巧的训练。法律是论辩之道。这种论辩不是空洞的、抽象的，而是结合具体案件事实的具体论辩。司法实务需要不同角色的法律工作者进行互动交流，能够在交流过程中对对方观点提出质疑是法律工作者应当具备的基本法律素养。我国著名民法学家王利明教授指出，法学教育改革不应当局限于突出案例教学，还应当再向前走一步，就是必须培养学生的辩论能力，主要包括表达能力、专业能力、应变能力和逻辑思维能力。实际上，论辩不仅是一种法律技能，也是一种有效的学习途径和方法。我们熟知的苏格拉底式教学法就是一种论辩式教学法，而我国的《论语》也是一种论辩式教学的典范。但在目前的法律教学中，由于受到大陆法系法律传统和教学模式的影响，课堂上以教师传授理论知识为主，缺乏对学生论辩能力的训练，而模拟法庭教学则是训练学生论辩能力的有效途径。但从目前教学实践看，缺乏对论辩能力的专门训练，而这种状况又与我国的司法实践状态紧密相关。无论是在民事诉讼、刑事诉讼还是在行政诉讼中，我国司法实践普遍奉行一定程度的职权主义，法官有发现案件事实真相的职责，法律也赋予了法官一定的调查取证手段以发现案件真相。这种背景下，我国的法庭审判并不过于强调律师的论辩技巧，而是强调穷尽手段发现真相。相应地，对于法庭论辩的法律规范较为粗疏，技能技巧强调不足。这种情况反映在教学中，表现为缺乏法律论辩技能技巧的习得。需要指出的是，这种法庭论辩并不仅仅指法庭审判中的法庭辩论阶段，而是涵盖了法庭陈述、证据调查、发问证人、鉴定人、物证验真、法庭辩论等法庭审判全流程。从世界范围看，英美法系奉行对抗制传统，案件推进、证据出示、法律论辩均由律师主导，法官或陪审团中立裁判。在这种背景下，对于律师法律辩论技能技巧的要求更高，并在长期的司法实践中形成了以交叉询问为核心的法律论辩规范。这种法律论辩规范程度高、技能技巧强，非经专门训练无从习得。虽然我国奉行职权主义，但这种论辩技能技巧或者一般原理同样有发挥作用的空间。近年来，我国的司法实践中也有越来越多的律师运用交叉询问技巧，取得了较好的庭审效果。可以说，法律论辩因其专业程度高、逻辑性、对抗性强，无论是大陆法系还是英美法系,均有对学生加以专门训练的必要。因此,本书将法律论辩技巧专列一编,突出其重要地位,便于学生系统学习、熟练运用。

三是强化关键流程的把握。从规范看,模拟法庭流程与真实的法庭审判流程大体相同。例如,都是从庭前准备开始,经过宣布开庭、核对身份、告知权利、法庭调查、法庭辩论、最后陈述、评议宣判等诸多阶段,到法官宣布闭庭结束。目前的模拟法庭教材一般也会介绍完整的庭审流程。从模拟法庭实践看,学生进行模拟法庭演练时,基本也能按照上述流程顺利进行。但其中存在“平均用力”甚至“轻重不分”的现象。例如,学生们过于重视权利告知这样的程序话语,过于重视法庭辩论,甚至在法庭辩论中引用了过多的学术观点,而对于事实问题关注不够,没有把重点和精力放在法庭调查阶段,放在证据调查方面,导致模拟法庭与真实的法庭审判存在较大差距。根据笔者的司法实践经验及观察,真实法庭的审判重点主要还是证据调查阶段。在证据调查阶段,诉讼双方要进行充分的举证、质证、辩论,法官要进行适当的归纳与引导,可以说,主要问题都放在了证据调查阶段解决,法庭辩论阶段是在证据调查阶段基础上的事实概括、观点梳理及适当论证,从而做到突出重点、提升效率。基于此,《模拟法庭原理与法庭论辩技巧》并未详细介绍法庭审判全流程,而是重点训练学生的法庭质证、法庭辩论与庭审归纳能力,提升对于庭审关键流程的把握。

三、《模拟法庭原理与法庭论辩技巧》的体例安排与主要内容

《模拟法庭原理与法庭论辩技巧》的体例安排主要是基于以下设想:其一,让学生掌握实务中法官的裁判方法,明确案件的审理内容,即事实问题与法律问题;其二,让学生掌握事实问题应该怎么查明,法律问题主要有哪些,应该怎么解决,并在事实与法律之间形成良性互动;其三,事实问题与法律问题应在特定的法庭审理程序中展现并加以解决,为此必须重点关注法庭调

查、法庭辩论环节，法官要重点进行争点整理；其四，法庭审判是借助语言论辩的艺术，因此必须掌握法庭论辩的技能技巧，借助论辩语言解决事实与法律问题，维护委托人合法权益；其五，借助模拟法庭实录，演习模拟法庭审判案例，提升操作能力。

《模拟法庭原理与法庭论辩技巧》的内容共分为三编。

第一编为模拟法庭基本原理，共分5章。

第一章为导论，介绍法庭审判的基本逻辑，即司法三段论，同时强调司法三段论与逻辑三段论的不同之处，避免陷入机械司法的误区。从过程看，司法三段论更加突出诉讼主体间的说服、互动，大前提的寻找与小前提的确定都是在互动交流中形成的。从结果看，司法三段论不仅追求形式有效性，还追求实质合理性，应当符合公平正义理念和社会主流价值观念。

第二章概括模拟法庭的审理对象。模拟法庭审理什么是首先要解决的问题。根据司法三段论，模拟法庭要紧紧围绕案件事实认定与法律适用两个部分进行审理，相应地，案件事实的界定与法律规范的适用成为模拟审判的主要对象。关于案件事实的界定，主要根据实体法构成展开，在民事诉讼中表现为构成要件事实，在刑事诉讼中表现为定罪与量刑事实，在行政诉讼中表现为被诉行政行为合法性事实。关于法律规范的适用，首先，介绍法律规范的要件分析方法，明确法律条文的逻辑结构。其次，介绍法律规范的解释目标、解释方法、不确定概念的适用等基本原理。最后，介绍法律漏洞的填补及其方法。

第三章梳理模拟法庭中的事实认定方法。案件事实的认定，也被称为案件事实的发现，是指审判人员在审理案件过程中基于证据规则对证据材料进行审查判断，进而运用经验法则、司法认知、推定、逻辑推理等方法，结合伦理道德、社会经验、生活常识，最终认定具体的案件事实。从现象学认知论的角度出发，案件事实的认定方法就是审判人员在证据审查和材料取舍中形成的具体经验总结，这要求审判人员必须尽可能多地占有证据材料，尽量还原或者反映案件的客观事实。在诉讼过程中,司法证明是认定案件事实的主要方式,其中关键在于合理确定证明责任和证明标准。此外,推定也是一种常用的事实认定方法,需要予以准确把握。因此,本章根据民事诉讼、刑事诉讼、行政诉讼的不同特征和要求,从证明责任的分配、证明标准的把握、事实推定等方面介绍民事、刑事、行政诉讼中的事实认定方法。

第四章介绍模拟法庭中的法律适用方法。第一节关于民事诉讼中的法律适用方法,结合民事诉讼实践状况,指出民事诉讼中的法律适用主要在于如何确定请求权基础规范与抗辩权基础规范。在确定请求权基础规范方面,梳理了请求权基础规范的检索方法,以及请求权竞合时基础规范检索方法,并辅以实际案例解析。在确定抗辩权基础规范方面,首先明确了抗辩权的内涵,指出抗辩权是与请求权相对立的反对权,并指出了抗辩与否认的根本区别,在此基础上论述了抗辩权基础规范的确定方法。第二节关于刑事诉讼中的法律适用方法,重点介绍罪与非罪的区分、此罪与彼罪的区分、法条竞合的处理、想象竞合的处理、牵连犯的处理等模拟法庭中常见的内容。第三节关于行政诉讼中的法律适用方法,重点关注行政诉讼法律适用的特点、方式,以及法律规范的冲突与选择适用问题。

第五章梳理模拟法庭的关键流程。结合司法实践具体状况,将模拟法庭的关键流程分为法庭调查与法庭辩论两个环节,其中伴随着争点整理的基本要求。第一节关于法庭调查,指出我国庭审中的证据调查阶段不限于调查活动,同时也融合一定的辩论活动。本书将法庭调查分为当事人陈述、举证、质证、认证四大环节,并重点围绕质证活动展开,辅以质证教学实例,充分展现司法实践中质证活动的专业化与复杂性。第二节关于法庭辩论,重点介绍法庭辩论的内容及顺序、法庭辩论应遵循的规则,以及法官在庭审辩论中的立场、对法庭辩论节奏的控制等内容。第三节关于争点整理,详细展示了争点整理的意义、方法、基本要求和技巧。

第二编为法庭论辩技能技巧,共分6章。

第一章为导论，介绍法庭论辩技能技巧课程主要内容，包括教学目标、教学方法，以及课程应用情况。

第二章关注案件主张。第一节明确案件主张的含义与作用，强调案件主张是将事实与法律的有机结合，是在讲述一个有说服力的故事，最终实现委托人的目标。第二节重点讲述了如何形成案件主张，包括借助头脑风暴讨论、借助影视资料等方法。第三节通过具体案例介绍案件主张技巧。

第三章关注开场陈述。第一节明确开场陈述的概念和作用，强调通过开场陈述，意在使事实发现者或者决策人更好地在证据语境下记住并了解整个案情。在开场陈述中，律师要讲述本方认知的案件事实、介绍案件的主要证据、提出己方的诉讼请求。第二节梳理开场陈述的法律规则，如禁止辩论规则等。第三节介绍开场陈述的编排、结构与技巧等。

第四章关注庭审发问中的询问己方证人，即直接询问。第一节明确直接询问的概念和作用。第二节介绍直接询问的适用规则，包括禁止与本案无关询问规则、禁止重复询问规则、禁止重复询问规则、禁止诱导询问规则等。第三节介绍直接询问的技巧，包括组织方式的逻辑性、介绍证人和展现背景、再现案件过程、使用非诱导性提问、使用证物展示来帮助询问、准备证人等，并辅以案例进行演练。

第五章关注庭审发问中询问对方证人，即交叉询问。第一节介绍交叉询问的基本理论，包括交叉询问的含义、基本程序、主要规则等。第二节关注交叉询问的技巧与功能目的。第三节通过辛普森案中的交叉询问实录，展现交叉询问的相关技巧。

第六章聚焦终结辩论。第一节关于终结辩论的概念和意义，指出在终结辩论中，律师要概括案情并最后一次说服裁判者作出对其当事人有利的裁决。第二节介绍终结辩论的规则，特别指出以下辩论是被禁止的：对个人信念的陈述，诉诸成见或者偏执，就证据进行不实陈述，对法律的不实陈述，诉诸事实调查人/决策者的个人利益，诉求感情、同情和激情。第三节介绍了终结辩论的结构安排与相关技巧。

第三编为模拟法庭与法庭论辩研习实录,共分4章。

第一章关于刑事模拟法庭研习,第二章关于民事模拟法庭演习,第三章关于行政模拟法庭演习,第四章则是关于法庭论辩技巧的演习实录。需要指出的是,为保持上述演习实录的真实性,力求展现学生们真实的模拟场景,作者并未对其中的瑕疵部分进行删改。

专　论

完善法学教育：路径与方法

许身健*

摘　要：我国法学教育缺乏清晰的培养目标，造成培养目标不统一、课程安排不合理、法学教育与职业教育的衔接不顺畅、评估机制不完善等一系列问题。可考虑借鉴美国法学院认证制度，构建符合中国国情的法学院认证制度：由司法部作为法学院认证制度的主体，结合国家统一法律职业资格考试制定法学院认证标准，并结合我国中西部法学教育资源欠缺的实际情况予以适度倾斜，确保法学院之间的良性竞争，提升法学教育人才培养质量和效果。

关键词：法学教育；培养目标；法学院认证制度

如何用一句话形象描述中国法学教育？已故何美欢教授用英国作家狄更斯名著《双城记》开篇“这是最好的时代，这是最坏的时代”这句话来描述中国法学教育现状。为什么说当下是法学教育最好的时代？因为法学专业还是热门专业之一，法律院校越办越多，至今将近700所，而在校法科生已经达到约56万人的天文数字。法学属于热门专业，这可以确保法律院校有优质生源。得天下英才而育之，这是教育机构梦寐以求的。为什么说当下也是法学教育最坏的时代？法学专业的就业率已经连续多年垫底，另外，据统计，法学专业毕业生已经名列起薪最低的行列。法科生就业难、谋生难，这些都是难

* 许身健，法学博士，中国政法大学法律硕士学院院长，教授、博士生导师。

堪的现实。因此，法学教育存在严重问题，这是个不争的事实，法律院校及法律教育者必须走出所谓“法学教育最好的时代”这一错觉，冷静面对“法学教育最坏的时代”这一严酷现实，认真对待法学教育，找到应对之策。①

一、问题的缘起——清晰培养目标的阙如及其影响

国外学者瓦瑟斯楚姆指出：“如果不知道我们法学教育教出来的学生该是什么样子，那么很难，或者根本不可能去回答在法学教育中出现的一堆问题：该教什么？该如何教？该谁来教？该谁作为学生？如何评估他们？谁来决定法学教育是否成功、是好还是坏？”的确，精确目标的重要性不言而喻，明确目标之后才能设计具体的实施手段，最终才能检验目标是否实现。②

然而，我国法学教育至今没有清晰的培养目标。2011 年 12 月，教育部、中央政法委联合下发《关于实施卓越法律人才教育培养计划的若干意见》（教高〔2011〕10 号）（以下简称《卓越法律人才意见》），对“卓越法律人才”的界定体现为十六个字，即“信念执着、品德优良、知识丰富、本领过硬”，上述培养目标尽管涵盖范围广泛，但失之缺乏具体的标准。与之对应的，《卓越法律人才意见》又将“卓越法律人才”分为三类，即应用型、复合型法律职业人才，涉外法律人才，西部基层法律人才，每类人才又有相应的要求与描述，但同样缺乏具体标准。“卓越法律人才”定位不清反映了法学教育培养目标的粗疏，导致相关法学院在贯彻执行《卓越法律人才意见》时，对上述培养目标的理解并不一致，对卓越法律人才的理解各有侧重，这就造成培养目标不统一、课程安排不合理、法学教育与职业教育的衔接不顺畅、评估机制不完善等一系列问题。

---

① 参见许身健：《认真对待法学教育》，载《检察日报》2012 年 9 月 21 日。

② 参见许身健：《明确法学教育培养目标提升实践性法学教育》，载《实践性法学教育论丛》（第一卷），知识产权出版社 2011 年版，第 5 页。

（一）培养目标不统一

法律院校本科生培养目标的设定，很大程度上反映着法学教育机构对法学教育的基本定位和基本教育理念。培养目标的定位直接决定着法学本科生培养方案的整体设定。所有课堂教学课程的配置、课程学分学时的配置以及实践教学环节的比重设计，都在贯彻培养目标中所体现的法学教育理念和目标。但是，对“卓越法律人才教育培养计划”的基地院校培养方案中的“培养目标”进行比较和分析，[①]发现各校之间仍有分歧。

虽然“法学教育应当定位为法律职业教育”这种观点已经基本达成共识，但是法学教育界对于职业教育的具体内容仍然存在模糊认识，各校培养方案并没有对法学教育的根本属性进行明确的界定。由于法律院校对法学教育的共同目标并未达成共识，各个院校自身的个性化特征压过了法学教育共同的人才培养属性。同时，在教学方式上，传统教育模式下的灌输式讲授方式仍占主导，法学院学习与法律职业的需要仍存在较大的隔膜。

（二）课程安排不合理

法学课程的安排应当遵循法律人才的培养目标，由培养目标决定课程安排。但由于当前我国法律院校混乱、模糊的本科生培养目标，导致了法学院课程安排上存在诸多问题。

首先，一些非常重要的课程，在诸多一流法律院校根本没有开设，严重影响法学教育的成效。其中最为明显的就是法律职业伦理课程在各大法律院校的缺失。理想的法学教育应该培养出的法律人才“一定要有法律学问，才可以认识并且改善地运用法律；一定要有社会的常识，才可以合于时宜地运

① 参见刘坤轮：《中国法律职业伦理教育考察》，中国政法大学出版社 2014 年版，第 109～124 页。

用法律；一定要有法律的道德，才有资格来执行法律”。① 经过法学教育从事法律职业要求具备共同的素养，包括法律语言、法律知识、法律技术、法律思维、法律信仰以及法律伦理六个复合要件。② 上述论点明确了法律职业伦理在法律人才素养中占据的重要位置。西方法学院的课程中，法律职业伦理都是其法学教育的重要内容。③ 但是即便在师资条件相对较好的卓越法律人才基地院校之中，法律职业伦理教育严重不足，大部分院校没有专职职业伦理教师。④

其次，与传统法学课程相比，实践教学课程的符号化现象相当突出，例如，不少院校将法律诊所课程等同于学生法律援助活动，场景模拟课程的开设更难尽如人意。几乎所有法律院校都关注模拟法庭，这是已经达成高度共识的实践教学，法律院校将模拟法庭竞赛作为实践教学成果的符号，有的院校热衷于参加国际模拟法庭竞赛，希望通过获得优异名次作为其实践教学及国际化发展的有力符号。然而，令人遗憾的是很少有法学院关注到作为学生法律实践活动的模拟法庭演示与作为课程的模拟法庭课程的区分。

最后，由于学校对教学目标、教学内容把握不清，开设课程流于形式而不重视对于培养目标而言不同课程之间的系统关系，导致一些法律院校虽然开设了若干门名称不同的课程，但这些课程讲授的内容实质上是相同的，甚至出现“同一门课程、相近的内容反复讲授四遍”的情况。这样既浪费了学校有限的教学资源，也让学生付出了相当大的成本。此外，法律院校虽已开设案

---

① 孙晓楼：《法律教育》，中国政法大学出版社1997年版，第12～13页。

② 参见孙笑侠：《职业素质与司法考试》，载《法律科学（西北政法学院学报）》2001年第5期。

③ 水门事件后，几乎每个美国律师协会（ABA）认证法学院都将法律职业道德课程设置为必修课。澳大利亚、加拿大、日本、韩国等无不将法律职业伦理作为进入法律职业的重要条件。

④ 以“卓越法律人才教育培养计划”的基地院校为样本，对41所法律院校开设法律职业伦理教育课程情况进行调研，结果显示，开设职业伦理相关课程的院校只有15所，仅占统计样本的36.59%，如果严格限定为开设“法律职业伦理”，则只剩下9所，仅占统计样本的21.95%，再进一步，将法律职业伦理课程设为必修课的仅有4所院校，那么设置法律职业伦理必修课的比例就是9.76%。刘坤轮：《中国法律职业伦理教育考察》，中国政法大学出版社2014年版，第76页。

例课、研讨课、法律文书写作等相关课程，却没有形成系统的教育模式，使法学教育与法律职业对接效果大打折扣。

（三）教学与司法实践脱节

如前所述，虽然“法学教育应当定位为法律职业教育”这种观点已经基本达成共识，但是传统教育模式下的灌输式讲授方式仍占主导，法学院学习与法律职业的需要仍存在较大的隔膜。我们的法律院校要做的其实不是教会学生“像法律人一样思考”，而是让他们学会“像法律人一样解决问题”，而这之间相隔的恰是理论与实践之间的鸿沟。实现这一跨越，解决之道在于构建两者之间的桥梁，而桥梁正是提升实践性法学教育。

虽然实践性法学教育的重要性已经是法学教育界的共识，《卓越法律人才意见》也提出要“强化学生法律实务技能培养，提高学生运用法学与其他学科知识方法解决实际法律问题的能力，促进法学教育与法律职业的深度衔接”，“强化法学实践教学环节”，“加大实践教学比重，在校内办好案例教学、模拟法庭、法律诊所，在校外建设法学实践教学基地”。但是我们又不得不面对这样一个事实，即《卓越法律人才意见》对法学实践教学的界定仍然存在个别误区。实践性法学教学，一言以蔽之，即 Learning by Doing，也就是“做中学”，体验式学习。[①] 案例教学、案例研讨课、实务讲座等虽与实践教学确实有着密切的关系，但并不是前文意义上的实践教学。此外，单纯让学生自己组织，缺少规划、涉及、反馈、指导的单纯模拟法庭只是法律实践活动，而不是实践教学，这和美国法学院的常规课程——法庭辩论技巧相去甚远。

法律诊所课程和模拟课程是法学实践教育最主要的两种课程模式。所谓模拟课程，即教师提出一种与真实情况相一致的假设，或使用案例中的情节，要求学生将自己置身于某一特定角色之中，完成一项立法任务，拥有一段

---

① 参见许身健：《明确法学教育培养目标提升实践性法学教育》，载《实践性法学教育论丛》（第一卷），知识产权出版社 2011 年版，第 5 页。

完成任务的经历，并从经历中反思和总结，学习法律的实际应用、法律技巧以及法律职业伦理。比较典型的模拟课程包括法庭论辩、模拟调解等。① 然而此类课程并没有在各大法律院校中普及。相对较为成熟的法律诊所课程，也存在诸如对诊所教育的认识和定位仍然存在不明确之处、与传统教育模式在衔接上存在问题、案件无法满足诊所教学的需要、诊所教师配备存在不足、重职业技能培养，轻职业伦理教育等问题。

就校外实习而言，尽管几乎所有法律院校都关注校外实习基地建设，但由于缺乏统筹安排和具体的指导规则，责任分配不清导致管理混乱，实际的实习效果难以达到实践教学的要求，其象征意义远远高于实际意义，流弊很多。

（四）评估机制不完善

所谓评估，是指依据一定的教育目标，以现代法学教育发展观为指导，以评估对象为主体，评估双方在相互尊重与信任的基础上，共同制定双方认可的发展目标，运用适当的评估技术与方法，实现双方达成的评估目标的过程。② 从该定义可知，实现评估的前提是有一定的教育目标，教育目标越清晰、具体，就越能最大化实现评估的效果，反之，如果教育目标模糊不清，评估也将沦为空谈，甚至根本无法进行。

目前，大多数法律院校对于传统理论课程还停留在单纯依靠考试成绩对学生学习效果进行评估的阶段。单一的评价方式说明我们的法律院校过分强调理论体系的传授，却没有引导、教育学生做好未来的职业准备。也正是由于教育目标不具体，使实践教学课程的评估也存在同样的问题，无论校内诊所还是校外实习，往往由监管学生工作的教师根据主观意见评定分数，难

① 参见袁钢：《中国法学实践教学的基本理论》，载《中国政法大学教育文选》（第十五辑），中国政法大学出版社 2014 年版，第 11 页。

② 参见李秀华：《诊所法律教育质量评估机制研究》，载《实践性法学教育论丛》（第三卷），知识产权出版社 2014 年版，第 130 页。

以实现竞争的、多样的评估方法具备的正确性、可靠性和公平性，进而阻碍法学教育与法律职业的深度衔接。

二、突破法学教育困境——借鉴美国法学院认证制度

由于缺少清晰、明确培养目标的指引，导致我国法学教育存在以上诸多问题，因而尽快制定清晰、明确的培养目标，是提升法学教育质量、确保法学教育与法律职业有效衔接的必要条件。但是一套清晰、明确的培养目标是否能构成完善法学教育的充分条件？笔者认为，面对法学教育这一系统性问题，不应仅仅"头痛医头，脚痛医脚"，而应跳出既有思维框架，思考缺少统一、明确的培养目标后的深层次原因以及解决之道。

对于"卓越法律人才"予以评估的具体量化指标，包括卓越法律人才计划在内，我国法学教育界尚未达成共识。法学教育的培养目标是一个开放性的研究课题，事实上，即便在法学教育经验极为丰富、影响力极大的美国，也仅是在一些关键问题，如知晓法律基础理论、具备法律事务技能、学习法律职业伦理等方面具有共识，而在标准的具体细节上，包括美国律师协会（American Bar Association，ABA）在内的法律界也没有形成完全统一的衡量标准，其探讨也从未停止过。但是，这并不影响美国的法学教育在实践中按照一套统一、清晰、明确的培养目标运转，而法学教育各方主体不同的见解使得前述培养目标保持相对开放的体系，得以随着实践的变化及研究的深入不断地更新。本文认为，这恰是得益于其完善的法学院认证制度。

（一）美国法学院认证制度的运行机制

在美国，负责全国法学教育以及法学院评估与认证工作的并非美国教育部，而是ABA，这得益于美国独特的教育体制。美国的大学，多是私立或州立，属于地方与私人团体事务。美国教育部不同于我国教育部，其前身是成

立于 1867 年的美国联邦教育局，为防止其过多干预各州学校事务，因此对其职能进行了很大的限制，直至 1980 年升格为教育部，除个别例外情形，也并不干涉课程标准的设置，而是将教育权等交于地方及州政府掌管。因此，美国各大学的法学教育，教育部无权过问。

由于上述原因，ABA 成立之时，美国法学院并无统一的办学标准，入学门槛有高有低，培训时间长短不一，夜校与全日制学院并立，导致律师职业素质与服务水平参差不齐，法律服务市场鱼龙混杂。① 为了改变这种状况，ABA 除负责律师的日常管理和惩戒外，自 1878 年建立以来就以统一与提升法律职业准入资格为己任，着手改善美国的法学教育，设置专门的法学教育与资格认证分部以及相应的理事会与认证委员会来负责制定法学院的设置标准并进行法学院认证，力图从源头对法律服务市场进行把关，进而保证法律从业者接受的教育以及习得的专业知识与素质符合职业要求，能够有效与法律职业对接。

由于 ABA 在性质上是非政府组织（Non-Governmental Organization, NGO），因此其认证并不具备行政上的强制性。但是，美国的法律执业由各州最高法院决定，各州的最高法院通常均交由各州的律师协会负责制定参加律师资格考试的条件并组织律师资格考试，而各州均将毕业于 ABA 认证的法学院作为参加律师资格考试的条件之一，因此 ABA 的认证具有事实上的强制性，对于美国的法学院而言，最重要的就是 ABA 的认证，其认证与否以及认证的结果都对法学院具有实质的影响。未通过 ABA 的认证，其学生就不得报考各州的律师资格考试；通过 ABA 的认证，其认证结果将会作为各个机构对该法学院进行评估排名的依据，而排名结果直接影响其生源，进而影响法学院自身的发展。

美国法学教育最核心的任务并非培养法学研究人才，而是培养合格的律

① 参见胡晓进：《美国律师协会的法学院设置标准》，载《高教发展与评估》2011 年第 6 期。

师。而成为合格的律师、进入律师职业市场的控制权恰恰掌握在ABA手中。作为律师的自治组织，ABA有权力设定职业准入门槛，掌握未来律师的知识储备水平与职业技能素质。制定法学院设置标准并进行认证，正是ABA行使职业控制权的体现。目前全美共有4000余所大学，但具有ABA认证的法学院仅有205所，可见ABA认证条件之苛刻。

（二）美国法学院认证制度的具体内容

ABA认证制度的依据是其每年更新的法学院认证标准及程序规则（standards and rules of procedure for approval of law schools），其中，法学院认证标准（standards for approval of law schools，以下简称“标准”）涉及法学院设置的方方面面，直接规定关于法学教育的各项细节与指标。

2017年版的“标准”共计七章，包括一般目的与程序（General Purposes and Practices），组织与管理（Organization and Administration），法学教育方案（Program of Legal Education），教师（The Faculty），录取与学生服务（Admissions and Student Services），图书馆与信息资源（Library and Information Resources），教学设施、设备与技术（Facilities，Equipment and Technology）。[①] 本文将结合我国法学教育的实际情况，以借鉴为目标，对以上章节进行有选择的介绍。

1. 组织与管理

该部分首先规定，法学院的院长和全体教职人员对法学院教学方案的规划、制定、执行、管理负有首要责任，同时这也是他们应有的权力。法学院的教学方案应当包括课程设置、教学及评估方法、招生政策以及不同情况下的学术要求与标准[“标准”201(a)]。

---

① 美国律师协会2016～2017年法学院设置标准，参见http://www.americanbar.org/content/dam/aba/publications/misc/legal_education/Standards/2016_2017_aba_standards_and_rules_of_procedure.authcheckdam.pdf。

美国的法学院分为独立的法学院和大学下设的法学院。独立的法学院应当由专门的管理委员会进行管理，该委员会负责确保法学院按照“标准”的要求开展法学教育[“标准”201(e)]；对于大学下设的法学院，大学总体层面的同样适用于法学院的政策不得与“标准”相冲突，否则法学院有权单独制定与“标准”一致的政策[“标准”201(d)]。法学院当前拥有和预期可得的财政资源应当充分用于执行并改善教学方案，以及确保学院各项指标符合“标准”规定，这些资源包括学杂费、捐款、礼品，以及相关的财产收益；大学下设的法学院要进行独立核算，如果大学院财力匮乏，以致难以有效执行其教学方案，则该法学院不符合“标准”(“标准”202)。因此，大学下设的法学院也具有很高的独立性。

2. 法学教育方案

该部分开宗明义，规定法学院的培养目标是为法科生毕业后能够顺利通过律师职业考试、被授予执业律师资格，成为高效、尽责、有职业道德的法律人；为实现该目标，法学院必须针对该目标的实现设计、制定教学内容，并严格执行其法学教育方案(“标准”301)。

法学院的教育至少应当使法科生具备以下能力：第一，理解并掌握实体法和程序法的相关知识；第二，具备法律分析和推理能力、法律检索能力、解决问题的能力、法律文书写作能力以及运用法言法语进行专业、有效交流的能力；第三，同时对客户和法律制度承担适当的职业及道德责任的能力；第四，作为法律职业共同体的一员应当具备的其他能力(具体由法学院自行决定)，如会见、咨询、谈判、事实的推理分析、审判实践、法律文件起草、争议解决、法律工作的组织与管理、合作、自我评价等能力(“标准”302)。

法科生至少要修读合格以下课程：第一，至少两学分的职业责任课程，如讲授法律职业的历史、目标、结构、价值、责任的课程；第二，第一学年必须修读法律写作课程，读完第一学年后至少应当再修读一门法律写作课程；第三，至少 6 学分的体验式课程，即仿真实训类课程、法律诊所课程或校外实习类课程，这类课程本身必须具备体验式的属性，而且必须能够从法律条文、理论、技巧以及职业伦理等方面对法科生进行综合训练，必须能够为学生提供多种亲自执行的机会并进行自我评估；法学院还应当为法科生提供大量的参加法律诊所、校外实习、公益法律服务的机会（“标准”303）。为确保体验式课程的开设能够落到实处，“标准”304 专条对仿真实训类课程、法律诊所课程及校外实习类课程的培养目标、设置方式、所需条件等细节问题进行规定。此外，该部分还规定了每学分对应的学习量（“标准”310），获得学位应达到的学时及期限（“标准”311），学生学习评估（“标准”314），法学教育方案、教学内容及考核方式的评估（“标准”315）。

总体而言，法学院的教育包括法律知识、法律技能、职业伦理三个主要方面，涉及这三个方面教学的各种细节如教学方式、内容、周期、学分等，都有明确的数字化规定，这既是培养目标，又是美国法学教育质量的保证。

3. 教师

该部分不仅规定了成为专职教师应具备的条件（“标准”401），教学任务（“标准”403），其他应当对法学院教育、法学研究和公共事业履行的责任（“标准”404），还详细规定了全职教师的规模，要求全职教师的人数应当根据招生规模以及有效执行法学教育方案的要求来确定，必须确保每个法科生单独和全职教师交流、学习的机会，在满足前述要求的情况下，还应确保每位全职教师有足够的时间和精力完成教学任务、进行学术研究、充分参与法学院教育的管理以及履行法律公共服务责任（“标准”402），虽然没有强制规定合格的具体比例，但从其规定可见对法学院教师规模的高要求。

此外，“标准”还要求法学院为教师营造良好的学术环境，建立学术自由和终身教职制度，完善对法律诊所教师、从事法律文书写作教学的教师等的管理和保障（“标准”405）。这一规定的其目的是吸引并保留优秀的教师，进而更好地服务学生，保障并提升法学院教育质量，严控法律职业人才入口。

4. 图书馆与信息资源

每个法学院都必须有图书馆,而且图书馆的馆藏图书、资源、服务必须能够积极有效地支撑法学院执行其教育方案以及师生进行科研、社会服务等活动;图书馆应当关注教学的动态需求,结合法学院教学目标实现情况,定期对图书馆各项配置的有效性进行评估并及时改进,确保不落后于当代技术水平;为此法学院必须为图书馆能提供持续、充足的财政资金(“标准”601)。法学院图书馆的预算应当作为法学院总体预算的一部分,统一决定、执行[“标准”602(d)]。当然,如果法学院隶属于大学,法学院的图书馆很可能成为大学图书馆系统的一部分,财政预算也会纳入其中,此时学校整体政策必须确保法学院图书馆履行职能。担任图书馆馆长必需符合严格的条件(“标准”603),图书馆职员也需满足规模和技术要求(“标准”604),足见“标准”对图书馆的重视。

此外,该部分规定了图书馆提供服务的内容和范围(“标准”605),并详细列举了图书馆必须提供的核心馆藏资源,涵盖了联邦和各州法院的判决汇编、法律、法规、裁判文书、研究性著作等大量的文献资料(“标准”606)。

5. 教学设施、设备与技术

法学院不仅要确保其硬件、软件以及基础设施能够满足当前法学教育之需,又要有足够的实力使其能够满足未来可预见的发展要求(“标准”701)。除了能够提供充足学习空间的图书馆,法学院还必须为教学活动、教师办公等提供足够的教室、研讨室、办公室,而且法学院必须拥有这些教学空间的排他使用权,此外还明确规定要从声、光、座位、温度、通风条件等方面判断是否符合作为教学空间的标准(“标准”702),“标准”在具体指标和细节方面的把握可见一斑。

(三)美国法学院认证制度评价

经过一百多年的发展,美国的法学院认证制度已经相当成熟。其运行机制决定了ABA对法律职业入口的有效控制，无论法律界如何探讨法学院的培养目标以及卓越法律人的具体标准，法学院都必须按照ABA颁布的“标准”进行设置并组织法学教育。

ABA颁布的“标准”明确将法学教育定位为职业教育，一切以与法律职业对接为目的，从法学院的组织与管理、法学教育方案，到教师、图书馆与信息资源、教学设施、设备与技术，都进行了详细的规定，对法学教育方案、课程选择与课程内容、教师规模、图书馆设置等关键问题甚至进行了明确的量化要求，与此同时又保留了适度的弹性，在规范之上又为法学院预留了自主权，提升了“标准”的可执行性。

虽然美国的法学教育并不完美，当前也面临诸多困境与挑战，但是得益于其对法学院的认证制度，一举解决了我国法学教育当前仍面临的培养目标不统一、课程安排不合理、法学院教育与法律职业脱节、评估机制不完善等问题。法学教育家孙晓楼早在1934年就指出：“我们的所谓法学教育，是希望以外国的科学方法，来训练适合于中国国情的法律人才。”①从这个意义上，美国法学院认证制度的成功经验值得我们学习、借鉴。

三、完善我国法学院认证制度——以司法行政改革为路径

通过对美国法学院认证制度的阐释表明，完善的法学院认证制度对保证法学教育质量和发展方向是十分必要的。然而，相形之下，我国法学院认证制度尚不完善。

目前，我国的法学教育由教育部从统筹管理全国高等教育的层面进行宏观指导，对高等教育主体进行认证的主要依据和标准较为粗疏，规范作用有限，如果将各项指标具体到高等院校下设的法学院，就更难保证法学院在大

---

① 孙晓楼：《法学教育》，中国政法大学出版社1997年版，第78页。

学内获得充足的重视和资源。其一，“法学院课程体系设置仍然是基于法学教学指导委员会于1995年确定的14门核心课程，2002年增加环境保护法和社会保障法后增加为16门”，①在当时是有其合理性的，但近十年来我国法学教育和法治建设都发生了急剧变化，核心课程设置也应根据实际情况进行调整。其二，“设立法学专业，由最初教育部批准改成了由省级教育主管部门批准，而省级教育主管部门基本上是申请就给批，等于没有条件限制，只要有12名学法律的老师，能够开起前述核心课程，就能设立法学院”，②如此低的门槛是法学院数量剧增的主要原因之一。

此外，教育部每年都会依据《学位授予和人才培养学科目录》对大学学科的整体水平进行评估，但是就法律相关专业而言，由于教育部不负责司法考试，也不负责法律职业的管理，要求该评估标准与法律职业对法律人的要求深度接轨、评估结果有效促进法学教育向职业化的方向发展，是难以实现的。

为贯彻落实党的十八大和十八届三中、四中全会精神，中共中央办公厅、国务院办公厅于2015年12月20日印发《关于完善国家统一法律职业资格制度的意见》，将司法考试制度调整为国家统一法律职业资格考试制度，将现有国家司法考试协调委员会调整为国家统一法律资格考试协调委员会，由其负责对国家统一法律资格考试制度的设计、改革及合格标准的确定等项工作，这意味着我们重新认识了法学教育的本质，即培养优秀的法律职业人才。据此，司法部全力推进相关工作落实到位。

笔者认为，为更好地培养和发展社会主义法制工作队伍，为全面推进依法治国提供更有力的人才保障，从整体谋划的高度确保国家统一法律职业资格制度各项改革措施的系统性、整体性和协同性，加强与法学教育制度的衔接，配合司法部改革积极稳妥有效进行，应当借鉴美国的成功经验，以司法行

① 张文显、郑成良、徐显明：《中国法理学：从何处来？到何处去？》，载《清华法学》2017年第3期。

② 张文显、郑成良、徐显明：《中国法理学：从何处来？到何处去？》，载《清华法学》2017年第3期。

政改革为路径，完善我国的法学院认证制度。

（一）由司法部作为法学院认证制度的主体

我国和美国律师资格考试相对应的是国家统一法律职业资格考试，从事法官、检察官、律师等职业的准入门槛之一便是通过国家统一法律职业资格考试，该考试的组织一直由司法部负责，同时，司法部还主导律师职业的管理。从这个意义上讲，司法部是入门法律职业的守门人。但是，就法学教育而言，司法部和 ABA 最大的不同在于，目前司法部并不负责督导法学院的教育活动，无法从源头直接掌握对未来法律职业者知识储备水平与职业技能素质的控制权。因此，即使法学院的教育活动存在诸多问题，为满足法律服务市场的需求，国家统一法律职业资格考试必须"迁就"法学教育，使得司法部通过国家统一法律职业资格考试划定法律职业准入标准、引领、指导法律职业发展方向的职能大打折扣。

无论具体标准如何，"信念执着、品德优良、知识丰富、本领过硬"的法律人必须具备相应的核心知识（通过传统课程培养法律知识及法律思维）、核心技能（通过实践课程培养实务技能）和核心价值（通过专门课程及法律诊所课程树立职业伦理），这意味着法学院教育必然是与职业教育连续、统一、紧密衔接的。法科生成为法律职业人员，必须通过国家统一法律职业资格考试，因此这一考试制度恰能作为统一法学院教育和职业教育的桥梁。而司法部不仅掌管国家统一法律职业资格考试，同时也主导对律师行业的管理，所以司法部能够更准确把握法律职业从事的工作需要什么技能，有哪些硬性要求。所以，由司法部作为完善并执行法学院认证制度的主体，能最大限度根据法律职业的实际要求制定认证、评估的标准，进而充分发挥国家统一法律职业资格考试的桥梁作用，实现法学教育与法律职业的有效衔接。

（二）结合国家统一法律职业资格考试制定法学院认证标准

如上所述，以司法行政改革为路径完善法学院认证制度的目的就在于充分发挥国家统一法律职业资格考试的桥梁作用，实现法学教育制度与国家统一法律职业资格制度的有效衔接。因此，借鉴、吸收美国 ABA 的成功经验，制定我国法学院认证制度具体内容时，必须充分结合国家统一法律职业资格考试制度的要求，从组织与管理、法学教育方案、教师及教学设施等方面设计。

1. 组织与管理

行之有效的组织与管理制度是法学院顺利开展法学教育的前提和基本保障，在组织与管理上，首先应当从以下两方面进行改革和完善。

第一，明确法律院校办学治校的主体责任，强化基础、抓住重点、建立规范、落实责任，真正做到"虚"功"实"做，把"软指标"变为"硬约束"，领导并监督落实法学教育各项标准，进而确保法学院认证制度高效运行。

第二，确立司法部对独立政法类高校的垂直管理和对高校下设法学院的主导管理，确保高校下设法学院在教学、财政、人事任免等方面的独立性，防止法学院的发展受到高校整体发展目标和方向的限制，为法学院创造良好的法学教育环境。

2. 法学教育方案

由于我国法学教育以本科为主，法学教育方案应当正本清源，明确本科法学教育的职业教育性质，同时明确区分不同法学教育项目、法学教育的不同阶段在教育方案上的侧重。具言之，除法学类本科学位外，还要根据不同类别法律职业人员的实际需要，明确法学院对法律硕士、法学硕士及以上学位、全日制教育与非全日制教育的具体设置标准、录取条件和教育内容，并将其作为法学院认证的重要考察对象。

习近平总书记在考察中国政法大学时强调，法学学科是实践性很强的学科，法学教育要处理好知识教学和实践教学的关系。要打破高校和社会之间的体制壁垒，将实际工作部门的优质实践教学资源引进高校，加强法学教育、法学研究工作者和法治实际工作者之间的交流。总书记对法学教育改革的具体指示，指明了法学教育改革的两个面向。首先，要强化法学实践教学，架设法学理论与法律实践之间的桥梁。其次，转向“以系统为中心”的法学教育理念，创新协同培养模式，培育法治人才。①

将以上两个面向落实到具体的教学内容和课程体系，应当以国家统一法律职业资格考试的内容为导向，遵循法治工作队伍形成规律，遵循法律职业人才特殊的职业素养、职业能力、职业操守要求，按照法治工作队伍建设正规化、专业化、职业化标准，科学设计和实施。具言之，在完善现有培养目标、课程体系的基础上，应当转变思想观念，对法学教学方式进行改革，明确不同课程的定位，将有效开展法律职业伦理教学作为认证、评估的必备指标，同时对法律诊所、场景模拟、校外实习等实践课程的师资配备、教学内容、教学方式等方面进行明确、具体的规定，防止相关课程的符号化。

在上述改革基础上，应当将国家统一法律职业资格考试通过率作为评价法学院校制定并实施法学教育方案实效的重要依据之一，将通过率和法学院校教学质量评估、教学实力排名直接挂钩，确保国家统一法律职业资格考试对法学教育的引导作用能够得到最大限度的发挥。需要强调的是，通过率作为评估标准的比重应审慎确定，且与培育职业精神、参加实践实习等方面的评估指标形成动态平衡，否则可能使改革走向另一个极端，导致法学院教育过分强调司法考试通过率而沦为应试教育的误区。

3. 教师及教学设施

高素质的法律职业人才是加强法制工作队伍建设、全面推进依法治国的保障，而高素质的法学教师队伍是培养高素质法律人才的基本保障。法学教育改革和国家统一法律职业资格制度改革要求法学院教育必须与职业深度衔接，开设多样化的实践课程是必然选择，与之对应的，要确保实践课程的教

---

① 所谓“以系统为中心”是要综合包括法学教育系统和法律实务系统，以及后者其下的各部门、各子系统和其他相关系统，统筹规划来进行教育设计。简言之，系统为中心的法学教育理念就是要打破法律院校和法律实务部门之间的体制壁垒，将后者的优质实践教学资源引进法律院校以协同创新，培育法治人才。

学效果，就必须在法学院认证制度中对任职教师的条件做出明确要求，法学专业教师在做好理论研究和教学的同时，要深入了解法律实际工作，促进理论和实践相结合，法学院还应引进相当规模的具有丰富的相关法律职业任职经历的教师。此外，还应明确规定教师的保障措施，以吸引、留住优秀法学教师。

法学院开展法学教学活动，必须有足够的经费、馆藏丰富的图书馆、完善的教学基础设施，但令人遗憾的是目前我国尚无以上各方面的明确规定。因此，在法学院认证制度中，必须对此做出量化要求，对教学可能涉及的主要细节问题设定具体指标，如图书馆的藏书的类别、数量，教室、研讨室、办公室的面积、数量和师生数量之间的比例，校园基础设施、软件、硬件性能要达到的标准等内容，进而通过法学院认证制度淘汰教学条件不达标的法学院，引导法学教育资源的合理分配，从确保教学条件的角度支持法学教育有效进行。

（三）制定符合国情的法学院认证制度

习近平总书记在考察中国政法大学时指出，我们有自己的国情，我们的国家治理有其他国家不可比拟的特殊性和复杂性。因此，完善我国的法学院认证制度，一方面要积极吸收借鉴国外成功经验，少走弯路；另一方面也要充分考虑我国法学教育的现状，有选择地吸收和转化，不能盲目照搬照抄，同时充分考虑两者差距，对改革可能产生的负面影响做出充分的预判，制定预防和应对措施。

美国多数州均规定“毕业于 ABA 认证的法学院”是参加律师资格考试的前提条件，因此有志于从事法律职业的学生必然选择经认证的法学院，达不到 ABA 认证标准的法学院将被市场淘汰。此外，ABA 对各法学院评估认证的结果是各市场机构对法学院进行评分、排名的重要依据，排名靠后的法学院势必被成绩优异的申请者所冷落，缺少竞争力的法学院最终会被淘汰。因此，美国的法学院要应对激烈的市场化竞争。

借鉴美国相关经验，完善法学院认证制度，由司法部介入法学教育，将国家统一法律职业资格考试通过率作为评价法学院的重要指标，上述措施能够有效解决我国法学教育面临的诸多难题与困境，但也势必会加剧法学院之间的竞争。然而，适度竞争能够扭转我国法学教育的困境，促进法学教育良性发展。值得指出的是，如何确保竞争适度，是应当关注的新课题。我国法学教育以及法律人才在不同区域的分布极不均衡，优质法学教育资源以及优秀的法律人才呈现出向东部经济发达地区集中的态势，而广大西部甚至中部地区却面临资源不足、人才匮乏的窘境。采取法学院认证制度的同时，若不针对我国区域发展和资源分配不均衡的现状，从制度和政策上对中西部法学教育发展、法律人才培养与就业等方面采取差异化的倾斜扶持，则可能使落后地区雪上加霜，阻碍实现全面依法治国的进程。

四、结语

习近平总书记在 2017 年 5 月 3 日考察中国政法大学时的重要讲话立足实现“两个一百年”奋斗目标和中华民族伟大复兴中国梦的战略高度，深刻阐释了全面推进依法治国的重要作用和历史意义，全面阐述了法治人才培养在全面推进依法治国系统工程中的重要地位和作用。在这一背景下，配合国家统一法律职业资格制度改革进行法学教育改革，刻不容缓。

笔者认为，有选择地借鉴吸收国外成功经验，以司法行政改革为路径完善我国法学院认证制度，不仅能够以规范方式确立我国法学教育的培养目标，进而推动解决法学教育本身面临的诸多问题，还能助力国家统一法律职业资格考试，充分发挥其桥梁作用，实现法学教育与法律职业的有效衔接，是培养卓越法律人才、确保国家统一法律职业资格制度改革措施系统性、整体性、协同性的有力保证。

新理念、新境界：高校卓越法律人才的培育

石文龙[*]

摘　要：高校卓越法律人才的培育离不开新的教学理念、教学内容与教学方法的培育，结合我们长期的教学实践，我们认为在教学中存在一个基本假定，这就是所有的学生都是积极肯学并且能够学有所成的。卓越法律人才的培育离不开教学内容的更新，包括教学内容需要与时俱进，在法学教育的同时不能忽视价值观的教育，在法学教育中不能忽视实践性教学。卓越法律人才的培育同样离不开课堂教学境界的创造。在教师的其他能力建设方面，不能忽视教学中的管理能力，适应科学研究、社会服务所需要的较为丰富的社会阅历与对社会的知晓能力。另外，教师的权威与社会地位需要制度保障。

关键词：新理念；新境界；卓越法律人才；培育

教育是一国之本，法学教育也是国民教育的一部分。2011 年，教育部、中央政法委员会开始实施卓越法律人才教育培养计划。2015 年 2 月 12 日，教育部发布 2015 年工作要点，提出要在 2015 年把法治教育纳入国民教育体系，

---

* 石文龙，上海师范大学法政学院教授，法学博士，英国牛津大学访问学者。

在中小学设立法治知识课程。[①] 在高校，法学教育是高等教育的主要内容之一，《中国法治发展报告（2008）》指出，“经过近30年的恢复、重建、改革和发展，一个以法学学士、硕士、博士教育为主体，法学专业教育与法律职业教育相结合的法学教育体系已经形成”。[②] 同时，法学教育也是落实依法治国这一治国理政基本方略的主要举措之一。今天，我们已经处于信息爆炸的大数据时代，学生只要一打开电脑就会得到海量的信息、数据与知识，快速收集各类免费的论文、学术报告等，在这样的时代如何有效地开展我们的法律教育，是值得我们深入思考的重要话题。

一、卓越法律人才的培育与法学教育中的假定律

关于教育的规律问题，教育专家朱永新促进提出九大教育定律，包括定律之一：态度决定一切；定律之二：说你行你就行；定律之三：体罚近乎无能；定律之四：读书改变人生；定律之五：课堂属于学生；定律之六：性格主宰命运；定律之七：特色就是卓越；定律之八：理想创造辉煌；定律之九：爱心产生奇迹。[③] 结合我们长期的教学实践，笔者认为上述九大教育定律仍然不够，为此提出了教育中的假定律。假定即假设，所有教学都有一个前提，那就是学习与教育可以使人趋于至善，在这一前提之下，在教学中存在一个基本假定，这就是所有的学生都是积极肯学并且能够学有所成的。具体而言，就主观而言，每个学生都是努力向上的，所有的学生都热爱学习、热爱自己所学的专业，所有的学生也是可以通过学习成为掌握一定技能将来服务于社会的好公民。法学教育同样如此。

---

① 参见《教育部2015年工作要点》，载教育部网，http://www.moe.edu.cn/publicfiles/business/htmlfiles/moe/moe_164/201502/183971.html，最后访问日期：2020年12月30日。

② 李林主编：《中国法治发展报告（2008）》，社会科学文献出版社2008年版，第20～32页。

③ 参见朱永新：《九大教育定律》，载http://www.360doc.com/content/12/0623/08/4675504_219921204.shtml，最后访问日期：2020年12月30日。

这一假定当然不是客观事实，因为有些学生可能就是来混个文凭，所以他或她来上课的第一天，就想知道这门课程最终怎么考试？有没有期中考试等与考试直接相关的事情。极个别同学希望老师像个相声演员似的讲讲故事说说笑话，有些学生甚至可能在思想品德上还有不少问题……总之，老师只需要在教学中将先前提到的因素忽略，进而抓住学生群中的绝大部分以及学生个体身上最主要的、最本质的优点并且将其扩大化。俗话说每个人心中都有善的种子也有恶的种子。教师的价值之一就是将人性之善因素开发、激励、表达出来，成为学生的一种行为习惯，让德善的力量在每一次观念抉择时都占上风。

这一假定律具有特别重要的意义：首先是强化老师教学的信心。其实作为计划中的教与学都是一项艰苦的任务，基于这样的信心，老师才能带动学生努力“化苦为乐”。在这一信念驱使下才能使得老师乐于认真备课，认认真真上好每一堂课。同时对课堂纪律、课程考核能够予以极大的关注，而不是敷衍。老师的行为举止会根本上影响学生的学习态度与热情。其次是强化学生学习的信心与动力。因为坚信自己是可以通过学习使自己的人生可以得到升华，才能坚定自己的学习动力。最后是培养学生积极的人生心态。课堂教学中的假定深刻地体现了教师对学生的关爱。

假定律的科学性在于把一个现象极端化、纯粹化，以作为人们行为方式的选择之一，如不论是“人性善”与“人性恶”的假定都是绝对肯定了一个方面的因素，绝对否定了另一方面的因素，这样使问题变得更加纯粹，从而简化了对人们的行为动机、心理等诸多复杂因素，使对人的不确定的因素得到固化。其实在法律制度的研究与设计中，假定律也会在更大的程度上使用，如著名英国学者大卫·休谟在探讨政治制度设计中提出了“人人都是无赖”的著名的“无赖原则”，“即在设计制度时必须把每个人都当作无赖，这种人除了私利没有其他目的，而且不论他多么利欲熏心，我们也都必须让他来为公益服务。因此每个人都必须被当作无赖，这是一条正当的政治准则”，

“休谟并不相信人在本性上都是恶的，但是人们必须假定这些人一旦进入政治生活，他们就可能成为无赖。这就是说，在他们成为领导者之后，他们不仅以损害公益来中饱私囊，而且他们会沉溺于各种卑鄙的行径”。这种看法表明了这样一种思想：既然所有的领导者和政治行动者都可能成为无赖，就必须对他们有制约。当我们不能够保证每一位领导者都全心全意为公益服务而不谋求任何私利的时候，对他们进行规范和制约无疑对现代政治来说是相当重要的。[①] 不置可否，这一假定对我们的科学研究已经发生了重要的影响。同样，在对罪犯或者其他人员的教育改造问题上，强调的是这些人员可以变好或者有所好转这一前提，这一前提有其合理性，也是一种积极的心态。

事实上，我们的社会生活中充满了很多的假定。这一方面也说明我们并不是每时每刻都生活在实实在在的世界中，正当的假设也是理性社会与理性生活所必需，正视与关注这一假定并较好地运用到社会生活中，可以根本上改变我们的生活态度与工作质量。当然，关于教育中的假定律基本上还没有被人提及，这一假定客观上具有巨大的作用。

二、卓越法律人才的培育与教学内容的更新

教师，在我国历史上曾具有非常高的地位。提及教师，我们首先想起我国古代最伟大的教育家孔子，其大量言传身教的事例深深地影响了我国社会。唐代韩愈在《师说》中说：“师者，所以传道、授业、解惑也”，这几乎成了目前对教师的经典解释。那么，进入现代社会后，如何定义教师，怎样认识与评价现代社会教师的职能？笔者认为，进入现代社会后，教师的职能已经有了相当大的变化，在西方大学制度的发展中，教学、科研、社会服务逐步成为高

① 参见李伟权：《“无赖原则”与领导行为规范》，载《领导科学》2003 年第 10 期。

校的三大职能。当前，我国高校中就教学与科研的关系成了校园谈论的重要内容，其核心内容无非是以教学为重还是以科研为重。教学肯定是核心，但是当前高校教师已经不能仅仅停留于“传道、授业、解惑”，科研也是高校的重要内容之一，高校教师努力注重在教学、科研两个方面的发展，同时努力在此基础之上开拓社会服务的领域。其实，我国早在 1988 年 11 月 22 日，国家教委、财政部、人事部、国家税务局就出台了《关于高等学校开展社会服务有关问题的意见》，该意见国务院还给予了转发。

教学、科研、社会服务也已经成为我国高等教育的三大基本职能，诚然，截至目前，社会服务虽有提及但还没有成为高校的普遍性要求。当然，对于法学教师而言，有一小部分教师从事兼职律师，这也是从事社会服务的有效方式之一。高校这一职能变化必然会对教师产生重大影响，对于教师而言，可以根据自身的情况，至少在教学与科研这两大传统的领域有所发展。教师可以根据自身的情况选择各自的侧重，两者将其中之一做好都是一件不容易的事情。单单就教学而言，教学中又包含了多方面的教育，诸如价值观的教育。今天我们已经处于知识“堆积”、信息“爆炸”的时代。在这个时代，我们认为教师的教学能力面临着三个方面的提升。

1. 在教学内容方面，教学内容需要与时俱进。在今天日新月异的快速变化中，教师要努力成为先进文化的拥有者、传播者、创造者、实践者。与此相应，在大数据时代教师需要及时更新知识，不能把一些陈旧的、过时的知识作为课堂内容传授给学生。在法律方面不仅存在法律条文的不断修改，还面临着法律理论、法律理念的更新。同时教师的教学方法等也会有相应的变化，以有效地展示法律知识与原理。比如讲《票据法》的法律老师，上课时在黑板上花了很多时间来画出本票、支票、汇票的内容，再告诉学生一张票据应当具有的项目。事实上，老师只要从银行里直接拿来这些表格，让学生传阅效果会更好，让学生亲眼所见会更有利于学生将来在社会上所用。同样信用证，各类合同、判决书等各类文书均可以使用社会生活中“真实”的文书，空白的格式、复印件都属于“真实”的文书，接触这些“真实”的文书能够体会到真实感。当今社会教学依然是教师的基本职能，但是教师的知识怎样变为学生的知识，需要有一定的技术手段进行“传播”。

2. 在法学教育的同时不能忽视价值观的教育。在价值观内容方面，教师要努力成为现代社会健康人格的培育者与塑造者。在社会转型时代各种各样的思想与现象层出不穷，在大量的选择面前如何认识真理，如何进行价值判断与行为选择，这些需要正确的世界观、人生观与价值观支撑，需要健康人格的支持。如果教师在经济大潮中过于“向钱看”与“向钱进”，自然而然地也会影响学生的价值选择。在法学教育方面，法律条文背后就是价值观的教育，如在权利教育中，怎样在主张自己权利的同时，不要忽视他者的权利。如我们在行使言论自由的时候如何有效地避免对他人隐私权的侵犯等。西方有法谚：“你的权利止于我的鼻尖。”

3. 在法学教育中不能忽视实践性教学。一般而言，法学是一门实践性的科学，因此实践性教育是法学教育所应然包括的内容，在实践性教学方面有诸多经典的格言，其中有一则外文如下：“Tell me and I forget; Show me and I remember. Involve me and I understand”。其意思是学习中，如果老师只是告诉我，我会忘记；展示给我看，我会记住；让我参与，我会理解；如果让我实践操作，我会最终掌握。该句究竟出自哪里，研究难以考证。我们民间也有“耳闻不如目见，目见不如足践”之说，在古代荀子提出“不闻不若闻之，闻之不若见之；见之不若知之，知之不若行之；学至于行而止矣”①的思想，也是“百闻不如一见，百见不如一干”含义的表达。

鼓励学生大胆地投入实践中。通过实践性的教学以真正达到学以致用的效果。因此，在学以致用的教学中，教师要努力成为富强、文明社会的引导者与建设者，也就是理想社会的实践者。教师在学以致用的教学活动中自然

---

① 《荀子·儒效篇》。

而然地实现了理论与实践的相互结合。但是，就当前的现实而言，教师怎样将书本知识与社会进行有机的融合，怎样在现实生活中使用这些知识，这些都是值得思考的问题。在这一方面，教师要带头践行知行合一的精神，努力将自己的思想转化为现实的行动，转变为现实的社会生产力，即努力实现服务于社会的功能。反对仅仅将知识作为一种人生的装潢式的“文化装潢主义”。在社会高速运转的今天，“文化装潢主义”依然有其存在的土壤，最主要地表现为不能基于自己的知识、专业方面的经验为社会、为集体、为制定好的策略与谋略。因此，教师应具有强烈地把知识运用于社会，改造社会、影响并改变学生的意识与行为，努力使科学由课堂走向实践。

总之，经过了几千年的风风雨雨，现在的教师与传统的师道尊严已经有了不少区别，在教师职业的再度兴旺过程中，我们需要及时地更新教师的职业理念，以适应时代的发展与变化。法学教育本身具有丰富的内容，对此，一方面教师自己要有清醒的认识，另一方面政府应鼓励并创造条件让教师更新知识、参与社会实践，努力提高自己的理论素养与科研能力，切实把自己作为推进社会进步与文明的建设者与贡献者。

三、卓越法律人才的培育与课堂教学境界的创造

境界是对自我的超越，是“有限”向“无限”的一种跨越。境界是一个教师不同于其他教师的独特风格所在，是一种泰然处理教学中各种问题的能力，最终达到“专业为我所用”，“书本为我所用”的情境。拥有了这一境界，教师站上讲台就自然能文思泉涌，自然能与学生融洽相处，教师自己会静静地享受到这样的快乐。这一境界，既包括美学境界，也包括专业境界，甚至还包括道德境界。我国古人练剑有三层境界，练剑的第一层境界是“心中有剑，手中有剑，目中有剑”；第二层境界是“心中有剑，手中无剑，目中有剑”；第三层境

界是“手中无剑，目中无剑，心中有剑”。[1] 其实教学也存在这样的三种境界。用知识或者教科书为例，可以表述为知识与教师，教科书与教师的关系。第一层境界是“心中有书，手中有书，目中有书”；第二层境界是“心中有书，手中无书，目中有书”；第三层境界是“手中无书，目中无书，心中有书”。那么如何达到一种境界呢？我们认为必须把握好教学的三个步骤。

（一）对知识与原理有整体性、完整性把握，做到了然于胸

1. 把握知识永恒的三要素：WWH。所谓三要素，是指是什么，为什么，怎么做？即 WHAT、WHY、HOW 三个层次。结合法律而言，在最狭义的意义上所谓 WWH 的核心知识包括，知道法律规则是什么？为什么这样规定？如何操作？在广义上，WWH 还包括这一规则现实生活的运行中存在什么样的问题？为什么会出现这些问题？如何解决这些问题等。

2. 在宏观上准确把握该专业的灵魂。如中国法律思想史的主题就是法治与德治的关系问题，宪法的本质就是对国家权利的控制与公民权利的保障等，这是对该学科的最高概括，在教学中注意经常提示，以使学生在最短的时间内把握该学科的灵魂。同时，在各章节中也应注意知识的归纳与总结。

3. 在微观方面能够从细小之处发现大文章；如刑事诉讼法中的到庭与入席，询问与讯问，犯罪嫌疑人、被告人、罪犯等有什么区别，这些区别非同小可，在我国法律中是作为不同的术语在使用的。

真正地对知识与原理的核心部分以及宏观、微观方面的整体性、完整性的把握，就能够做到了然于胸，在教学活动中就能够长袖善舞，活用各专业的知识与原理，就能够娴熟地进行知识的横向、纵向的比较。

---

[1] 肖伟亚：《管理修炼的几个境界：握剑、练剑、佩剑、挂剑、悬剑》，载 http://blog.renren.com/share/244737543/5408319192，最后访问日期：2020 年 12 月 30 日。

（二）教学中相关材料的运用

与演员的演出一样，教学中有许多的“道具”，我们也可以称为教学材料，这些材料包括：

1. 强化法律格言的运用。如“程序违法即实体违法”“法无明文规定不为罪”“法无明文规定不为罚”等，这些格言容易深入学生的心灵，使学生能较快地接受知识，但近年来法律格言在课堂上的运用越来越少。

2. 案例的运用。关于案例，首先，要注意运用经典案例的运用，如在刑事诉讼法中我们所用的米兰达警告、毒树之果、辛普森案件、林肯律师的“月亮之证”等。这些经典具有极高的信息量，同时又反映了美国等国家法律文化的特点。其次，注意案例的展示方式。最后，开发一句话案例，如“警察打人由谁承担法律责任”等。

3. 在教材的使用上，要懂得如何用书。在当前存在应试性质的本科生教学中，要做到既用书又不用书，所谓“既在书中又在书外”，具体在法律上，就是70%在书上，30%在课外；完全不要书并不可取，因为法律院、系学生最后有一个最重要的司法考试，此考试重点是书本中的这些基本知识、基本原理，因此，不能忽视书本，但又不能被书本所局限。

（三）强化师生间的互动与交流

师生之间互动与交流的前提之一是教师应主动建立自己的专业权威，建立自己的信誉，包括发表论文，在专业的基础上建立教师的人格魅力。除此之外，还要与学生之间有较为密切的关系，这样学生也愿意与老师交流。

1. 课堂问题的有效设置。

结合审判实践中的热点问题或焦点问题提问，如军人的天职是服从，那么，在法治社会中法官最终应该服从谁？——合议庭？庭长？院长？审判委员会？还是法律？再如我们设置的问题：我们的日常表达为公、检、法，我们刑事诉讼法教材的体例一般为什么都是法、检、公？等等，设置现实性强且形象生动的问题有助于强化学生的主动参与与交流。

2. 课堂讨论的有效安排。

我们现在的教育常常为标准答案所困扰，事实上，科学本来难有绝对真理，科学是需要不同思想之间的磨砺的。而且教学中还有一种学学相长的规律存在，就是说学生与学生之间的相互学习。因此，在教学中有意识地安排一些不同观点之间的较量，如我们在分析了“坦白从宽”后，又拿出另外一种观点让学生讨论。如《为“坦白从宽”正名》①《“坦白从宽、抗拒从严”不过时》②《“坦白从宽，抗拒从严”的质疑》。③ 类似的还有《论良性违宪》与《“良性违宪”不宜肯定——对郝铁川同志有关主张的不同看法》的相关例子。

3. 在教学本身的过程中给学生未来的发展予以真切的关注。

如我们在介绍专门机关中，有一组概念的区别：司法机关、执法机关、政法机关、行政机关、专政机关的区别，我们说司法机关一般仅仅指法院、检察院，而执法机关包括执行法律的所有机关，如市监局、税务局等，之后告诉学生这些市监局、税务局都是法律院、系的学生将来可能去工作的地方；又如，从一则新闻报道评判开始，告诉学生将来可以从事法律新闻工作等；再如，应及时告诉学生研究生考试、司法考试信息等。

4. 模拟法庭的有效利用。模拟法庭是进行实践性教学与参与式教学的有效形式之一，通过在参与式教学中努力培养学生的感觉，即获得感，使得学生能够将知识与原理内化为自己的一种能力。我们说兴趣是学习的开始，而感觉则是对知识的深化，对学生而言这也是一种实实在在的对感知的把握与进步。对一门课程的学习如果没有感觉，事实上就没有对该领域的完整、系统的知识获得感。

---

① 参见何家弘：《为“坦白从宽”正名》，载《法制日报》2001 年 2 月 20 日。

② 参见何家弘：《“坦白从宽、抗拒从严”不过时》，载《检察日报》2002 年 12 月 12 日。

③ 参见殷啸虎：《“坦白从宽，抗拒从严”的质疑》，载《法学》2000 年第 1 期。

四、教师的其他重要能力建设与国家的制度保障

新形势下，对教师的能力提出了新的要求，除了需要具有良好的政治素养、道德品质与渊博的知识、高超的讲课技巧，高校教师还应具备以下能力：

1. 教学中的管理能力。时代的发展，使老师的身份具有多样性与复杂性，在现代社会老师不仅是传授知识的学者，也是维护课堂秩序的维护者，是学生学习的管理者，是学生成绩的判定者（所谓“考官”）。对于研究生导师而言，老师是指导学生毕业论文的指导者等。在教学之外，老师还可能是学生的朋友，或者老师是学生将来工作的设计师等。由此可见，在这样的时代，老师具有了社会角色方面的多重身份。因此，对高校教师的素质要求除需具有良好的政治素养、道德品质与渊博的知识外，还需要拥有对学习的管理能力。老师对学生与学习的管理能力包括与学生沟通的能力、课堂的驾驭能力。与学生沟通的能力非常重要但一直为人们所忽视，就广义而言，与学生沟通的能力还包括对学生的学习动员能力、对学生学习兴趣的影响能力等。课堂的驾驭能力包括把握课堂节奏、调节课堂气氛的调节能力，维护课堂秩序、组织好课堂纪律等的控制能力。

2. 适应科学研究、社会服务所需要的较为丰富的社会阅历与对社会的知晓能力。较为丰富的社会阅历，包括对所从事专业的亲历等。当前，在高校教师中老师们所缺乏的往往是丰富的社会阅历，以往我们的老师的发展模式通常是从学校到学校，以至于所传授的知识往往是从课本到课本，成为故纸堆里的学术。以至于高校成为新的“象牙塔”。在此，我们所说的丰富的社会阅历可以通过各种方式获得，不限于一定非要全在职地在法律实际部门工作，挂职锻炼，包括兼职律师都是进行法律实践的具体形式。

在上述这些教师的能力中，人们一般比较重视老师具有良好的道德品质与渊博的专业知识，而容易忽视老师丰富的社会阅历、与学生沟通的能力以

及组织活动能力。老师具有丰富的阅历后，才能理解人，才能知道怎样塑造人，知道怎样塑造人，也才能真正知道社会的需要，与此相应，也才能更好地与学生沟通。当然，这些能力也是教师的个人逐步积累与学校、社会以及政府等机关的有意识的培养中形成的。

当然，教师的能力是做好教师的基础，但并不是说有了相应的能力就一定能够教好书，这就是教师教育中的非智力因素，诸如老师对学生的爱与责任心等，也是进行有效教育的关键。

3. 教师的权威、社会地位与制度保障。我们在提出教师的诸项能力建设的同时，尚需要强调政府的投入与制度保障。在经济学领域有“高投入，高产出”一说，在对教师提出高要求的同时，对社会也要提出相应的要求，那就是对老师的关爱，体现在制度上就是对教师地位的尊重与对教师权利的保障。这是教师进行有效教学的外部环境，也是影响教师有效教育的重要方面之一。教师的地位包括老师本人在学校中与社会上的地位，首先是政治地位，如老师的职称、职务、在学术上的成就与地位，包括在社会上担任的社会职务等，这对老师权威的建立具有重要的价值。其次是经济地位。教师的地位还来自老师职业的经济地位，教师的经济地位越高，相应地，老师的权威也就越高，这方面需要政府的积极投入。此外，教师的地位还取决于国家的社会制度方面，包括法律赋予教师什么样的权利或者权力，学校的规章制度给予老师什么样的权利或者权力等同样是不能忽视的重要方面。比如在考试这一制度中，学校是否允许以口试进行，对老师的威信有重大作用，允许考试以口试进行，事实上，等于赋予老师“自由裁量权”，学生分数的高低，成绩的多少主要看老师如何主观认定，这既是对老师的考验，也赋予了老师更大的责任。

因此，老师的地位或者说教师的权威一方面源于老师本人的素养。缺少了本人素养支撑，老师的职称、职务、在学术上的成就与地位等均会贬值，我们在给予老师充分社会地位的同时，不能忽视学术腐败等问题。当然这一方面需要通过加强学校的法制建设来完善老师的教学与管理工作，使得教学能在法制化的轨道中顺利进行；另一方面也需要政府的投入与加强制度建设，对教师地位的尊重与权利保障，使得对教师地位与权利的保护有了制度保障。

总之，现代社会的发展使得高校具有更加丰富的社会职能，如教学、科研与社会服务等，即使是传统的教学本身也扩宽了传统教学的领域。对于教师而言，就需要在教学内容，教学手段与教学方法等多个方面积极探索，主动磨砺自己，积累才干，使自己的教学能够成为对学生和自己而言都是一种不尽享受，成为自己职业生涯中的一道最亮丽的风景。古人云："大学之道，在明明德，在亲民，在止於至善。"[①]教学作为一种艺术，对其追求也是无穷尽的，社会实践也在呼唤着教师努力在教学实践与社会实践中，使自己的教学水平臻于成熟与完美。

① 《礼记·大学》。

法律职业能力体系及培养路径

陈海平*

摘　要：我国法学教育面临着新的挑战，难以满足社会对高素质法律人才的需要，根本原因就在于忽视法律职业能力的培养。法律职业能力体系包括职业准入、职业胜任、职业发展三个层次十五项能力。法学教育应当从调整培养目标、加强实践教学、拓展国际视野等方面强化法律职业能力的培养。

关键词：法学教育；职业能力；法律职业

中国法治进程的洪流不可阻挡，紧锣密鼓的法治建设进程正在给法学教育带来前所未有的机遇，也带来了巨大的挑战。法学教育涉及政治制度、法律体系、意识形态的分野，并不存在放之四海而皆准的培养模式。我国法学界热议多年形成的共识：必须继续推动法学教育改，高校应当制定适合自身建设和发展、具有差异性和个性化的培养方案，社会对法学专业毕业生的能力需求包括专业知识、知识拓展、实践创新等，法学教育应当加强实践性、深化实践教学模式改革、关注法律职能技能的培养。

身处如此伟大的时代，必须直面法学教育的"大众化"供给和法律人才的"精英化"需求之间的深刻矛盾，尤其要顺应新文科建设重大战略，重新定位

* 陈海平，法学博士、博士后，兰州大学法学院副教授，硕士生导师、院长助理。

培养目标，改革培养模式、创新培养机制，引导法学教育与法律职业有效衔接，满足社会对高素质、专业化、精英化法律人才的需要。

一、法学教育面临的新形势

历史上从没有像今天一样如此地重视法治，这无疑成为法学教育的重要机遇，但现实证明我国的法学教育并未如预期飞速发展，相反却遭到了巨大的"瓶颈"，法科学生在社会中遭遇"白眼"和"冷遇"，"诸多因素的交互作用，法学专业人才培养也出现了整体过剩的现象"，①给我国的法学教育敲响了警钟。"法学教育面临着重重挑战，难以适应新时代的法治需求"②"法学教育的培养目标和培养模式正在发生转变，从专业教育转向职业教育"。③ 挖掘其深层次原因，揭示其面临的新形势，才能对症下药，法学教育才能行稳致远。

（一）中央高度重视法学教育改革

党的十八大将"依法治国"方略提到新高度，要求造就规模宏大、素质优良的人才队伍。党的十八届四中全会为加快法治国家建设进行了顶层设计和战略部署，对创新法治人才培养机制提出了新的要求，一系列改革举措落地生根，中国法治进程由此走上了"快车道"。党的十九大进一步要求"坚持全面依法治国"，提出着力建设"高素质""专业化"干部队伍。党的十九届五中全会，部署了法治发展"两步走"的目标与战略，首次提出并系统阐述了习近平法治思想。党的十九届六中全会，系统总结了改革开放以来法治建设的

① 孙记：《"不惑"之年应"不惑"——40年来我国高等法学教育就业率之辨》，载《中国高教研究》2018年第8期。

② 冯果：《新理念与法学教育创新》，载《中国大学教学》2019年第10期。

③ 徐显明等：《改革开放四十年的中国法学教育》，载《中国法律评论》2018年第3期。

历史经验。

2021 年 5 月，教育部发布新修订的《法学类专业教学质量国家标准（2021 年版）》，专业课程体系由原来的“10 + X”模式调整为“1 + 10 + X”，“习近平法治思想概论”（“1 + 10 + X”之“1”）纳入法学专业必修课，此举“是用马克思主义法学思想和中国特色社会主义法治理论全方位占领法学教育和法学研究阵地的一项重大举措”。[①] 习近平法治思想为法学教育和法治人才培养指明了方向，对我国法学教育和法治人才培养具有重要指导意义。[②]

2021 年 8 月，中共中央办公厅、国务院办公厅印发《新时代法治人才培养规划（2021 - 2025 年）》，要求创新人才培养体制机制，优化人才培养路径，提高人才培养质量，加强适应职业特点的法治人才职培养能力建设，加强法律职业必备专业知识技能、法治领域相关理论及实践成果的教育，加强新媒体时代社会沟通、科技信息化应用能力建设，全面提升综合素质。

2023 年 2 月，教育部等五部门印发《普通高等教育学科专业设置调整优化改革方案》，全面部署了高校学科专业设置的调整优化，要求加强学科专业存量调整，完善退出机制，强化重点领域涉外人才培养相关专业建设，打造涉外法治人才教育培养基地，支持高校建设涉外法治学院，深化专业课程体系和教学内容改革，做到价值塑造、知识传授、能力培养相统一。

（二）法学教育进入大众化时代

改革开放以来，中国法学教育经历了重建、恢复发展过程，法学教育发生了翻天覆地的变化，在法学专业的基础上独立设置了中共党史党建学、纪检监察学、国家安全学、区域国别学等法学或有关法学的一级学科，[③]高等院校

① 王健：《2021 年影响中国法学教育发展的十个方面》，载《湖湘法学评论》2022 年第 2 期。

② 参见马怀德：《法学教育法治人才培养的根本遵循》，载《中国党政干部论坛》2020 年第 12 期。

③ 参见王健：《学科目录调整与法学学科建设》，载《新文科理论与实践》2022 年第 3 期。

开设法学本科专业已达632多所,法律硕士专业学位授权点已达287个[①](截至2021年10月26日),办学规模急剧扩张,各类法科在校生已近百万,[②]法学专业多年一直稳居报考热门,加上法治建设的大环境,法学教育似乎理应进入"黄金时代"。

但是,法学专业的就业率近几年始终不容乐观,始终顶着"就业难"标签,法学毕业生的法律职业能力受到社会各界的质疑,学难致用导致实务界对法学教育有所失望,原本该大受欢迎的科班出身毕业生,如今却并不太受社会欢迎,这与法治建设的高歌猛进格格不入。法学教育理应高速发展,却陷入"饱和危机","法学教育规模的盲目扩张导致法学教育质量下降、毕业生不能满足社会的需要",[③]根本原因就在于大众化时代的法学教育未能回应社会对法律人才的实际需求,"一些用人单位抱怨,法学院毕业生法律专业功底不扎实、实际工作经验欠缺、法律以外的知识储备不够",[④]无法胜任法律职业。2013年"法学教育转型发展峰会"形成的共识是:"中国法学人才数量过剩高端短缺"。综上可见,法学就业难并非市场需求不足,而是供求失衡,法学教育满足不了市场对高素质、精英型法律人才的需求。

(三)法学教育培养模式亟待改革

经过改革开放以来的蓬勃发展,我国法学教育已形成"多层次、多类型的学位体系"。[⑤] 然而,专业设置的不合理、培养模式的同质化,导致了法律人才的供求失衡。现行法学教育偏重传统的理论型、诉讼法律人才培养,忽视非诉讼和新型业务领域的法律人才培养,这种落后的培养导向亟须改变,通过

---

① 全国法律硕士专业学位研究生教育指导委员会官网,全国法律硕士培养单位名单(2021.10.26)。

② 参见教育部官网教育统计数据,http://www.moe.gov.cn/jyb_sjzl/moe_560/2021/quanguo/。

③ 王晨光:《中国法学教育的结构失调及对策》,载《法制日报》2008年6月1日,第9版。

④ 韩大元:《全球化背景下中国法学教育面临的挑战》,载《法学杂志》2011年第3期。

⑤ 冯玉军:《我国法学教育的现状与面临的挑战刍议》,载《中国大学教学》2013年第12期。

优化调整法律人才培养结构，才能更好满足全面依法治国进程对法律人才的多样性需求。①

放眼我国法学教育，法律高职高专、法学本科、法律硕士（非法学）、法律硕士（法学）、法学硕士、法学博士教育等共同构成法律人才培养体系。在种类繁多的法学教育体系中，各层次的培养目标并不清晰，普遍缺乏对法律职业技能的关注和发力，呈现出法学教育千校一面、培养目标与社会需求严重脱节等共同问题。

法律类高职院校的大专，近些年正试水“应用型”教育改革，大幅压缩课程学习时间，更多课时被安排实验式实践教学、知识含量不高的体力型专业实习，学生习得的法学基础知识尚极有限，甚至欠缺基本的法治理念和法律思维，要求高超的职业技能简直就是无本之木。

法学本科教育，历来注重理论灌输，对实践教学的强调不够、效果也比较有限，造成毕业生的职业技能普遍不足，导致学生难以满足社会需要，往往是毕业即失业。2023 年年初热传网文“中国政法大学发布公告：本科生就业 163 人，就业率居然不到 10%？”并引起社会的广泛关注，或许可以看作法学本科就业难的这一社会性焦虑的一次颇为直观的体现。

法律硕士近些年热招，成为一些考生提高“身价”、谋求“转身”的途径，也被一些院校当作“创收”来源，包括法律硕士（非法学）、法律硕士（法学）两类四种（各有全日制、非全日制），考生来源各异、培养过程复杂。陡增的培养压力，使不少高校对法律硕士的培养无奈“放养”：有些高校表现为“注水版法学本科”模式，教学内容上重复法学本科教育，但在教学管理上远不如本科教学那般重视和严格；有些高校表现为“缩水版法学硕士”，培养过程基本与法学硕士无差别，毫无道理地采取所谓“研讨式”教学（学生主讲、教师点评），毕业论文的写作要求与法学硕士相同等。虽然，法律硕士教育管理层近年来一再

① 参见廖永安：《促进法学教育供需平衡》，载《人民日报》2016 年 6 月 6 日，第 20 版。

要求强化实践教学，但不少高校在实际操作上要么折扣过大、要么简单粗暴，实践教学效果并不乐观。多重因素叠加下，法律硕士被冠以别称“大法学”，内遭法学硕士歧视、外受人才市场“白眼”。

法学硕士其实也颇为尴尬，理论研究方面有法学博士碾压，法律实务又不如法律硕士有相关课程要求，由于理论研究导向的目标设定，培养过程以理论研究为主、以实务技能为辅。但在我国法律人才培养体系中，理论研究方面博士更具优势，把海量的法学硕士都全部培养成法学博士不但不可能、而且不必要。作为最高层次的法学博士，其培养以理论研究为主并无疑问，但目前来看，博士人数众多，功利色彩明显，法学学术产出并不可观，博士论文的质量与国际同行相比差距不小。

（四）法学教育忽视法律职业能力培养

法学教育与法律职业有着天然的密切联系，法学院校作为法律人才培养的主要承担者，能否满足社会的法律人才需求，是检验其成功与否的基本标准。我国法学教育与法律职业严重脱节，法学专业就业率连续“亮红灯”，其原因：法学教育忽视法律职业能力的培养，过分注重理论知识的灌输，忽视社会对法律人才的实际需求，法科学生所学不能致用。正如苏力教授所言，“法学是世俗的学问，甚至很多是实践性的、技术性的，因此单靠课堂讲授是不够的”。① 法学从理论到实践有很大距离，只会纸上谈兵，欠缺法律职业能力，只能是法学教育的失败。

法律职业能力与法律技能不同，前者是综合素质、综合能力的培养，后者是运用法律的技巧，前者包括后者。法律职业能力不仅要求法学理论知识、实务操作技能，还要求具备严谨的法律思维、坚定的法律信仰、崇高的职业伦理。法学教育的目的不应是培养法律工匠，更不能立足于培养法学大师，社

① 苏力：《当代中国法学教育的挑战与机遇》，载《法学》2006 年第 2 期。

会更需要能够学以致用的应用型法律人。

综上所述,法学教育应当重视法律职业能力的培养,肩负起为法治建设保驾护航的重任,将培养高素质、职业化、精英化的法律人才队伍作为法学教育的光荣使命。所以,必须积极推动法学教育的供给侧结构性改革,实现与法律职业能力需求的对接,关注法科学生的职业能力培养。

二、法律职业能力体系解析

基于多年来教学改革实践和思考、对法律人所需职业能力的系统梳理、对国外法学教育的比较借鉴,我们将法律职业能力分为职业准入、职业胜任、职业发展三大能力,每项能力包括五项内容,能力指标体系如图1所示。

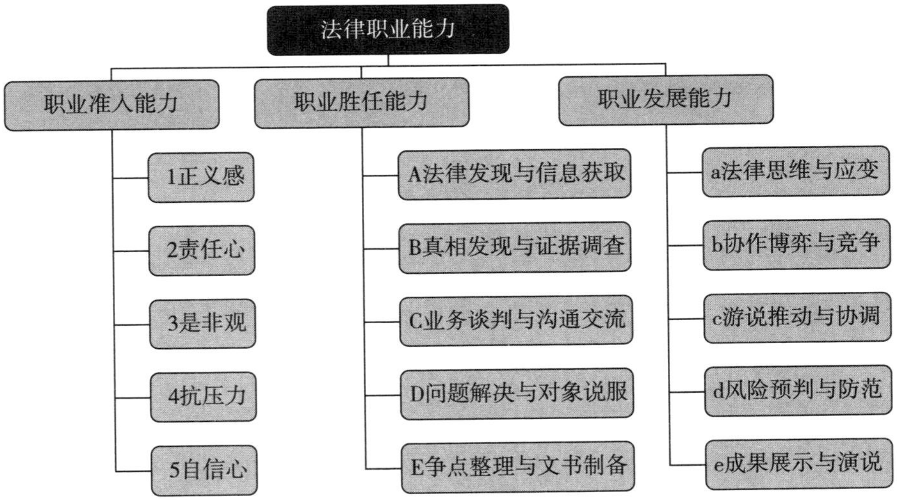

图1　法律职业能力体系

(一)职业准入能力

职业准入能力,是从事法律职业的前提和基础,是从事法律职业的基本要求。法律职业不同于其他职业,法律是协调社会关系的规范,是解决社会纠纷的依据，法律职业群体，就是依据法律规定，按照法律程序，处理法律事务，解决社会纠纷，维护社会正义的人。所以，无论是对法律理论知识，还是个人品格都有特定的高要求。某种程度上，法律职业需要的人格品质甚至比法律知识更为重要。

正义感。荷兰法学家胡果·格劳秀斯认为，法学是“从正义而生活之学”。[①] 法律职业以维护社会正义为己任，要进入这一职业，正义感是首要的品质，试想没有正义感的人进入法律职业，损害的不仅是法律的尊严，甚至是人的生命。或许可以说，对法律人而言，能力比知识重要，正义感比能力更重要。

责任心。责任感是法律人的基本素质。有责任感，是所有职业的共同要求，对法律人而言，责任感则是其断讼决狱、匡扶正义必不可少的基本素质。法律职业关乎他人的身家性命，正所谓法律人“办的不是案子，而是别人的人生”，法律职业要求法律人必须具备更大的责任心。正如有学者所言，“不能想象，假如没有了责任感，是否还配称法律人”。[②]

是非观。法律是判断是非的标准，是非观对法律职业者至关重要，正确的是非观是法律职业从业者的最基本要求。无论在法律职业中扮演什么角色，都有一个共同的出发点，就是依据法律的规定。不管站在谁的立场上，采取的手段都要有法律上的依据，正当的才可为，不正当的绝对不为，判断的标准和选择的底线只能是法律。

抗压力。法律职业的压力巨大，案多人少的情况由来已久，很多法官、检察官都在超负荷工作，所以拥有强大的抗压能力是必要的，这是能否胜任法检工作的关键。此外，案件的复杂、社会影响等因素，也需要法律职业者拥有巨大的抗压力。

自信心。“打铁还需自身硬”，自信来源于实力，法律职业者首先需要有

① 转引自王勇飞编：《法学基础理论参考资料》（第1册），北京大学出版社1980年版，第42页。
② 陈雯雯：《法律人的责任感有何特殊》，载《人民法院报》2016年4月24日，第7版。

过硬的专业知识,熟练掌握法律的基础知识、熟悉案件相关领域法律规范法律法规、具备运用法律解决问题的能力,才能在工作中满怀自信地处理遇到的各种法律问题。

(二)职业胜任能力

职业胜任能力,即法律职业技能,是从事法律职业的关键,一个具备职业准入能力的人并不必然能够胜任法律职业,法学是世俗的学问,是实践性、技术性很强的学科,学法的目的不在于侃侃而谈,而在于用以解决具体的社会纠纷,这必然需要高超的职业技能。

法律发现与信息获取。遇到纠纷、处理法律实务,需要从纷繁复杂的事实争议中明确所属法律关系、提炼出争议焦点,从浩瀚法律法规中找到相应法律规范,收集法律适用所需信息。

真相发现与证据调查。证据调查的能力是法律从业者职业能力的关键,也是评价一个优秀法律工作者的重要参照。① 任何争讼都处于事实真伪不明的状态,只有通过调查收集证据,才能还原真相,在诉讼或非诉的准备阶段收集更多、更有利于己方的证据,就能占据主动、赢得未来。

业务谈判与沟通交流。丹宁勋爵有言:"要想在与法律有关的职业中取得成功,你必须尽力培养自己掌握语言的能力。"②法律是调整社会关系的规范,法律面向社会大众,要把法律精神和意思有效传递给当事人,就需要良好的业务谈判和沟通表达能力,否则,极难胜任法律职业。

问题解决与对象说服。法律职业旨在解决社会冲突、化解社会矛盾,只有合理合法地把各种纠纷在法律框架下解决,做到案结事了,才能完成法律职业的使命,在化解纠纷的过程中,与对方的协商谈判必不可少,最理想者莫过于通过协商解决纠纷,避免漫长诉讼过程。法律职业从业者必须具有出众

① 参见何家弘:《刑事诉讼中证据调查的实证研究》,载《中外法学》2012 年第 1 期。

② [英]丹宁勋爵:《法律的训诫》,杨百揆等译,法律出版社 1980 年版,第 5 页。

的沟通技能和说服能力。

争点整理与文书制备。能准确快速地发现案件争议焦点，并找到支持己方观点的法律依据，是解决纠纷的关键。法律职业从业者，必然要与大量法律文书打交道，文书制备能力是一个法律人必备的技能，也是法律规定的程序要求。[①]

（三）职业发展能力

职业发展能力，是高素质法律人的职业要求，是职业胜任能力之上的更高要求，指具备法律职业素养的法律人，能够适应社会变迁和职业发展要求，不断获取新知识、更新专业理论、及时掌握新技能、适应岗位调整，并能够不断提升其法律职业素养的能力。

法律思维与应变。英美法和英美法学教育普遍强调“像法律人那样思考”，法律思维是法律职业从业者特有的思维模式，指法律人应该具备的逻辑、逆向、程序、规则、证据、公平、民主等思维模式。面对纷繁复杂的社会现象、面对各说各有理的法律纠纷，高素质法律人不能只是牢记法律术语，还需通过法律行为重新界定和塑造法律规则。[②]

协作博弈与竞争。法律实务是一种特殊的博弈，随时随地充斥着利益博弈，法律人时刻处于“战争与和平”状态。法律职业同行间充满竞争，也无处不在合作中，不做团队合作的单打独斗，无法处理复杂法律纠纷；法律职业共同体内，法官、检察官、律师也构成独特的竞争与协作关系。

游说推动与协调。沟通与表达是法律职业的基本能力要求，出色的游说和协调组织能力对高端法律人来说必不可少，寻找职业发展机会、争夺话语权、推动谈判、促成和解、寻找共赢等，都离不开高水平的游说推动和协调能力。

---

① 参见彭中礼：《司法判决说服性的修辞学审视》，载《法制与社会发展》2011 年第 1 期。

② 参见苏力：《法律人思维》，载《北大法律评论》2013 年第 2 期。

风险预判与防范。无论是传统的刑民诉讼领域，还是新生的企业并购、资产重组等非诉领域，高素质法律人都需要敏锐的职业眼光与洞察力，如果能准确地预见风险，把矛盾扼杀在萌芽状态，做到防患于未然，既能避免不必要的司法资源浪费，又能及时地化解社会冲突。

成果展示与演说。精彩的口头表达和公开演讲，就成为优秀法律人的必备能力。无论是法官、检察官、律师，还是其他法律职业从业者，都离不开与人打交道，都需要展示自己事实提炼、法律分析、调查取证等努力的成果，都以说服对方接受己方主张为日常工作。

三、法律职业能力的培养路径

改变"重理论轻实践、重知识轻技能"的传统培养模式，实践教学从"实验式"走向"实战式"，构建多层次实践教学体系，实施基础型、综合型、创新型实践教学，以职业准入能力、职业胜任能力、职业发展能力培养为中心组成递进式教学方案。

（一）培养目标强调职业能力

传统的法学教育模式过于注重培养学生的理论思辨能力，而不太关注职业能力方面的培养，在道德情操方面习惯于简单的道德说教，效果并不好，导致毕业生往往不能适应工作岗位要求。法学教育应该以法律职业能力为基本的目标导向，①改变实务部门承担职业技能培训的现状，正如有学者所言，"法学教育的职业教育属性已经成为法学教育工作者的共识，职业化也已经成为法律实务界与法律理论界的共同的期待"。②

---

① 参见贾宇:《改革开放三十年法学教育的发展及其当前改革》，载《法律科学（西北政法大学学报）》2008 年第 6 期。

② 徐显明:《中国法学教育的发展趋势与改革任务》，载《中国大学教学》2009 年第 12 期。

法学教育注重职业技能的培养，是国际通行做法。美国、德国、日本都把法律职业技能的培养作为课程设置的初衷。重视理论学习，忽视职业技能训练，必然造成法学毕业生只会纸上谈兵、放到实践往往束手无策，进而招致实务界的失望和不满。

法学实践教学需要与法治人才需求相衔接，法学院校理应提供法科学生认知司法实务、习得实务技能的有效路径，全方位培养法律职业能力。通过强化法律职业技能，改变重理论、轻实践的教学理念，把实践教学作为法学教育的重点，从培养目标、培养方案、培养模式、课程设置等方面全面改革，加大实践教学的力度与投入，借鉴国外经验，广泛开展法律诊所、法律援助、案例研讨等实践教学方法，与实务部门开展合作，安排学生到办案一线顶岗实习，接受一线实务专家的指导，熟悉办案流程，参与真实案件办理，通过制作法律文书、接待当事人、参与业务谈判等实务操作，学会像法官、检察官、律师一样思考，才能形成法律职业所需的思维方式。

（二）倡导“实战式”实践教学

法学教育必须立足新时代的法治中国建设的现实需要，全面回应建设“新法科”背景下法学教育领域强化实践教学、加强法律职业能力培养的普遍共识。“重实践”既是教育主管部门的宏观要求，也是法律教育领域的共识。习近平总书记围绕政法队伍建设、法学教育的多次讲话要求：加快推进政法队伍革命化、正规化、专业化、职业化建设；法学教育要处理好知识教学和实践教学的关系、要打破高校和社会之间的体制壁垒，将优质实践教学资源引进高校。

要回应社会对法律职业人才的实际需求，就得开展法律人才的供给侧改革，努力输送符合职业能力需求的高质量人才。重视实践教学，已成法学教育的基本共识，但在操作上，实践教学尚存认识误区：把技能教育等同于实务技巧教育，将通才教育等同于传授法律内容最大化，把专才教育等同于专业知识教育，主要表现为“实验式”实践教学。

“实验式”教学模式，依托既判案件或教辅资料给定的案例，这种案例往往已经过加工处理，难以营造出结果难以预知的职业氛围，学生往往重视“表演”。以模拟法庭为例，常规教学模式为法学专任教师担纲主讲，偏重理论推演和应然程序，模拟案例多为教学案例，难以全面呈现实际审判过程；操作上靠“剧本”推动，教师做“导演”，学生当“主演”，沦为“走秀”、流于形式，难以调动学生积极性，对社会冲突缺乏完整认识，对法律争议缺乏深刻感受，对批判思维、语言表达、沟通辩论、证据调查、文书写作、团队协作等能力培养均有明显不足。

“实战型”教学模式，以“法律职业能力需求”为纽带，通过拓展教学内容、做实实践环节，推动学生办理“实案”，实现“做中学”，改变灌输式教学理念，变平面为立体，变消极吸收为主动汲取，加深学生对法律职业能力的认知，着力培养学生的法律职业能力。以《模拟法庭》课程为例，可以通过发动学生群策群力找“案件”、调查取证固“证据”、深入细致备“庭审”、举证质证打“攻防”、殚精竭虑促“调解”，“走秀”自然成为“实战”。实战式实践教学，潜移默化中就能强化法律思维、法律职业伦理、法律职业技能，具有常规实践教学无法比拟的优越性。研究再多案例，背诵再多法条，观摩再多庭审，也不过是纸上谈兵，远不如亲力亲为解决“案件”，更能体会法律的力量。

（三）加强涉外职业能力培养

党的十八届四中全会明确要求：“建设通晓国际法律规则、善于处理涉外法律事务的涉外法治人才队伍。”党的十九届四中全会强调，“加强涉外法治工作，建立涉外工作法务制度，加强国际法研究和运用，提高涉外工作法治化水平”。近年来，随着“一带一路”和“走出去”战略深入实施，随着中国企业对外投资开启新纪元，大量国企、民企纷纷涌向国际竞争舞台，涉外法律事务呈井喷之势，擅长涉外业务、通晓国际规则的法律人才需求剧增，现有法律人才队伍中涉外人才缺口甚大，“目前涉外法治专业人才严重短缺是我国必须面对的严峻现实”。[①] 截至2017年年底，全国律师已突破30万名，能够熟练办理涉外法律业务者不足3000名，[②]能够办理“双反双保”（反倾销、反补贴、保障措施和特别保障措施）业务的律师不到50名，能够在WTO上诉机构独立办理业务的律师只有数名。[③] 正基于此，2016年年底，司法部等四部委联合下发了《关于发展涉外法律服务业的意见》，鼓励法学院系大力加强涉外法律人才的培养力度。2021年2月4日，教育部、司法部联合下发《关于实施法律硕士专业学位（涉外律师）研究生培养项目的通知》（教研司〔2021〕1号），选取15所高校探索实施法律硕士专业学位（涉外律师）研究生培养项目。

法学教育的国际化，可以从构建国际化培养模式、打造国际化师资两个途径入手。一是构建国际化培养模式，可以通过中外高校的国际合作、联合培养等机制，加强与境外法学院系、法律实务机构的交流互动，形成国际视野，培养国际接轨、国际交流能力。二是国际化师资。是依托“双一流”建设契机，继续深入推进“卓越计划”，加大涉外法律人才培养力度，推动法学教师到海外访问交流、引进海外力量充实教学团队，打造国际化师资。三是适度扩大法律硕士专业学位（涉外律师）研究生培养项目，2021年15所院校共招生500名，京内5所高校各招生40名，京外10所高校各招生30名，可以考虑允许有条件的高校申请举办涉外律师方向法律硕士研究生，进一步扩充涉外法务人才培养力量。

此外，基于加强涉外法治人才培养的考虑，法学界近年热议国际法学专业单独设置问题，法学界尚存争议，“导致国家学位和教育主管部门对国际法

① 杜焕芳：《涉外法治专业人才培养的顶层设计及实现路径》，载《中国大学教学》2020年第6期。

② 参见孟建柱：《依法保障执业权利　切实规范执业行为　充分发挥律师队伍在全面依法治国中的重要作用》，载《中国司法》2015年第10期。

③ 参见叶青：《培养法治人才亟需法学教育改革》，载《上海法治报》2015年9月16日，第6版。

学的学科设置问题极为谨慎”,[①]虽然暂未实现国际法学专业的独立设置,但始终在不断强调并支持涉外法治人才培养,也推动了一系列改革举措落地,一些高校开始了国际法专业的独立设置和招生培养试点。相信不远的将来,国际法学专业就能实现独立设置,涉外法治人才培养机制必将更为完善,涉外法治人才培养能力必将大大提升。

四、结语

中国社会发展进入了新时代,我国法学教育还面临着新的困难,不仅有宏观上的,也有微观上的,法学人才难以满足当今时代的现实要求,法律人才培养机制创新改革还需深化,以法学教育的优质“产品”,回应社会对法治人才的全新需求,是新时代赋予法学教育的责任和使命。面对高层次法律人才奇缺的现实,我国法学教育必须回应法律职业能力的需要,把培塑法律职业能力作为法学教育义不容辞的责任。若能如此,不远的将来,法科毕业生定能不负众望,为中国法治建设的提速和提质做出更为卓越的贡献。

---

① 王健:《学科目录调整与法学学科建设》,载《新文科理论与实践》2022 年第 3 期。

法学教育的反思与案例教学模式的探索

查云飞　徐涤宇*

摘　要:改革开放40多年,法学教育在恢复中迅速发展。在取得瞩目成就的同时,教学与实务相脱节、法学教育专业性与通识性矛盾难以消解的问题日益凸显,对我国法律共同体产生较大的负面影响。而反观欧美各国,皆较好地融洽了法学学术教育与职业教育,尤以德国教学模式为代表,为优化我国法学教育提供了参考范本。近年来,中南财经政法大学法学院不断探索法学案例教学模式,在理论和实践两个方面开展教学改革。其中,“卓越法律人才实验班”作为突出成果,在教学过程中采用鉴定式案例分析模式,训练学生请求权基础分析方法,获得校内师生一致认可。而以法学实验教学系统为代表的实践教学创新项目,近年来亦不断向国内各大高校推广。

关键词:法学教育;案例教学;鉴定式案例分析;卓越法律人才培养;法学实验教学

一、法学教育的反思

改革开放40多年来,中国特色社会主义法治建设取得了巨大成就,中国

* 查云飞,法学博士,浙江大学光华法学院讲师;徐涤宇,中南财经政法大学法学院教授、博士生导师。

的法学教育亦在恢复中迅速发展。法学教育作为一项基础性工程,在法律人才培养、法学理论创新、法律文化传承及推动国家法治建设等诸多方面取得了令人瞩目的成就,对依法治国、社会主义市场经济体制建设及和谐社会构建起了至关重要的作用。① 然而,法学教育尚不足以培育出大量符合法治要求的法律人,仍存在许多层次、结构上的矛盾和迫切需要解决的实际问题。②

通过与众多法律从业者的接触便可以发现,朴素的公平正义感仍然是其评判案件的重要考量,辅之以基本原则,便是法律论证的全部内容。法院的判决往往欠缺严谨的法律推理,无法体现法官对于法律知识的透彻理解。律师专业水平总体上尚且不足,作为一个富有挑战性的职业,律师必须具备扎实的法律功底、敏锐的头脑以及善辩的口才。而现实中,部分律师调查取证工作不充分、发表的辩护词、代理词无实质内容,尚不具备将法条活学活用的能力。此外,大部分律师在一些特殊领域及新兴领域的业务水平较为欠缺。总体而言,法律从业者素质偏低,灵活适用法律法规的能力有待提高。

对此,法学教育应承担不可推卸的责任,法学教育的缺陷必定反映在法律实务的种种怪相中。据不完全统计,我国大约有 600 所法学院,每年向社会输出 8 万名左右法律专业的本科毕业生。如此庞大的人才总量竟无法满足法律实务的需求,这与法学教育内含的矛盾有直接关联。③

其一,教学与法律实务脱节。

对于法学院大多数学生而言,通过期末考试以及法律职业资格考试是其本科学习的首要目标。然而,法考与平时的期末考试都倾向于考察对法条的记忆,并非理解与适用。因此,部分学生便会选择进行“突击式”的学习,在考

---

① 参见贾宇:《改革开放三十年法学教育的发展及其当前改革》,载《法律科学(西北政法大学学报)》2008 年第 6 期。

② 最新讨论,参见徐显明、黄进、潘剑锋、韩大元、申卫星:《改革开放四十年的中国法学教育》,载《中国法律评论》2018 年第 3 期。

③ 对我国法学教育的解剖式评估,参见葛云松:《法学教育的理想》,载《中外法学》2014 年第 2 期。

试来临之际熬夜突击,背诵记忆,此种学习模式无法帮助其获得综合运用法律知识的能力,甚至在一段时间后,对最基础的法条记忆也变得模糊。此外,在教学中老师照本宣科式的传授方式相对枯燥,脱离实务。相比于法考培训,部分学生甚至认为大学课堂教学毫无用处。这样的教学方式既不利于学生掌握法律基础知识,亦无法使他们了解法律实务。

其二,法学教育专业性与通识性矛盾难以消解。

作为一个合格的法律从业者,不能死抠法律条文,而应当具有高度专业化的法律素养、实践能力与人文精神。① 韩大元教授曾讲:"我心目中未来的法学院毕业生应该是新的思想的创造者,社会共识的维护者,社会正义的捍卫者,以及多元化创新的实践者。"②而达到这一目标,仅仅依靠法律专业教育是不能实现的,还需要涉猎人文社会科学甚至自然科学的各个领域。而仅通过4年的本科教育,无法做到职业教育与素质教育同时并举,即无法完成既培养法律职业人才又培养法律专业精英的任务。人文素养的培育是一个长期的过程,不能仅仅依靠本科阶段学习,而是长期的自我积累与环境熏陶的产物。现阶段,法学院无法完成这一目标,也不应该以完成这一目标为首要任务。长此以往,法学教育的目标会变得模糊,出现本末倒置现象,法学教育资源也会被极大浪费,更会出现学生专业功底不扎实,无法适应工作要求的情况。

二、欧美各国法律人教育比较

我国法学教育相较于欧美各国是滞后的,起步较晚且尚不成熟,其他国家和地区已在长期的教育中得出最适合自己国家法治水平的一套模式。在

---

① 参见韩大元:《全球化背景下中国法学教育面临的挑战》,载《法学杂志》2011年第3期。

② 徐显明、黄进、潘剑锋、韩大元、申卫星:《改革开放四十年的中国法学教育》,载《中国法律评论》2018年第3期。

法学教育改革,尤其是卓越法律人才培养计划实施的关键时刻,借鉴学习他国或地区的优秀经验,将其置于法学教育革新的背景下考察,以我为主、为我所用,对于改善本国法学教育,精确提供高校的培育路径具有极高的借鉴意义。

综观欧美各国,大多数国家都有效解决了大学教育和法律职业教育的衔接问题,第一阶段在大学进行学术培养,第二阶段对于不同的法律职业设有专门的培养机制。如在意大利,学生需要在大学毕业之后自己决定,应当选择哪种职业路径。若想做律师,需要进行 18 个月的实习。实习合格后,可以获得由律师公会颁发的证书。1997 年开始,法律职业培训学校纷纷在大学创立,旨在为法科毕业生提供深造的机会,并可部分替代在律师处实习的时间。在每年 12 月,法学毕业生需参加法院组织的律师准入考试,通过笔试和口试才可入职。而如果想成为法官,则需要在法律职业培训学校参加为期 2 年的培训,随后需通过选拔成为法院实习生并进行 18 个月的培训。法院培训结束后,若得到法官的积极评价,便可顺利成为法官。① 法国亦如此,若想做律师、法官或检察官,需要在大学课程之外进行专门培训并参加资格考试。② 英国虽然没有国家考试,但仍根据不同职位设有长短不一的实践培训期,只有在培训中脱颖而出才能被选任,美国、荷兰、比利时、西班牙等国也有着类似的职业教育培养模式。这些国家的培训与考试都注重案例的考察,对实践经验要求也较高,不会只注重学生死记硬背的能力。上述各国的法学教育模式虽在具体安排上有所不同,但都有效解决了大学教育与职业培训教育之间的矛盾,即法学教育的二重困境。③

---

① See Paolo Flavio Monini, Italien, in Baldus-Fikenauer-Rüfner (Hrsg.), Bologna und das Rechtsstudium, 2011, pp. 102 – 104.

② 朱明哲:《全球化背景下的法国法学教育——体系性追求及其面临的挑战》,载《中国法学教育研究》2017 年第 2 期;袁震:《对法国法学教育的观察与思考》,载《法学教育研究》2015 年第 2 期。

③ 关于法学教育的二重性困境,参见王晨光:《法学教育的宗旨——兼论案例教学模式和实践性法律教学模式在法学教育中的地位、作用和关系》,载《法制与社会发展》2002 年第 6 期。

与此类培养机制相同的是，在德国要通过第一次国家司法考试、候补法官考试才能成为完全的法律人，第一阶段的教育是大学教育，第二阶段则是为期2年的见习期教育。[①] 所以，德国教育模式同样注重第一阶段与第二阶段的衔接，而且第一阶段虽为大学教育，但仍以实践为主，十分注重案例分析课程的功效，案例分析亦在国家考试占有相当大的比重。在德国，案例分析课程保持与讲授课程相对一致的进度，以案例演练检查、巩固学习者对法律知识的理解，并通过持之以恒的训练，使学生掌握特定的思维方法与法律适用的方法。正是因为长期的案例教学，德国法律人养成了统一的思维模式，这也在实务中促进了法律共同体成员之间的相互理解。

近年来，随着留德法科学生越来越多，德国案例分析模式被大陆法学界熟知，各个院校也有部分老师在做德国案例分析方法的推广。[②] 通过案例教学，学生可以充分掌握基础法律知识，并使得教学与法律实务紧密结合。此外，相比于其他实践教学项目，案例教学能够以较小的师资投入获得最大的成果。在案例教学中，学生不仅能够熟悉法律实务，其综合能力也有所提升，如法律思维能力、法律适用能力、法律论证能力、利益衡量能力、对法律背后的社会问题和政策问题的认知与判断能力、独立思考能力、口头和书面表达能力、团队协作能力等。[③] 中国法学教育改革，应当找到适当的途径使法律学

---

① 参见季红明、蒋毅、查云飞：《实践指向的法律人教育与案例分析——比较、反思、行动》，载《北航法律评论》2015年第00期；邵建东：《德国法学教育制度及其对我们的启示》，载《法学论坛》2002年第1期；韩赤风：《当代德国法学教育及其启示》，载《比较法研究》2004年第1期；郑永流：《知行合一　经世致用——德国法学教育再述》，载《比较法研究》2007年第1期；吴香香：《德国法学教育借镜》，载《中国法学教育研究》2014年第2期。

② 参见田士永：《民法学案例研习的教学实践与思考》，载《中国法学教育研究》2011年第3期；田士永：《"民法学案例研习"的教学目的》，载《中国法学教育研究》2014年第4期；葛云松：《法学教育的理想》，载《中外法学》2014年第2期。除北京大学与中国政法大学之外，中南财经政法大学、华东政法大学、上海财经政法大学以及西南政法大学都有相关课程设计。

③ 德式案例教学法不仅面向高校学生，也面向以法院和律所为代表的司法实务界，国家法官学院与德国国际合作机构共同出版《法律适用方法》丛书并以此进行法官培训即为最佳例证；对此的介绍，参见吴光荣：《案例教学在法学教育和法官培训中的作用》，载《法律方法与法律思维》2011年第00期；除此之外，备受法官群体关注的要件审判九步法与德式案例分析异曲同工，为此参见邹碧华：《要件审判九步法》，法律出版社2010年版，第17～36页。

习者掌握法律适用的方法，只有这样才能从根本上改变我国法学教育的现状，提高法律从业者的素质，充分利用高校法学教育资源，提取国外法学教育最精髓的思维模式与中国法律与案例嫁接便能在教学中发挥事半功倍的效果。①

三、我校法学案例教学模式的探索

近年来顺应改革趋势，我校不断调整教育模式，尝试将案例教学融入法学培育的全过程。如今，我校已经围绕案例研习形成了鉴定式案例研习（偏理论）与实践类案例教学（偏实践）两种模式。

（一）鉴定式案例研习

鉴定式案例分析法是德国法学教育中普遍采用的一种方法，要求学生围绕案情对一个法律问题予以回答，并给出其理由，完成鉴定报告。以民法为例，鉴定式案例分析法回答的是一方对另一方的请求权是否成立及其理由。民法中的鉴定报告首先要确定相关请求权的请求权基础，按契约请求权、无权代理等类契约请求权、无因管理请求权、物上请求权、不当得利请求权、侵权关系损害赔偿请求权、其他请求权等依序检索，然后审查其各个要件是否成立，从而得出结论。② 从结构上看，该分析法始终保持前提句、定义、涵摄、结论四步骤，在定义处又可能延展提出新的设问，其下亦重复涵摄与结论之步骤，鉴定报告最终呈现逻辑递进、思维严谨并且体系串联的塔体式层次。

---

① 以司法案例为重点进行研究，参见张家勇：《探索司法案例的研究方法》，载《法律适用（司法案例）》2017 年第 24 期。

② 参见田士永：《民法学案例研习的教学实践与思考》，载《中国法学教育研究》2011 年第 3 期；以请求权基础方法的案例练习展示，参见葛云松：《一份基于请求权基础方法的案例练习报告——对于一起交通事故纠纷的法律适用》，载《北大法律评论》2015 年第 2 期；葛云松：《法学教育的理想》，载《中外法学》2014 年第 2 期。

刑法以三阶层为基本框架，行政法分为违法性审查和请求权基础两种范式，与民法一样采鉴定式案例分析法，因方法的共通性进而实现了部门法内部交叉融合的训练。①

自 2016 年 9 月我校“卓越法律人才实验班”开班，鉴定式案例分析法被多位老师采纳并运用到民法、刑法、行政法与行政诉讼法、民事诉讼法、刑事诉讼法、商法等法学核心科目的教学中，除“卓越法律人才实验班”的常规案例研习课程外，我校还开设“鉴定式案例分析”暑期班、校内“鉴定式案例分析”培训班及鉴定式案例分析兴趣小组。在教学过程中，老师不断吸取德国优秀教学经验，并结合我国法律及真实案例，积累了大量教学素材，取得了较为丰硕的成果。近年来，鉴定式案例教学的影响力在不断扩大，在校内与校外均获得一定关注。

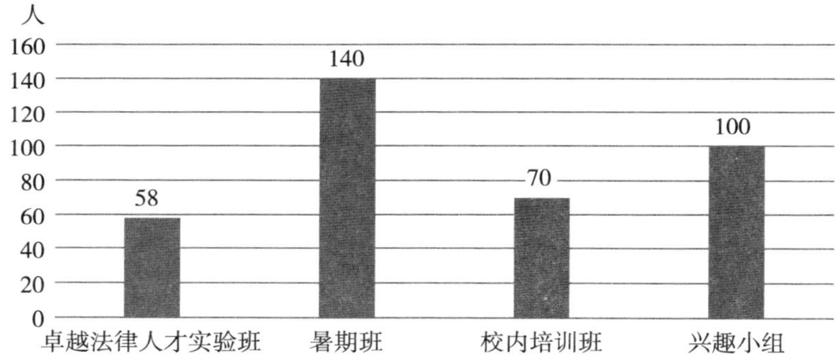

图 1　目前鉴定式案例教学的受众人数

① 参见季红明、蒋毅、查云飞：《实践指向的法律人教育与案例分析——比较、反思、行动》，载《北航法律评论》2015 年第 00 期。

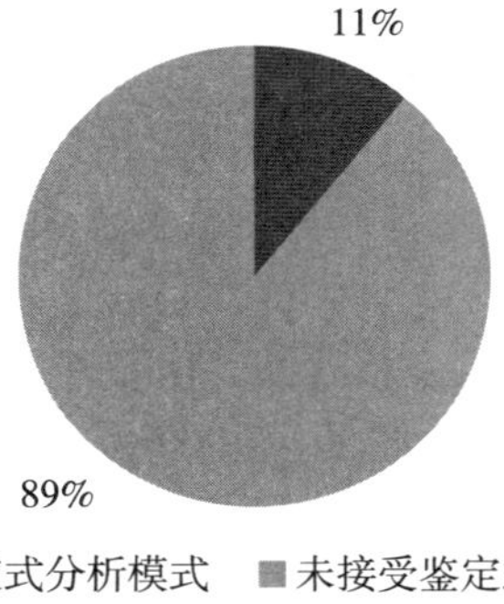

图2 我校接受“鉴定式分析模式”培训学生占比

1.卓越法律人才实验班

2015年年底,中共中央办公厅和国务院办公厅联合印发了《关于完善国家统一法律职业资格制度的意见》,强调以案例分析、法律方法检验考生在事实认定和法律适用等方面的法治实践水平,考试以案例题为主,大幅提高案例题的分值;要建立法律职业人员统一职前培训制度,实行“先选后训”培训模式,培训合格者方可准予从事法律职业。① 这为我国未来法律人培育的两阶段化指明了方向。2018年司法部公布的《国家统一法律职业资格考试实施办法》第13条亦规定,国家统一法律职业资格考试“分为客观题考试和主观题考试两部分”。司法部国家司法考试司司长贾丽群此前接受专访时指出,“通过案例分析等方式可检验考生在事实认定和法律适用方面的实践能力。主观题和客观题都大量采取案例题的方式,从而实现提高案例题分值比重的目标,不仅考察考生应知应会的宪法法律知识,更重要的是考察他的法治思维和法治能力”。②

为此,培养法科学生案例分析能力,不仅是当前法学教育有待探索的课

① 参见中共中央办公厅、国务院办公厅印发《关于完善国家统一法律职业资格制度的意见》,载http://www.gov.cn/xinwen/2015-12/20/content_5025966.htm。

② 专访国家司法考试司司长贾丽群,载http://www.moj.gov.cn/subject/content/2017-12/06/twzt_10430.html。

题，也是提升法律职业资格考试应试能力的有益途径。案例练习课有助于检验学生听课效果、纠正误解、填补漏洞。它通过让学生展示其所学知识的方式，促使学生弄清自己所采立场，同时重温并概括不同的学说，弄清方向并获得体系概观。让初学者通过具体的案例更为容易地掌握理论，更牢固地记下抽象的法条。由此可见，案例练习课提升了学生的兴趣，帮助其理解理论，加深其记忆，并且磨砺其辨别事物的眼光。①

顺应其势，中南财经政法大学法学院从2016年开始开设卓越法律人才实验班，面向全校招生，为核心专业课配备相应的鉴定式案例分析课。本专业秉持科学先进的法学教育理念，着力打造符合中国国情的法律精英人才培养体制，实现实体法与程序法的深度衔接、校内导师与实务导师双师同堂、理论传授与案例研习相结合的小班教学，培养具备扎实系统的法学理论知识和较强的法律实务技能，能适应经济社会发展和多样化法律职业要求的高端法律精英人才。其中，最大的创新点便是创建案例研习课程，训练学生的请求权思维。实验班设置鉴定式案例研习课程，与三大部门法的专业基础课程配套，全部采用请求权基础的分析方法进行案例研习，以培养学生的法律思维能力，提高学生的法律适用能力。

除国家规定的政治、外语、计算机等必修课程之外，“卓越法律人才实验班”的法学课程分为四大部分，即专业教育基础课、专业教育专业课、专业教育选修指导课以及实践与实验课程。② 其中，专业教育基础课设置了各为16学时的“法学入门导引”和“法学文献与检索”课，以便为大一新生迅速进入法学专业学习打下良好基础。专业教育专业课为课程改革的最大亮点，以传统的“三法三诉”为教学重点，在宪法与行政法、民商法、民事诉讼法、刑法、刑事

---

① 季红明、蒋毅、查云飞：《实践指向的法律人教育与案例分析——比较、反思、行动》，载《北航法律评论》2015年第00期；田士永：《民法学案例研习的教学实践与思考》，载《中国法学教育研究》2011年第3期；葛云松：《法学教育的理想》，载《中外法学》2014年第2期。

② 中南财经政法大学法学院的课程体系改革，参考了德国法学院的培养方案以及北大的课程设计，后者参见葛云松：《法学教育的理想》，载《中外法学》2014年第2期。

诉讼法领域全面配套了十门案例研习实验课程，且以请求权基础案例分析法为主要训练方式。在专业教育选修指导课部分，根据学生自身兴趣和特点，满足其开放选修课程的需求，亦可在本科导师的建议下进行模块化选课，实现了因材施教、灵活培养、个性多元的培养目标。最后在实践与实验课程部分，另设置了“创新型法学实验”和“法律诊所”课，前者通过我校自主研发的上机操作系统模拟法律角色进行职业训练，后者直接接触当事人并代理案件，与司法实务无缝对接。

表1 “卓越法律人才实验班”全程教学计划表(部分)①

课程类别	课程性质	课程号	课程名称	开课学期	学分	学时			先修条件	开课学院
						课内学时	课外学时	实验学时		
专业教育·基础课	必修	B0401470	法学入门导引	一	1	16				206
	必修	B0401480	法理学基础	一	2	32				206
	必修	B0401490	专题:法学文献与检索	二	1	16				206
	必修	B0401500	法社会学	三	2	32				206
	必修	B0401510	法律哲学与法律方法	五	2	32				206
	必修	B0401520	中外法律史概论	四	3	48				206
	学科基础课合计				11	176				

① 该计划为2016级和2017级“卓越法律人才实验班”教学方案，2018级已经适用调整后的新方案，新方案在原有版本基础上进行了优化，比如从大一第一学期开始即开设民法和刑法课程。

续表

课程类别	课程性质	课程号	课程名称	开课学期	学分	学时			先修条件	开课学院
						课内学时	课外学时	实验学时		
专业教育·专业课	必修	B0400783	宪法学	二	3	48				206
	必修	B04090110	案例研习实验:宪法学	二	2			32		206
	必修	B0401530	民法学总论	二	3	48				206
	必修	B0490120	案例研习实验:民法总论	二	2			32		206
	必修	B0401540	债法总论	三	3	48				206
	必修	B0490130	案例研习实验:债法总论	三	2			32		206
	必修	B0401550	刑法学Ⅰ	二	3	48				206
	必修	B0490140	案例研习实验:刑法学Ⅰ	二	2			32		206
	必修	B0401560	刑法学Ⅱ	三	3	48				206
	必修	B0490150	案例研习实验:刑法学Ⅱ	三	2			32		206
	必修	B0400813	刑事诉讼法学	四	3	48				206
	必修	B0490160	案例研习实验:刑事诉讼法学	四	2			32		206
	必修	B0400833	行政法与行政诉讼法学	三	3	48				206
	必修	B0490170	案例研习实验:行政法与行政诉讼法学	三	2			32		206
	必修	B0400623	商法学	五	3	48				206
	必修	B0490180	案例研习实验:商法学	五	2			32		206
	必修	B0400554	民事诉讼法学	四	3	48				206
	必修	B0490190	案例研习实验:民事诉讼法学	四	2			32		206
	必修	B0400750	物权法学	四	3	48				206
	必修	B0490200	案例研习实验:物权法学	四	2			32		206
	专业必修课程合计				50	480		320		

续表

课程类别	课程性质	课程号	课程名称	开课学期	学分	学时			先修条件	开课学院
						课内学时	课外学时	实验学时		
专业教育·选修指导课	选修	B0200193	微观经济学	二	3	48				203
	选修	B0200222	新制度经济学	六	2	32				203
	选修	B0300320	国际结算	四	2	32				205
	选修	B0300350	国际金融(双语)	三/四	3	48				205
	选修	B0300403	货币金融学	三	3	48				205
	选修	B0300540	金融市场学	三	2	32				205
	选修	B0300633	商业银行经营管理	五	3	48				205
	选修	B0300840	信用管理	四	2	32				205
	选修	B0300883	证券投资学	四	3	48				205
	选修	B0400010	保险法学	六	2	32				206
	选修	B0400020	比较法总论	五	2	32				206
	选修	B0400030	比较宪法学	五	2	32				206
	选修	B0400040	比较行政法学	五	2	32				206
	选修	B0400070	财税法学	五	2	32				206
	选修	B0400133	法律文书	五	3	48				206
	选修	B0400160	房地产法学	五	2	32				206
	选修	B0400200	公务员法学	五	2	32				206
	选修	B0400220	国际法学(双语)	三	4	54		10		206
	选修	B0400283	国际经济法学(双语)	六	3	40		8		206
	选修	B0400300	国际民商事程序法	五	3	48				206
	选修	B0400310	国际人权法学	七	2	32				206
	选修	B0400353	国际私法学(双语)	六	3	40		8		206
	选修	B0400360	国家赔偿法学	四	2	32				206
	选修	B0400420	环境法学	五	3	40		8		206
	选修	B0400430	婚姻家庭与继承法学	五	3	48				206

续表

课程类别	课程性质	课程号	课程名称	开课学期	学分	学时			先修条件	开课学院
						课内学时	课外学时	实验学时		
专业教育·选修指导课	选修	B0400440	金融法学	五	2	32				206
	选修	B0400460	竞争法学	六	2	32				206
	选修	B0400480	劳动合同法学	六	2	32				206
	选修	B0400493	劳动与社会保障法学	五	3	40		8		206
	选修	B0400500	立法学	六	2	32				206
	选修	B0400510	律师法学	六	2	32				206
	选修	B0400570	票据法学	五	2	32				206
	选修	B0400580	破产法学	六	2	32				206
	选修	B0400590	侵权行为法学	四	2	32				206
	选修	B0400630	社会保险法学	六	2	32				206
	选修	B0400740	外国刑法学	六	2	32				206
	选修	B0400760	西方法律思想史	四	2	32				206
	选修	B0400770	现代西方法哲学	六	2	32				206
	选修	B0400790	消费者保护法学	五	2	32				206
	选修	B0400800	信托法学	五	2	32				206
	选修	B0400870	银行法学	六	2	32				206
	选修	B0400900	证据法学	六	2	32				206
	选修	B0400913	知识产权法学	四	3	40		8		206
	选修	B0400930	中国法律思想史	二	2	32				206
	选修	B0400950	中国区际冲突法理论与实务	六	2	32				206
	选修	B0400960	仲裁法学	六	2	32				206
	选修	B0400970	自然资源法学	六	2	32				206
	选修	B0400980	证券法学	六	2	32				206
	选修	B0490210	经济法学(研习实验)	四	3			48		206

续表

课程类别	课程性质	课程号	课程名称	开课学期	学分	学时			先修条件	开课学院
						课内学时	课外学时	实验学时		
专业教育·选修指导课	选修	B0490220	债法分论(研习实验)	四	3			48		206
	选修	B0490230	海商法学(研习实验)	五	3			48		206
	选修	B0500152	犯罪心理学	三	2	32				207
	选修	B0500162	犯罪学	二	2	32				207
	选修	B0500300	经济刑法	四	3	48				207
	选修	B0500580	侦查学(1)	六	2	32				207
	选修	B0500610	职务犯罪防范与控制	五	2	32				207
	选修	B0500780	侦查案例研习	五	2	32				207
	选修	B0700063	国家预算管理	五	3	48				204
	选修	B0700083	税法(税)	四	3	48				204
	选修	B0700132	税务会计	五	2	32				204
	选修	B1000200	当代中国政府与行政	四	3	48				212
	选修	B1000332	公共管理学	四	2	32				212
	选修	B1000420	集体合同与集体谈判	五	2	32				212
	选修	B1000470	劳动合同制度与管理	五	3	48				212
	选修	B1000692	行政管理学	五	2	32				212
	指导选修课程合计				20	320				
实践与实验课程	必修	B0490240	创新型法学实验	六	2			32		206
	必修	B1890050	专业实习	六	4					206
	必修	B0490070	法律诊所	五	2			32		206
	必修	B1890030	毕业论文	八	4					206
	实践与实验课程合计				12			64		
专业课程总计					93					
总分					161					

截至目前，实验班已经招生两届，共58名学生（2016级与2017级各29名）。实验班坚持小班教学，原则上不超过30名学生，以保证案例研习课堂的充分讨论。不同于传统的案例教学课程，鉴定式案例研习相对独立于理论课程教学，与理论课进度基本持平。在学生具备相应理论知识的基础上，要求每位同学掌握请求权基础的分析方法，在熟悉案情的基础上，独立完成鉴定报告。随后再由授课老师批改讲授，规范学生的分析思路、行文逻辑及论证表述等多个方面。若要达成预期的效果，老师与同学必须配合完成教学任务，投入足够的精力。

2016级实验班的同学经过2年的学习，已经完成宪法学、民法总论、债法总论、债法分论、刑法学Ⅰ、刑法学Ⅱ、刑事诉讼法学、民事诉讼法学、行政法与行政诉讼法学及经济法学这10门案例研习实验课程，已熟练掌握请求权基础的分析方法，并能够独立完成高质量的案例鉴定报告。为了完成一份案例鉴定报告，同学需要阅读大量文献，查找相关的法律法规及司法解释。通过案例研习实验，多数同学反映，其法律写作及文献检索均得到较大的提升。此外，用案例教学串联知识点的方式能够让学生最高效地掌握基础知识，了解不同学说，能够彻底摒除传统授课的弊端。因此，“卓越法律人才实验班”受到学院上下一致好评，实验班学生亦具备较高的素质。

2.“鉴定式案例分析”暑期班

此外，在近几年的案例教学实践中，我院还逐渐形成了以张家勇教授为总负责人的“鉴定式案例分析”教学团队。教学团队利用暑期，开设“案例分析暑期培训班”，向来自全国各大高校的数百名学子授课，以此为契机提高其他高校法律学子运用法律理论解决实际问题的思维能力，在实验班之外延揽英才，引导来自全国不同高校的学子贴身体验案例分析的实际功效。暑期班与实验班同根同源，历经两届，影响力正不断扩大。例如，2018年暑期班共收到国内外各高校722名优秀学生发来的申请，申请者来自科隆大学、澳门科技大学、北京大学、中国人民大学、武汉大学、吉林大学、浙江大学、四川大学、山东大学、中国政法大学、中南财经政法大学、西南政法大学、华东政法大学、西北政法大学等百余所高校。接受过暑期班系统培训的学员均认可请求权基础分析方法,且回校后自行开展此种方式的训练,在学生群体中引领并推广此种训练方式。

表2　2017年中南财经政法大学法学院"鉴定式案例分析"暑期班学员感想摘录

学员	感想
黄同学 北京大学 法学院2016级法硕	特别幸运能够搭上这辆"思维风暴"的快车,在美丽的南湖边上与来自五湖四海优秀的"95后"共享一段又虐又爽的求学时光,每一次案例分析的小组讨论都是对同一材料不同视角下的反复考量,每一次对案例分析的讲解都是对原本粗糙的思考过程的精加工,每一次对案例分析的拓展包括案情的重新演绎、案情背后不同学说的综述都散发着法学的魅力和知识的灵动。
刘同学 中国人民大学 法学院2014级本科	法学教育,最基础且最直接的目的便是告诉学生,法条的内涵是什么,在实践中怎么应用。而案例教学一方面引导学生将规范应用到实际生活中,另一方面又借助实际生活中的真实场景让学生理解规范的真正意旨。在目光流转于规范和事实的过程中,规范解释的技巧、理论争点的展开、法学方法论的引入等,便是水到渠成之事了。在案例的引导下,学生带着现实问题打开教科书,带着特定目的去查阅法条,经过长期训练,对于理论和规范的认识,自然不会浮于表面。不得不说,我们的法学教育在这方面,仍有着较为明显的不足,此种案例教学法,理应成为法学教育的改革方向之一。
荣同学 四川大学 法学院2015级本科	在暑假的课程中提高在法律适用和事实认定等方面的能力、进一步巩固已有的法学基础知识、学习并努力掌握德国法案例分析方法、在实践中运用请求权案例分析法,最重要的是能够和优秀的大家一起在中南财经政法大学体验不同的学习氛围和模式这是我来之前的展望,然而结果超出我的想象。我认识了很多优秀的同学,见识了老师们的风采,这是最宝贵的收获,我深感责任重大,对于鉴定式案例学习方法的传播义务,任重道远。
吴同学 华东政法大学 法学院2015级本科	这次的暑期班告诉我们学习法学,有逻辑、重体系的思维方式必不可少,它并非和洞察力一样,累积的知识达到一定程度,就自然具备对法律的感知能力,这种思维模式是需要从接触法律开始就应当不断训练的,它会陪伴一个法律人、成就一个法律人。这是我在暑期班最大的收获。

续表

学员	感想
李同学 西北政法大学 法学院 2015 级本科	大部分感悟我都在其他部分已经说了，但还是想说，中南财经政法大学给了我们这样一个平台，真的超级感激。在这里不仅学习了德国案例分析方法，还了解到了学习法律的多种方式，见识到了其他学校对于法学生的培养，他们又是如何学习的。同时，收获的友谊也让我很难忘，虽然只有短短 2 周，但能找到志同道合的朋友，能在相同领域进行势均力敌的交流，真的很满足，这份友谊也值得我珍藏一辈子。
沈同学 湖南大学 法学院 2015 级本科	相比在自己学校的学习，虽然这里的强度有些大，但其效果十分明显，在自己看来，曾经的一整年的民法知识似乎不及此行之数日所学，真正领悟到“实践出真知”之真谛，很多东西只有在通过输入与输出的相结合才能达到“融会贯通”之程度，否则就只是过眼云烟，轻轻来去罢了。因此，十分感谢能够通过这种实践性的学习方式慢慢掌握案例分析的方法，也通过这种亲自“下笔”的方式，慢慢追回过去的知识点，重新建立起自己的知识大厦。

此外，“鉴定式案例分析”教学团队还前往华东师范大学和广东财经大学等高校开设“鉴定式案例分析课程”，向更多的同学传授鉴定式分析模式的精髓，改变学生以往跳跃性和断裂性的思维模式，受到了该校师生的热爱。教学团队致力于推广鉴定式分析法，培养学生通过逻辑严密的分析，完成对法规范的解释，实现法律规范在具体个案中的适用，转变以往“填鸭式”的低效率教学现状。

3. 校内“鉴定式案例分析”培训班

虽然“卓越法律人才实验班”的教学取得了可观的成效，但实验班毕竟属小班教学，受众群体范围有限。为惠及本校更多法科学子，教学团队于 2018 年 3 月举办鉴定式案例分析培训班，共招收学生 70 名。校内案例培训班要求与实验班相同，均需要课前完成案例分析书面报告、参与小组讨论形成讨论记录，并交由授课教师批阅，上课时则由授课教师带领学员进行案例研习并答疑解惑。经过持之以恒的训练，培训班学员逐渐具备了从实证法出发解答案例的能力。校内培训班的开设，为接下来在全院开设民法、刑法和公法鉴定式案例分析选修课提供了有益经验,从而逐步从精英化走向大众化。

4. 鉴定式案例分析兴趣小组

“鉴定式案例分析”教学团队的诸位年轻老师,在正常的教学任务外,不断推广鉴定式分析方法,围绕案例开展各类案例研习活动,深入讨论国内外经典案例。特色小组报名通知发布后,教学团队的各位老师都收到众多简历,经过筛选后,法学院近100名学生通过面试,成为鉴定式案例分析小组的成员。各位指导老师耐心辅导,认真筛选案例,逐字逐句修改小组成员书写的鉴定报告。兴趣小组有所不同,仅针对一个部门法做深入探讨,分析疑难案件,对理论知识做更为深刻的理解。通过兴趣小组自主活动,小组成员对法律适用方法的理解亦大大提高。

(二)实践类案例教学

当然,仅靠理论方面的案例教学无法使学生了解法律实务最真实的状况。通过鉴定式案例研习,学生尚无法处理法律实务中的全部问题。只有让学生融入实际案例,了解问题处理的全过程,才能提升其综合能力,培养法律实务技能,真正处理实践中的棘手问题。基于上述考量,我校开展丰富多彩的实践类案例教学,创新实践类案例教学形式,最大限度地还原实务现状。

1. 法学实验教学系统

法学实验教学中心是我校实验教学和人才培养的重要基地,承担着法学院、刑事司法学院、知识产权学院、法律硕士教育中心的两大学科、五个专业、6000余名法学专业学生的实验教学任务。在长期的探索创新中,法学实验中心独创的法学实验教学系统(Legal Experimental Teaching System,LETS)能够超越时间、空间和场地的限制,让全体法科学生开展法学虚拟仿真实验。通过法学实验系统,学生能够掌握立法流程、诉讼流程及非诉流程,配合各门理论课的学习,实现理论与实务的高效衔接。

法学实验教学系统内部分设公共管理、立法实验、执法实验、诉讼实验和非诉实验五个子系统，涵盖宪法、法律等的立法流程，民事诉讼、刑事诉讼和行政诉讼的诉讼流程以及公证模拟、订立合同、律师调节等非诉实务，具有极强的实务模拟性。实验流程可根据授课教师的需要新建，任意组合，灵活性大大提高，后台操作起来也更顺畅。只要有需要，随时可以设计出新的流程图，新的流程图在系统后台画出来后，再配置相应的功能，学生就可以按新建流程进行实验，大大满足法科学生对法学实践了解的需要。

在中南财经政法大学的大力支持下，在法学实验教学中心实验系统开发人员兢兢业业的努力下，LETS 法学实验系统不断升级，日益信息化，便捷化，前沿化，得到了国内各高校的高度认可。截至 2016 年年底，签约引进 LETS 的国内高校已有 31 家，如华南理工大学、大连大学、大连海洋大学等。

图 3　法学实验教学系统（LETS）

2. 法律诊所

法律诊所即诊所式的法律教育，起源于 20 世纪 70 年代初期的美国，已通过实践被证明是一种法学院学生获得法律经验、培养实务能力的有效方法和途径，其突出的实践性特色具有单纯课堂教育无可比拟的优势，可用于培养大量的法律实务人才，并加强对理论性研究的理解和实践配套经验。我校“法律诊所教育”工作已经进行数十年，吸引众多教师开设课堂。

相对于传统的课堂教育模式，法律诊所课堂为学生创造了机会和平台，使其充分发挥主动性和自主性去学习知识；同时中南财经政法大学为学生提供真实的案件,激发学生的学习热情。在这种诊所式的教学模式中,具备丰富法律实务经验的教师启发学生了解案件,通过追问来引起学生的思考,引导学生逐步接近问题的答案,激发学生的创造性思维。在接到真实案例时,老师往往会让学生分组讨论,然后选出逻辑分析比较强和语言表达比较好的学生去代理案件,再将处理案件时的经验进行反思评估后在课堂上与同学分享,从而形成一种"学习—实际技能技巧—反思—再学习"的学习模式。通过法律诊所课堂的学习,学生能够克服理论的抽象去真实地取证、笔录、出庭,使学生在处理真实案件的感性体验中弥补法律实务技能方面的不足,切实提高同学们的法律职业技能。

在数十年的教学实践中,中南财经政法大学法学院已经形成类型丰富的法律诊所课堂,吸引众多同学参与,反响非常。

表 3　2018 年诊所课堂安排

老师	课堂数	课堂	人数	时间
韩桂君	2	劳动法(1)	20	周二第三大节
		劳动法(2)	20	周二第四大节
郭倍倍	1	证据法	25	周四第四大节
李岩	3	纠纷裁决的基础技能(1)	20	周四第四大节
		纠纷裁决的基础技能(2)	20	周五第三大节
		纠纷裁决的基础技能(3)	20	周五第四大节
刘春梅	1	民事仲裁实案	20	周四第四大节
秦小建	1	立法与政策设计	20	周四第五大节

3. 法律援助中心

法律援助中心是中南财经政法大学公益事业的一张名片,以 2016 ~ 2017 年为例,该学年法律援助中心年度累计接待当事人共计 965 位,详细记录案件 272 件。其中,法援办公室接待案件 141 件,法院、司法局接待案件 131 件。为当事人出具不同类型的法律文书 83 份,代理案件 19 个,共获得当事人赠送的锦旗7面。中心与洪山区司法局携手，通过一系列法律咨询、社区普法活动，发放普法手册400余份，提供法律服务累计超过200小时，为社区居民解决日常生活中遇到的法律问题。在法律援助活动中，学生能够参与到真实案件的处理中，接触当事人并了解其诉求，提高学生的动手能力和思辨能力。

4. 主题式新型实习项目

相比于传统的实习项目，主题式新型实习项目分为远程实习和在所实习两个阶段，延长实习时间，使得学生更加充分地参与到律所的业务处理中。我校法学院受到万商天勤（深圳）律师事务所、北京大成（成都）律师事务所以及湖北忠三律师事务所的律师团队的大力支持，确立了"资产证券化实习项目"、"股权法律服务实习项目"及"刑辩实务实习项目"三个项目。通过主题式新型实习项目，学生们积累了丰富的实务经验，大大提高实习的针对性，真正利用律所资源，提升实习项目的价值。

四、结语

法学教育应当为法律实践奠基，塑造法科生的思维模式，为我国法律共同体建立交流平台，形成法学教育与法律实务的良性互动。案例教学正是改变法学教育现状，真正培养符合我国法治要求的法律从业者的不二法门。令人欣慰的是，随着留德学人日益增多，鉴定式案例分析被越来越多的教师熟知与认可，并在一定范围内推广。但若要实现案例教学的本土化，将德国鉴定式分析思维嵌入我国法学院课堂，教学团队仍任重道远。

改革开放40多年来，法学教育面临重大改革，案例教学模式的探索也进入深化阶段。教学模式的创新与发展并非一蹴而就，需要各大高校法学同人的支持配合、齐心协力、精诚合作。40年风雨兼程，若已经寻得正确的方向，案例教学的创新便已经开启，相信"星星之火，可以燎原"。

智能互联网时代法律实践教学之变革

孟　军*

摘　要：智能互联网时代网络信息技术的广泛应用对人们社会生活产生广泛而深刻的影响，也对法律人才培养提出新的要求。智能信息技术应用于法学教育，丰富着法律实践教学方法、拓宽教学内容、优化教学评价方式并扩大教学对象范围，同时智能互联网时代法律实践教学在学生能力培养标准建构、教师教学能力提升、智能信息技术掌握与运用以及学生法律实践等方面面临着新的问题与挑战。为应对挑战需要转变法律实践教学思路，确立培养学生多元复合能力、与校外法律实务部门智能链接和教学单位共享教学信息资源等理念，具体举措涉及法律实践教学课程建设回应社会需求、提升教师运用智能信息技术教学能力以及着手解决学生法律实践中遇到的新问题等。

关键词：智能互联网；法律实践；机遇与挑战；教学思路；改革路径

一、智能互联网时代背景下社会对法律人才培养提出的新要求

人类社会已进入智能互联网时代，人工智能、云计算、大数据、区块链等互联网技术的广泛应用渗透于各行各业并深刻影响着人们的生活。智能互

* 孟军，北京师范大学法学院副教授。

联网成为各专业领域日益重视的研究内容，如何结合智能互联网技术促进本专业发展是各专业领域共同面对的问题。法律是现代社会治理的一种重要方式，社会主义法治更成为我国基本治国方略。在智能互联网技术高速发展的今天，法律专业同样面临新的问题与挑战，法律专业与智能互联网新技术的结合极大地推动着法律行业的发展与升级。

智能互联网技术突破了传统法律空间、重塑法律主体关系、出现新的法律调整对象并改变着社会秩序生成机制，智能互联网技术对法律专业的影响广泛而深刻。首先，智能互联网技术对法律理论产生影响。法律理论是法律规范的根基，决定着法律规范的价值取向及具体制度构建。人类社会经历了漫长的发展过程，每一阶段都面临不同的问题需要理论加以解释，不同阶段法律规范需要承担的任务不同，因而人类社会各阶段法律理论具有鲜明的时代特征并具有一定前瞻性。正是不同时代、不同地区各种法律理论的综合，推动人类探知法律知识，深化对法律规律的认识。人工智能互联网时代把人类生活划分为两个空间——现实世界和网络虚拟空间，人类在新的时代继续着"我是谁"的哲学追问，持续对法律规范与其他社会规范边界及关系进行探索。当今世界科学技术已不仅仅是一种工具，而是人类处理人与世界、人与人关系的重要方式，法律理论需要重新去解释这些关系。其次，智能互联网技术对法律规范内容产生影响。"科学技术在不断的发展中对人类的思维方式、价值观念、物质环境和社会组织等逐渐影响，使社会经济制度和利益结构发生了深刻的变化，社会价值标准和行为规范面临着重构。"①智能互联网时代出现了许多新的社会问题需要从法律角度进行认知、解释和加以规范。例如，虚拟财产权问题、人工智能成果的知识产权问题、无人驾驶法律责任承担问题、处于人工智能环境中个人隐私权保护问题、网络犯罪类型化问题等。有些问题历史上不曾存在，是伴随着科学技术发展而新出现的，需要法律进

① 王渊、吴双全：《"互联网+"时代法学教育变革研究》，载《高教探索》2019年第7期。

行应对与规范;有些问题则是已有法律规范,但随着科学技术发展出现新变化,需要对已有法律规范进行及时修改或废除。最后,智能互联网技术对法律职业产生影响。智能互联网技术不仅仅限于理论抽象与探索,而是融入了人们的日常生活,影响着人们的行为方式。智能互联网技术与法律专业的深度融合,催生了"智慧法院"、智能律师平台等系统,法律信息数据收集与处理普遍化以及办公自动化,一方面极大提升了法律职业者的工作效率,使法律职业者得以从繁杂的基础性工作中解脱出来;另一方面可以通过大数据处理把握法律运作特点和规律,为法律决策提供信息和标准。掌握智能互联网技术日益成为法律职业者必备的基本素质。

法律人才培养是法律理论创新、法律制度建设以及法律适用的基础,法律专业的整体发展离不开法律人的因素。智能互联网技术作为时代的新生事物,给人们的日常生活及法律专业领域带来巨大变化,法律人才培养不应忽视社会变化。"互联网、人工智能既是一种新技术的应用,也衍生出一种新的生活和行为方式。""互联网、人工智能通过教育和教学媒介影响法学人才的培养,并且从学科和培养模式上形成了横向复合与交叉融合,深刻影响人才培养质量。"①法律人才培养发展的方向是将法律教育与科学技术深度融合,实现法律教育转型,促进法律人才培养满足变化的社会需求。教育部提出,要完善人工智能领域人才培养体系,推动高校建立与科技创新、产业发展需求相适应的人才培养体系。"重视人工智能与计算机、控制、数学、统计学、物理学、生物学、心理学、社会学、法学等学科专业教育的交叉融合,探索'人工智能+X'的人才培养模式。"②2018年教育部和中央政法委联合发布《关于坚持德法兼修实施卓越法治人才教育培养计划2.0的意见》,在改革任务和

① 邓恒:《互联网人工智能为法学人才培养带来"新智慧"》,载http://www.jyb.cn/rmtzgjyb/201905/t20190509_232242.html,最后访问日期:2021年12月20日。

② 叶雨婷:《教育部:探索高校"人工智能+X"的人才培养模式》,载http://news.cyol.com/yuanchuang/2018-06/08/content_17270838.htm,最后访问日期:2021年10月18日。

重点举措中提到“拓渠道,发展‘互联网＋法学教育’。适应教育信息化与法治建设信息化的新形势,推动法学专业教育与现代信息技术的深度融合,打破校园与法治实务部门间的时空屏障,将社会资源引进高校、转化为优质教育教学资源,建立覆盖线上线下、课前课中课后、教学辅学的多维度智慧学习环境。法治实务部门要向法学院校开放数字化法治实务资源,将法庭庭审等实务信息化资源通过直播等方式实时接入法学院校”。这些意见是在深刻认识智能互联网时代特征与法律教育目标的基础上,对法律人才培养提出的新的要求与安排。科学技术与法律教育深度融合将是法律人才培养的重要方向,这一趋势会给法律人法律思维塑造、法律教育内容扩展、法律教育方式转变等方面带来深刻影响,践行并创新法律人才培养模式。

二、智能互联网时代法律实践教学面临的机遇与挑战

法律作为应用型学科,法律实践教学是法律教育的重要组成部分,也是法律人才培养的重要环节。无论是2011年《关于实施卓越法律人才教育培养计划的若干意见》,还是2018年《关于坚持德法兼修实施卓越法治人才教育培养计划2.0的意见》,均对法律实践教学予以足够重视,强调法律实践教学为强化法学教育之要。经过法律人长时期的努力和探索,我国传统法学教育重理论、轻实践的局面在一定程度上有所改观,案例教学、模拟法庭、校外实习、法律诊所等法律实践课程各具特色并行形成课程体系,法律实践教学效果日益明显。智能互联网时代科学技术的发展给法学教育带来的影响是全面的,作为法学教育组成部分的法律实践教育概莫例外,法律实践教学面临着新的机遇与挑战。

（一）法律实践教学面临的机遇

1. 丰富法律实践教学方法。智能互联网时代科学技术运用于教学,突破

了传统教学模式。同步录传设备、智能终端设备、VR技术、仿真实验技术等出现于法律实践课堂，学生能够更广泛和深层次参与教学，进而激发启发式、模拟式、参与式、讨论式等法律实践教学方式的效能。教师与学生以及学生与学生之间可以通过电子通讯设备与电脑，使用各种学习软件，实现线上、线下同步教学，同时多向讨论研学。微课、幕课、翻转课堂等新的教学技术与教学方法使得法律实践教学不再受制于时间和空间，教学资源的创新和优化配置，给教师教学及学生学习带来了极大的便利性。

2. 拓宽法律实践教学内容。同传统法律理论教学不同，法律实践教学以教授学生法律实务技能为主，同时培养学生法律职业道德与职业规范意识，接触和认识社会。国内普遍开设案例教学、模拟法庭、法律实习、法律诊所、法律谈判等法律实践课程，各类实践课程学习内容各有侧重，教学内容和教学方式依据不同法律职业特点设定。智能互联网时代，法律实践教学内容发生新的变化。一是出现新的课程类型。在已有法律实践课程类型基础上，结合最新科技，一些院校设立人工智能法律学院、开设法律仿真实验课程等，如一些法律院校开始开设法律虚拟仿真实验课程并设有网络实验教学平台，学生可以在虚拟的平台提供法律咨询，进行法律分析，提出问题解决方案。虚拟仿真实验课程作为一种新的体验式教学方式，成为介于传统课堂模拟训练课程与真实案件代理课程之间的一种课程类型并可作为传统法律实践课程的辅助教学手段，应用范围广泛。二是扩充教学资源。智能互联网时代的法律实践教学不再限于书本上的理论知识以及教师个人办案经验的介绍和指导，凭借互联网技术，大量优质法律教育资源被引入教学，如裁判文书网、庭审直播网、最高司法部门发布的案例指导均可通过互联网平台转化为教学资源，丰富课堂教学内容。三是与司法实务部门深度融合。法律实践教学离不开司法实务人员的参与和指导。因司法实务人员自身工作任务及参与教学时间限制，其参与法律实践教学程度有限。智能互联网技术的应用，司法实务人员可以突破时空限制，一名律师或者法官可以不离开工作单位指导学生办案，密切教学单位与司法实务部门的联系，提升司法实务部门指导学生法律实践效能。

3. 优化教学评价方式。法律实践教学注重学生实务操作技术掌握及法律思维培养，对学生学习效果评价难以采用统一标准。智能互联网技术的应用为教学效果评价提供了有效工具。一是提升教学评价的准确性。通过智能在线教学平台，基于数据挖掘技术自动分析学情，实时跟踪在线学习动态，并及时向教师反馈，将提供一套符合知识掌握循序渐进规律的全过程式评价机制。[①] 互联网技术在评价精度上远胜于传统法学教学评价模式，能够达到广泛收集过程性教学数据的目的，可以全程观察学生的各项表现并获得指标进行分析，进而准确衡量法学教育教学工作的实际效果。[②] 智能互联网技术有助于法律实践教学评价“走出粗糙的经验主义泥淖，迈人精细的数据主义”。[③] 二是实现学生个性化评价。法律实践教学是比较注重学生个性化学习的一种教学模式。个性化学习（personalized learning）指的是根据学习需要、学习偏好、不同学习者的具体兴趣进行教学。[④] 学生之间学习知识能力存有差异，智能互联网技术应用于教学，教师可以收集学生数据，观察学生表现，并通过云储存和算法处理，及时了解学生掌握知识情况，实时反馈学习效果，并作出有针对性的评价，实现差异化教学。基于数据基础的分析与归纳，可以对教学评价反馈更为精准，亦有利于发现教学规律，为教学改革与优化提供参考依据。

4. 促进法律实践教学从精英化转向大众化。由教学特点与规律以及教学条件所决定，法律实践教学突出学生法律实务操作能力训练，更适合师傅带徒弟式的教学方式，关注每个学生能力养成。一般而言，传统法律理论课大

---

① 参见梁洪霞、杨自意：《人工智能时代的法学教育》，载《高等教育评论》2019 年第 1 期。

② 参见洪浩：《“网课”推进法学教育创新》，载《社会科学报》2020 年 4 月 2 日，第 5 版。

③ 冯果：《大数据时代的法学教育及其变革》，载《法学教育研究》2018 年第 2 期。

④ 参见杨学科：《论人工智能时代的法学教育新挑战、新机遇和新模式》，载《法学教育研究》2018 年第 4 期。

班授课的方式并不适合法律实践教学。以法律诊所课为例,学生除了接受课堂教学,还在法律诊所值班接待当事人并代理真实案件,同时教师对学生代理案件提供实时指导,该种培养模式适合小班授课,无法满足多数学生学习需求。智能互联网技术的引入拓展了教学时间和空间,一方面教师通过线上教学吸纳更多学生进入课堂,校内、校外教师还可线上指导学生办理案件;另一方面司法实务部门网上会见、网上审判"云法庭"越来越多地运用于司法实务,拓宽了学生参与和实际办理案件的范围。模拟法庭课程旁听法庭审判教学环节不必再组织学生到审判法庭,学生在校内通过视频直播便可观摩法庭现场审判,不受人数和场地限制。智能互联网技术给法律实践教学带来的影响不仅体现于教学方法及教学内容的变化,更重要的是可以让更多学生受益,为实现教育公平提供更多可能性。

(二)法律实践教学面临的挑战

1. 法律实践教学学生能力培养有了新标准。传统法律实践教学以培养学生必要的法律操作技能为主,方便学生毕业后尽快适应法律职业环境,缩短理论学习与工作实务的距离。智能互联网时代下,智慧法院、机器人检察官、在线律师等技术系统出现并逐步在法律实务部门推广,一些基础性法律技能领域出现"机器替代人"的现象,传统实践教学学生培养目标面临转型与升级。新时代法律人才培养更注重学生法律分析、事实判断、社会洞察等职业能力培养,同时需要掌握智能互联网技术。只掌握基础性法律职业技能的法律从业人员将难以适应法律职业市场,培养智能化、综合性法律人才成为法律实践教学未来发展趋势。

2. 法律实践教学教师教学能力要求提高。相比传统法律理论教学,法律实践教学比较注重以学生为中心的教学模式,但法律实践教学素材选择、信息传递主要来自教师自身对事物的理解和把握。智能互联网时代学生可以接触大量法律实务素材与信息,一些基础性技能可以通过互联网习得或通过人工智能授课获得，学生学习需求转向更高层次能力培养。法律实践教学教师工作模式、工作方式面临转型，教师不仅是知识的灌输者，更是知识的组织者和帮助者。在此局面下法律实践教学教师的教学重心有必要转向提高学生法律思维能力和高层次实践能力培养，教师自身教学能力要求随之提高。同时，在信息化技术高速发展的当代，法律实践教学教师还需掌握一定智能互联网技术并能运用于教学过程，提升教学效果。

3. 当前信息化技术运用于法律实践教学具有一定滞后性。智能互联网时代科学技术发展飞速，各种信息技术应用对各行各业乃至人们的日常生活产生了深刻影响。法学教育领域对信息技术应用于课堂教学开始重视，特别是一些专业性法律院校在此方面进行了有益探索并取得积极成果。总体而言，相对于其他领域，法律实践教学本身所带的实操性、亲历性等特点，使得法律实践教学信息技术应用表现出一定的滞后性和被动性，网络信息技术应用有限。以 2020 年年初新冠疫情为节点，法律实践课程大规模、普遍性采用线上教学方式授课，也引发了在保证教学质量的前提下法律实践课程如何适应线上教学以及如何开发智能化法律实践课程的讨论和研究。法律实践课程线上教学尽管是在特殊情况下不得已而为之的一种应对，强化信息技术应用于法律实践教育是智能互联网大的时代背景下的必然发展趋势，并不会随着疫情的消失而弱化。

4. 学生法律实践遇到新问题。智能互联网时代，数字、网络、电子通讯工具、编程等信息技术广泛应用于人们日常生活，也对法律实务部门办案方式产生影响，网上会见当事人、电子证据调查、网上开庭、辅助办案软件系统应用等前所未有；学生参与法律实践范围扩大，学生创新创业项目、在线提供法律援助、担任法律助理以及代理真实案件成为学生参与法律实践新方式。学生参与办理真实案件等法律实务操作是法律实践教学的重要环节，网络信息技术应用于办案一方面为学生参与法律实务提供了便利并扩大从事法律实务的业务范围，另一方面新技术应用也为学生办理案件带来新的问题，例如，学生网上办理案件接触大量个人信息，如何确保办案过程中隐私信息不被泄露以及如何保管与使用办案信息？不同于传统办案，学生面对面接触当事人、检察官、法官、律师，以网络信息技术为媒介，学生与司法人员关系形成新的模式，法律职业伦理与执业规范被赋予新的内容；学生与当事人的关系变得间接、隐匿以及具有流动性，学生如何分辨以及控制办案过程？这些均是法律实践教学过程中需要审视并加以解决的问题。

三、智能互联网时代法律实践教学变革思路

智能互联网时代网络信息技术对法律实践教学的影响是全方位的，也是深刻的。法律实践教学需结合新时期法律人才培养目标与要求，融合信息科学技术，与时俱进，更新教学理念并实现教学目标与教学模式的转变。

（一）从单一到复合

"社会对人才的需求不是空洞的'纸面文字符号清单'，是否具备解决实际问题的能力才是关键的考量。"[①]传统法学教育目标为培养能够运用法律专门知识解决实际问题的应用型法律人才，单一的法律人才培养目标已难以满足智能互联网时代以及法治社会对法律人才的需求。法学理论对智慧社会的回应、转型和升级，也必然会推动法学教育模式和人才培养机制的探索创新。这种创新首先就是多元复合，[②]一是教学内容和教学方式多元复合。智能互联网时代法律工作者必备的能力素质、知识结构发生变化，需要法学课程体系和教学内容积极应对。现代法律知识与规则体系具有专业性和封闭性的特点，传统的法律体系坚信专业完整无瑕的概念范畴和理论逻辑。因此，造成难以与其他的专业进行融合，甚至教义法学和社会法学之间也隔有

① 冯果：《大数据时代的法学教育及其变革》，载《法学教育研究》2018 年第 2 期。
② 参见马长山：《面向智慧社会的法学转型》，载《中国大学教学》2018 年第 9 期。

理论“鸿沟”，对法学理论研究思想的转型、知识体系内容的更新融合、逻辑思想的重建、思维方式的变革造成很大的阻碍。[①] 跨专业、交叉学科的理论研究与课程设置以及伴随的专业实践成为趋势，法科学生单一的法律知识传授向法律、信息技术、社会学、政治学等多学科知识学习转型。二是培养学生多元复合能力。智能互联网时代，应用型法律人才需要具备复合型能力。法科学生除了掌握法学理论和法律技能，还需学习互联网、人工智能、大数据收集与分析等信息技术。新时期法学教育的人才培养目标应调整为：培养既掌握基本法律知识，具备法律职业技能，又要懂技术又善于思考技术伦理的未来法治人才。[②] 多元复合、学科交融的人才培养模式是法学教育未来发展的趋势，法律实践教学需顺应该趋势，培养学生适应社会发展及个人发展所需综合能力和个性品格。

（二）从课内到课外

智能互联网技术为法律实践教学提供了优质教学资源，将课内与课外相连。庭审直播网、裁判文书网、案件办理同步查询系统等拓宽了学生学习领域并为学生参与司法实践提供便利。“互联网的现代信息技术，有利于解决优质司法资源转化为优质教育资源的难题，有利于将优质司法资源‘请进来’，填补、弥合法学院校与法律实务部门因空间距离等阻隔而造成的优质司法资源难以转化为优质教育资源的鸿沟。”[③]信息技术应用使得校内教学单位与校外实践教学基地和法律实务部门联系紧密，教学单位与法律实务部门深度合作开展法律实践教学成为可能，课内与课外协同，共同致力于法律实践

---

① 参见左倪娜、李冬青：《“人工智能 + 法学”复合型人才培养探究》，载《广西政法管理干部学院学报》2019 年第 3 期。

② 参见贾引狮：《人工智能对法律职业的影响与法学教育面临的挑战》，载《法学教育研究》2018 年第 3 期。

③ 参见黄进：《创建“即时共享　协同融合　学训一体”同步实践教学模式，培养卓越法律人才》，载《法学教育研究》2015 年第 1 期。

人才培养。

(三)从自我发展到资源共享

法学院校通常根据各自专业特点和办学特色开展法律实践教学,从而体现出个性化的一面。同时,作为一种教学模式,法律实践教学还具有共性和普遍性的一面,遵循着实践教学规律。智能信息技术运用于教学,促进各法律院校课件、案例、教学视频、办案程序等教学资源扩散和传播,为各院校共享,丰富各院校教学素材,从而促进法律实践教学可持续发展。互联网技术打破了限定性的教学空间,多所院校同上一堂课成为可能,学生跨区域协作办案,共享优质教学资源,最大限度发挥教育效能。

四、智能互联网时代法律实践教学变革路径

智能互联网时代的法律实践教学需要教育者不断适应科学技术发展的要求,关注智能互联网技术的最新发展,创造性将科学技术与法律实践教学相融合,完善法律人才培养体系。

(一)法律实践教学回应社会现实需求

智能互联网时代各种智能信息技术既是新的历史时期的产物,也是一种方法,给社会带来巨大变化的同时,也产生新的社会需求。法律实践教学需要面对新形势,回应社会发展新的需求,将法学教育与智能信息融合以创新法律人才培养模式。一是关注学生法律思维的培养。法律思维是一种按照法律逻辑(包括法律的规范、原则和精神)来观察、分析和解决社会问题的思维方式。① 科学、严谨的法律思维是法律人从事法律职业的基本素质与能力,

① 参见郑成良:《论法治理念与法律思维》,载《吉林大学社会科学学报》2000 年第 4 期。

也是区别于其他职业者的显著特征。法律思维是一种独特的批判性和创新性思维，法学教育应当以能力、素质，特别是法律思维的培养为其宗旨。[①] 网络信息、人工智能等技术冲击着传统法律理论与法律制度，从法律主体到法律客体、从立法到社会法治治理，都需要重新学习和认识。“大数据时代的‘大数据’已不仅是一种技术指代（如当前风行的人工智能、区块链、物联网等），其更是一种思维方式的代称，是人类发展与社会关系因应调整的一次全面审视。”[②]法律实践教学帮助学生从简单学习转向深度学习，通过教学活动提升学生法律思维能力，帮助学生认识新技术带来的文明困境、价值冲突，理解、研究和应对新出现的问题。“未来的法学教育将是价值观、思维、情感能力培育的教育，应将法律职业伦理教育、法律思维能力、法律情感能力的培养贯穿法学教育始终。”[③]除了法律思维，“法学教育的智能模式，需要强调人机交互作用的机理，促进法学思维与技术思维的交错，形成以数据为中心的复合型法学应用数据思维方式”。[④] 培养学生法律思维方式、引导学生掌握法律推理方法、掌握运用先进信息技术技能是未来法律人才培养的重心。二是重新设计和整合法律实践课程。智能信息技术广泛应用，人们的观念意识发生很大变化，法律实务部门从整体工作思维到具体工作方法都在作出积极反映。法律实践课程不应无视社会变化，课程内容应做相应调整，围绕科技发展带来的问题进行教学设计改革。面向新的领域设置新的课程，课程内容贴合新的社会需求；结合智能信息技术应用，改革现有课程，以满足现实社会对法律人才培养的需求。

---

① 参见王晨光：《法学教育的宗旨》，北京大学出版社 2016 年版，第 21 页。

② 冯果：《大数据时代的法学教育及其变革》，载《法学教育研究》2018 年第 2 期。

③ 杨学科：《论人工智能时代的法学教育新挑战、新机遇和新模式》，载《法学教育研究》2018 年第 4 期。

④ 杨继文：《从实验法学到智能法学》，载《检察日报》2018 年 12 月 18 日，第 3 版。

（二）教师学会与人工智能合作

智能互联网时代法科学生学习法律知识渠道变得多元，借助互联网技术学生获得学习资料更加便捷，自我学习能力提高，法律实践教学中教师的教学活动不再是学生学习法律和实务操作的唯一来源；人工智能、信息技术改变传统教学方式，教师终身学习成为趋势，教师教学面临更新与转型。一是教师革新教学理念。智能互联网时代的法律实践教学不仅仅是法律实务技能的传授，面对信息技术应用以及给社会发展带来的影响，学生法律思维训练及创新能力培养日益显得重要。将科技信息技术要素、大数据思维等引入法律实践课程教学既是新时代法学教育的要求，也为新的教学理念和教学模式奠定基础。法律实践教学教师的角色定位需要从法律理论、法律技能知识传授者转变为能力培养者。二是教师掌握新教学方法。人工智能为法律实践教学提供了海量教学资源和高科技含量的教学技术与方法，教师教学不再是机械的法律解释与师徒式单一法律技能传授。教师需要选择教学资源并合理安排运用于教学，以发挥教学效能。人工智能、司法大数据、网络技术等正广泛应用于教学，幕课课程、网络直播课程、虚拟技术运用等新生事物出现。法律实践教学教师需强化信息技术基础知识与技能的培训，提高自我学习能力，掌握专业领域最新前沿信息，主动参与到现代信息技术带来的教育变革之中。

（三）解决学生法律实践中遇到的新问题

信息技术的广泛应用全方位影响着法律实务部门办案方式，也影响着学生参与法律实践的方式。学生在享受信息技术带来便利的同时，也需正视参与案件办理过程中产生的如当事人隐私权、职业伦理等新问题。一是强化法律职业道德与职业纪律教育。法律实践课程以培养具备法律实务操作技能人才为目标，但法律职业道德与伦理教育不可或缺。围绕人工智能信息时代法律关系与办案方式出现的新变化与新特点，师生有必要对相应的法律道德与伦理进行深入理论研究；制定严格的办案标准与操作规程，对法律职业道德与执业纪律及时进行调整。二是探索新技术手段防范风险。学生参与法律实践办理案件，可以创建办案系统，通过软件加密等方式防止信息泄露；完善提供法律咨询及办理案件流程，增强对案件处理的可控性。

智能互联网时代对法律人才培养提出新的要求，网络信息技术则为法律实践教学提供了平台和技术支持。法律实践教学需全方位回应社会对法律人才的需求，更好地适应智能化、信息化社会发展趋势，实现可持续化良性发展。

论法科研究生案例教学中“复盘”的规则与结构

刘仁琦*

摘　要:法科研究生的案例教学,必须兼具法学理论性、司法实践性、学科交叉性,因此对复盘要求极高,但教学实践中由于价值取向不明确、方式方法不科学、结构系统不完整等,复盘难以取得应有效果。案例教学应至少包括整理争点、分析证据、找寻原理、收集法则、搜集类案、法庭调查、法庭辩论等教学内容,为使学生明确知识要点,融会技能与技巧,对法科研究生案例教学的复盘应遵循亲历性规则、及时性规则、全面性规则;结构上应包括目标回顾与过程分析、障碍汇总与原因解析、经验指引与风险提示等部分。

关键词:法学教育;研究生;案例教学;复盘

复盘,最初为围棋术语,指对局完毕后,复演该盘棋的记录,以检查对局中招法的优劣与得失关键。法科研究生案例教学中的复盘,是以回顾法科研究生课堂上对案例的分析、解决为基础,以发现、总结、改进教学实践为目的,对案例教学中的学生解析案例的过程、技能、技巧及方法进行审视、分析和评议的活动过程。教师通过复盘,可以发现案例教学与理论教学的不同,并可

* 刘仁琦,法学博士,西北政法大学教授。

总结新的教学模式，最终形成新的教学风格；且法科研究生也可以在复盘中掌握案例分析的技巧与方法，实现知识的融会贯通，从而实现教学相长。对法科研究生而言，案例教学使用的案例，必须兼具法学理论性、司法实践性、学科交叉性，因此，对复盘的技术与规则要求极高。但法科研究生案例教学实践中，因复盘与点评之间的模糊性，常致无效复盘，必须对复盘进行系统性研究，以充分发挥复盘在法科研究生案例教学中的价值。

一、法科研究生案例教学复盘中存在的问题

我国传统法科研究生教学模式依然为“讲授式”教学，理念是“以教师讲授知识为中心”，实际上就是以教师为中心，研究生需要跟随教师思维听课，教师对整个教学过程发挥着积极主导作用，研究生是被教者，教师可以把控整个教学过程，根据研究生对知识的把握情况合理调配进度。该教学模式有利于系统地传授知识，但“讲授式”难以体现知识的复杂性、理论知识解决实践问题的实操性等，缺乏真实性，代入感不强，课堂气氛不够活跃。相对于“讲授式”教学，法科研究生的案例教学更能组织学生开展讨论或争论，形成反复的互动与交流，且案例更能通过各种信息、知识、经验、观点的碰撞达到启示理论和启迪思维的目的，能够使研究生学以致用。复盘，是法科研究生案例教学的“点睛之笔”、必要步骤，但当前法科研究生案例教学复盘中还存在一些问题，掣肘着复盘功能的发挥。

（一）价值取向不明确

法科研究生案例教学中复盘的价值取向决定了复盘的规则、行动方案等。总体而言，价值取向具有实践品格，其突出作用是决定、支配主体的价值选择，因而对主体自身、主体间关系、其他主体均有重大的影响。但案例教学实践中，复盘的价值取向并不明确，以致案例教学与复盘难以互动、互相作用。

第一，法科研究生案例教学中的复盘到底以什么为目的？当前，法科研究生案例教学中的复盘，大多是对学生案例分析的方式、方法、角度、技术、知识运用等进行简单的述评，而非构建良性的“教—学生态”。一方面，法学案例教学更加强调实践性、知识运用的综合性，对于学生的综合素质要求极高，学生亟须“指点”；另一方面，法科研究生案例教学的复盘应更关注“授之以渔”。所以，复盘不应该是简单地点评和分析问题，而应该是以一定的规则反思目标的实现度，进而分析目标没有实现的原因，并共同寻找解决办法，以此提升学生案例分析能力、知识的综合运用能力。因此，笔者认为，法科研究生案例教学中复盘的主要目的，应该是教师与学生通过总结案例教学中有益的经验和失败的教训，指导、启发类似案例的分析与下一阶段学习计划的开启，并帮助学生防范未来可能面对的错误风险。

第二，法科研究生案例教学中的复盘到底以谁为中心？当前法科研究生案例教学中，以老师为中心的复盘现象比较常见。“学生发展”是当今世界教育改革的重点，也是教学方式改革的难点，法科研究生案例教学中的复盘必须体现以学生为本、以学生为中心。不同于传统讲授知识式教学，法科研究生案例教学中要求教师与学生之间有较为频繁、强烈的互动，教师也要积极调动课堂上学生的积极性与参与度，教师是学生学习的协助者，应根据学生的需求更新教学理念，提高教学质量。因此，法科研究生案例教学中的复盘必须以学生为中心，并时刻关注：学生的案例分析方法是否是探究式的学习方式；学生的案例分析方法是否具有创造性和新颖性；学生的案例分析方法是否合理适度；学生的案例分析方法是否科学。

（二）方式方法不科学

法科研究生案例教学是一个复杂的有机体，许多构成要素会决定其成败，而复盘的价值在于强化目标、避免失误、复制技巧与总结规律等，以保证案例教学质量，防止案例教学沦为“故事教学”。但法科研究生案例教学实践中，由于复盘方式方法不科学，以致学生知识增长、技能提高等速度都较慢。复盘不是点评，二者之间有本质区别：首先，方式方法不同，复盘以总结、分析为主，一般为“对向”行为，而点评以述评、评论为主，一般为“单向”行为；其次，目的不同，复盘是以发现、总结、改进教学实践为目的，点评是以总结、分析教学过程中学生出现的问题为目的；再次，面向不同，复盘以学习为导向，通过复盘去总结经验，指导未来，点评主要是面向他人，反馈成绩，更多是回顾过往；最后，侧重点不同，复盘基本涵盖失误与成功，并且侧重分析失误背后的原因，而点评更多提及成绩与亮点。虽然复盘与点评各有千秋、各有应用场合，但法科研究生案例教学中复盘更有利于学生提升认知、提高水平，因此，必须摒弃“形似复盘实为点评”的复盘方式方法，以期案例教学的教学效果能够最大化。

（三）结构系统不完整

法科研究生案例教学中复盘的结构系统应该具有完整性。整体性是系统最为鲜明的特征，系统的概念就是强调整体性，作为系统的整体应“具有而其组成部分以及部分之总和不具有的特性，一旦把整体还原为它的组分，这些特性便不复存在”，现代系统论认为，系统发挥功能的大小取决于三个因素：一是系统内部各个元素的效能；二是系统内部各个元素组合的协调性；三是系统与系统之间的协调性。故而，整体并不是各个组分或者部分的简单叠加，而是通过合理安排与科学统筹，系统构成元素或组分的材料效应，以及不同组分或部分之间相互作用、相互关联、相互激发、相互制约、相互补充的结构效应，才能发挥最大能量与最佳效用，并最终实现系统的优越性。因此，法科研究生案例教学中的复盘，只有具有系统、完整的结构，才能发挥最大效用。一般认为，案例教学中的复盘应该具体为回顾目标、评估结果、分析原因、经验总结四步。但法科研究生案例教学实践中，教学者对复盘、翻转课堂、点评、BTEC 教学等基本概念常有混同，导致复盘的结构系统不清晰，以致复盘各结构“子系统”间无法发挥最大效用,复盘效果亟待提升。

二、法科研究生案例教学复盘的规则

“规则不仅是个人行动的准则,也是组织活动的基础,当然也是组织内个人行动的准则。”规则一般具有以下特点:其一,规则具有规范作用,即在一组可能的行动中,规则禁止其中的某个行动,或者提倡其中的某个行动。其二,规则的形式是一般的,规则的遵守者,总是一类人,或者说一类人中的全部个体,而不是某些个体,如果仅仅规范个别人或者是部分人的行为,则该规范并不能被称为法律意义上的规则,必须具有普遍的约束力才是我们讨论语境下的规则。其三,规则的效力是普遍的。也就是说,规则对某个行动的禁止或提倡,不能只是发生一次的,而必须是对凡符合某个条件的全部场合同样适用。其四,规范是连贯的,任何规则都不是孤立存在的:一方面,诸多规则关联起来构成制度,是规则发挥其约束和范导作用的主要方式;另一方面,规则或规则体系为了得到论证和得到运用,往往要通过与其他规则或其他规则体系发生关联。

就法科研究生案例教学而言,复盘的规则具有一定的特殊性。只有科学制定法科研究生案例教学复盘规则,才能最大化地实现课程设计目标。

(一)亲历性规则

亲历性规则是法科研究生案例教学复盘的首要规则。亲历意为亲身经历,师资人员应当自始至终参与案例教学的整个过程,在场、观察并详细记录。在案例教学整个过程中,师资人员应对每位法科研究生在案例教学中的表现进行全程的观测与记录。“亲历”在案例教学中中具有不可替代的作用。知识的扩容必须在亲身经历中完成,这和嵌入法则、单一法则是一脉相承的,经验的不可取代性再次强调了参与具体事件以及在差异状态中突出自我存在的重要性。简言之,复盘内容应以来自学生自身的直接感受为前提,而亲历性规则就是该前提的时间与空间条件保证。考虑到每个学生的个人情况都不尽相同,因而只有将每位学生的学习进度和情况逐一单独地进行记录与汇总,才能更为全面客观地看清每位学生的表现情况,并根据学生的切身状况做出及时的调整与反馈。

(二)及时性规则

及时复盘,效果更佳。就法科研究生案例教学而言,复盘可以有不同类别:从阶段上划分,复盘可以分为每一案例复盘、学期汇总复盘;从对象而言,复盘可以随时针对个人进行,亦可针对群体进行。法科研究生案例教学中,问题频发,需要及时发现问题、提出问题、分析问题和解决问题,以期提高学生对知识的理解度、记忆度,而就法科研究生案例教学而言,复盘可以分为某一阶段或知识点复盘,及某一案例结束时的复盘。根据人的记忆规律,复盘应当“趁热”及时进行,尤其是针对案例教学,其知识点更加繁杂、技能与技巧都要求很高,只有对所进行的学习进行即刻的复盘,才能使学生获得即刻的反馈,在后期的学习中也能够规避不当行为再次发生。

(三)全面性规则

复盘的内容应具有全面性。全面,则是对于事物的发展规律有一个全局的认识。复盘应有特定结构,以概括知识学习过程中出现的问题、分析原因,并找出解决办法等,因此,复盘是一项系统工程。而系统论认为,各元素、组分或部分存在于整体之中,也正是由于存在于整体之中,其个性、作用以及性质才能得到尽情的发挥和淋漓尽致的表现,离开了整体其立即失去了作为整体组成的元素、组分或部分的存在意义。处于复杂运行系统整体中的各元素、组分或部分相互关联、相互制约、相互影响,整体之中的每一元素、组分或部分都影响着整体,反过来整体又制约、牵制着他们。而就法科研究生案例教学的复盘而言，每次复盘都必须涵盖该阶段、该内容、该对象的全部表现。笔者认为，教师必须对学生的表现连续、系统、完整地加以回顾与评价，既要回顾学生在案例学习中的进步，也要关注学员在实训中暴露出来的问题，并积极寻找原因，寻求解决问题的解决路径。

三、法科研究生案例教学复盘的结构

法科研究生案例教学复盘的结构，是复盘各要素以案例为基础，教学目的为引导，形成相互联系、相互作用的组织形式或组织方式。系统的结构是系统保持整体性及其功能的内在根据。系统的元素组合而成系统的结构，元素之间的相互影响与相互作用又体现出了系统的客观实在性。为使系统最大限度地发挥整体效能，其结构就必须持续稳定。如果把法科研究生案例教学复盘当作一个小"系统"，那么系统的结构就是"元素之间一切联系方式的总和"，各元素、组分或部分存在于法科研究生案例教学复盘的整体之中，也正是由于存在于整体之中，其个性、作用以及性质才能得到尽情的发挥和淋漓尽致的表现，离开了整体性，复盘将会变得零散、无逻辑性，也无法发挥其价值。在法科研究生案例教学中复盘的各元素、组分或部分为按照经过进化或安排的角色促进整体之功效实现，以非线性的方式相互作用，复盘整体的作用不再等同于元素、组分或部分相互作用的简单叠加，且处于这一整体之中的它们，不可能在不对复盘整体造成任何影响的情况下从整体之中剥离出来。处于法科研究生案例教学复盘的复杂运行系统整体中的各元素、组分或部分相互关联、相互制约、相互影响，复盘结构整体之中的组分或部分都影响着复盘整体，反过来复盘整体又制约、牵制着它们。因此，从量的安排、质的变化、效用实现等方面来看，为使法科研究生案例教学复盘的整体结构具有构成它的元素、组分或部分无可比拟的优越性，应科学设定其结构。

（一）目标回顾与过程分析

法科研究生案例教学的教学目标是指在案例教学活动中所追求的学生的学习效果。学习效果始终是衡量法科研究生案例教学的指标，复盘可以有效、直观分析教学目标实现及课程进程中存在的问题。

第一，最终目标回顾。法科研究生案例教学，无非通过案例教学增长学生综合知识与提升法学知识运用技能、技巧。传统的法科研究生教育模式仍将教学本身视为核心环节，重视教学过程的秩序和规范，却忽略了绝大多数法科研究生将从事司法实务的客观因素，未将法学科研究生作为主体进行考量，而仅将其视为教学对象。法科研究生案例教学，老师与学生互动完成教学任务，甚至老师只是旁观者、点拨者、课堂秩序的维护者。为有效引导学生完成案例教学任务，以督促学生知识与技能的自我提升，法科研究生案例教学的复盘，必须关注教学任务中所设定的上述教学目标是否已经完成。

第二，过程总结与完成质效。传统的法科研究生教育教学的内容上依然侧重于法学理论体系和抽象原理的讲解，课堂活力、教学效果有待提升。案例教学可以实现从案例到规则、从案例到理论，且学生对于热点案例、真实案例发现问题、探索原理、搜寻规则、创制问题解决路径的积极性更高，而法学案例，往往知识点比较冗杂，涉及规则较多。对于法科研究生而言，一个成熟的案例教学所使用的案例，一般需要整理争点、分析证据、找寻原理、收集法则、搜集类案、法庭调查、法庭辩论等过程才能完成，上一个阶段的任务与下一个阶段紧密相连。因此，笔者认为，针对法科研究生的案例教学，必须设定阶段性目标，且复盘时需要对阶段性目标的完成情况、出现的问题及原因等进行深入剖析，以利最终目标实现。

（二）障碍汇总与原因解析

第一，障碍汇总。法科研究生案例教学的案例应当具有知识的复合性、争点的明晰性、裁判倾向的不明确性等特点。教师应引导学生主动分析、推理，以激发学生对法学理论、法律规则的深入学习，并鼓励学生不断提出新问题，从而发现问题并寻求解决问题的途径。这一过程中，即便是有一定法律基础的法科研究生，也很难驾驭如此繁杂的课程任务，遇到困难、障碍是必需的。因此，法科研究生案例教学的复盘，必须关注法科研究生在研习案例中遇到的障碍。笔者建议，为提高效率，对于这些障碍可以通过小组汇总的方式进行，也可以通过头脑风暴方式进行，但无论何种方式，都应具有可视化，并在全体法科研究生中形成记忆。

第二，原因解析。实际上，案例教学更多是“启发式”教学，以实现强化学生综合运用知识的能力、培养学生严谨思维的能力，因此，案例的选择必须具有一定典型性与难度，既如此，法科研究生遇到障碍当然在所难免，而为了有的放矢地分析问题、解决问题，复盘时必须善于抓住机会，总结、分析障碍产生或任务受阻的原因。一般而言，法科研究生案例教学复盘的原因分析，应采用小组互评、学生点评、头脑风暴方式进行；同时，为全面、深刻理解案例、理论、法律规则及社会政策等，教师应引导学生进行讨论、辩论，并培养学生独立思考的能力；最后，教师应做出更为深刻的原因分析，以启发学生。

（三）经验指引与风险提示

第一，经验指引。案例教学中的复盘承担着启发式教学功能。无论是对法科研究生进行案例教学，还是案例教学中的复盘，都对教师提出了较高要求：一方面教师必须熟知案例，且对案例中较多知识点有深入学习、全面认知；另一方面教师必须能够以复盘的方式为法科研究生提供知识与经验的指引，而非代替学生思考。法科研究生案例教学复盘的经验指引结构中，经验指引方式上，大多采用教师引导式、启发式讲解进行，并应更多强调技术、技能的应用，少涉及知识点的分析、讲解，以实现“授人以渔”；引导讲解的内容上，更多应是教师的经验分享。例如，在面对海量类案时，教师是如何筛选案例、精选案例的，用的何种搜索方式、搜索引擎等。当然，教师的经验指引过程中，也可以引导学生对经验展开批评、辩论，以活跃课堂气氛。

第二，风险提示。法科研究生案例教学中，学生案例分析失败并不鲜见。如前所述，案例教学中，教师要引导学生完成每一个案例的整理争点、分析证据、找寻原理、收集法则、搜集类案、法庭调查、法庭辩论等教学内容，而由于学生经验的欠缺、方式方法不合理、知识储备不到位、技能技巧不纯熟等原因，都可能导致课程任务不能完成。因此，在总结原因、经验风向后的复盘阶段，教师还应与学生共同商讨：分析案例的过程中，有哪些风险应当警惕；有哪些是坚决不能触碰的风险；有哪些是可控，但需要谨慎对待的风险等。通常情况下，风险提示板块，教师应优先选用小组讨论后汇报、头脑风暴等方式进行，以便学生对风险有较深入的理解与认知。

论我国法律诊所教学模式的完善

李　晓*

摘　要:我国目前的法律诊所教学模式多种多样,标准化和规范性不足。应从法律诊所教学的多元目标、构成要素和面临的实际困难出发,完善法律诊所教学模式。在诊所设置上,应当立足当地经济发展和律师资源实际状况,不断推进专业化诊所设置;在诊所教学环节上,模拟环节和实操环节二者同等重要,不可偏废;其中在模拟环节,应以案件全流程办理为主线进行模拟演练;在实操环节,应加强模拟课程与实操课程的衔接,将实操课程内容从律师代理案件拓宽到协助法官、检察官、法务等不同主体办理案件,将办案形式由强调学生办案的“独立性”“主导性”转向办案的“协助性”与“实质参与性”。

关键词:法律诊所;教学模式;实践教学

一、问题的提出

法律诊所教育肇始于20世纪60年代的美国,并于21世纪初期进入我国,至今已有20余年。法律诊所教育进入我国后,结合我国的教育实践和法

* 李晓,中国政法大学法律硕士学院讲师,法学博士。

律实践，不断融合创新，取得了长足发展，并创造出不同的诊所教育模式。例如，从教学内容看，有强调模拟教学环节或者实践教学环节的单一模式，也有融合模拟教学环节与实践教学环节的混合模式。① 从专业领域看，既有聚焦某一专业领域的专业诊所，②也有不区分专业领域的综合诊所。③ 从场所设置看，既有设置在校内的诊所模式，④也有设置在校外的诊所模式，⑤还有校内校外相结合的诊所模式。⑥

上述多元的诊所教学模式，一方面是不同院校结合自身实际的创新之举，值得肯定，但另一方面也体现出我国法律诊所教学模式的随意性，需要进一步加强规范指引，提升规范化程度。本文基于对法律诊所教学模式考量因素的分析，结合我国教育实践和司法实践状况，提出完善我国法律诊所教学模式的意见建议。

二、我国法律诊所教学模式的考量因素

（一）法律诊所教学的多元目标

一般认为，法律诊所教学的目标是多元的，包含了培育学生实践技能、塑造法律职业伦理、促进社会公平正义等多个层次。⑦ 例如，在美国，诊所法律教育的目的一分为三：其一，职业技能训练；其二，职业道德训练；其三；促进

① 目前，多数法律诊所为混合模式，例如，中国政法大学知识产权法律诊所，其教学内容分为课堂教学和实操教学两个环节。

② 例如，北京师范大学法学院设置的刑事法律诊所。

③ 例如，重庆三峡学院设置的法律援助诊所涉及的援助项目包括民事、刑事、行政等各个领域。参见秦祖伟：《“法律诊所教育—法律援助”模式的实践探索与思考》，载龙翼飞主编：《中国诊所法律教育探索与创新》，法律出版社 2017 年版，第 166 页。

④ 例如，中国政法大学法律硕士学院开设的金融法诊所，上课地点即在校内。

⑤ 例如，中国政法大学法律硕士学院开设的专利法诊所，上课地点即在校外的律师事务所。

⑥ 例如，中国政法大学法学院开设的行政法诊所，以中国政法大学法律援助中心和法大律师事务所为依托。

⑦ 参见许身健主编：《法律诊所》，中国人民大学出版社 2017 年版，第 4 页。

社会正义。[①] “诊所式法律教育不仅仅教育学生学习律师技能，更重要的是教育学生了解法律职业的核心价值，为当事人提供合格的法律服务，促进社会公平、正义和道义，使学生得到持续性的职业提升以及职业化的自我发展。”[②] 在我国，有学者认为：“诊所法律教育不仅要传授给学生法律知识，培养学生的法律操作技能，更要通过特定的法律实践（法律援助）使所有参与者增强公益意识，维护社会弱势群体的合法权益，保障人权，推动社会和谐发展。”[③]以中国人民大学为例，其法律诊所教育的主要目标：（1）从法律技巧和能力方面培养训练诊所学生；（2）从伦理道德和价值取向方面培养训练诊所学生；（3）培养学生以批判和思考的眼光分析其实践经历的能力以及从他们的经历中再学习的能力；（4）培养学生进行批判性思考的能力；（5）实体法知识在诊所教育中的应用。[④] 在上述多个目标中，培育学生实践技能是法律诊所教学产生和发展的原动力，也是最基本的教学目标。在法律诊所教学中，学生通过参与办理真实的案件，接触真实的当事人，解决真实的法律问题，进而提升法律知识应用能力、法律思维形成能力和法律问题解决能力。塑造法律职业伦理，即通过学生的参与办案，将自己置身于真实的诉讼角色，学习如何处理与当事人的关系，如何尽职尽责维护当事人的合法权益，如何处理各种矛盾冲突，如何严守保密准则等，如此使法律职业伦理具体化、生动化，进而塑造学生的法律职业伦理。促进社会公平正义，则是通过学生参与办理法律援助案件，为弱势群体提供法律服务，促进社会公平正义的实现。

需要指出的是，上述多元目标之间的关系如何定位，这对于完善法律诊所教学模式有着重要意义。例如，如果将参与社会公益活动、促进社会公平

---

① 参见左卫民、兰荣杰：《诊所法律教育若干基本问题研究》，载《环球法律评论》2005 年第 3 期。

② 王竹青：《美国诊所式法律教育的演进》，载龙翼飞主编：《中国诊所法律教育探索与创新》，法律出版社 2017 年版，第 263 ~264 页。

③ 李傲：《法律诊所教育的公益性》，载《法学研究》2006 年第 6 期。

④ 参见甄贞主编：《诊所法律教育在中国》，法律出版社 2002 年版，第 323 ~324 页。

正义作为首要目标,则要求诊所设置上优先选择公益性诊所,甚至将公益性作为诊所设置的衡量标准,则势必会因为公益案件数量问题而限制诊所教育发展规模与普惠程度。实际上,法律诊所教学作为一种教育方法,自然应以培养人才为根本目标,即以教学为本位而非社会服务为本位,法律诊所在向社会提供法律援助时应当是为教育而援助,而非为援助而援助。① 而对于塑造法律职业伦理而言,也必须依托于实践技能的培养过程,离开了实践技能的培养,法律职业伦理的塑造也容易成为无本之木。因此,法律诊所教学模式的选择首要的考量因素在于是否有利于培养学生的法律实践技能,是否有利于提升学生的法律思维能力,在培养实践能力过程中,法律职业伦理的塑造如影随形,自然而至。至于从事公益法律服务、促进社会公平正义,则属于较高层次的目标追求,可根据各地社会发展状况灵活掌握,不宜作为诊所模式设置的基本考量因素。

(二)法律诊所教学的构成要素

在美国,诊所法律教育是在对传统的案例教学法进行批判反思的基础上产生的。根据1921年卡内基基金会针对法学教育的研究报告——“瑞德报告”,法学教育可分为概括性教育、法学理论教育和实践技能教育。案例教学为学生提供法学理论教育,概括性教育则由大学本科教育解决,而实践技能教育则是缺乏的,这也成为诊所法律教育产生和发展的重要土壤。20世纪30年代,诊所法律教育的拥护者杰罗姆·弗兰克建议开设诊所式教育课程以使学生参与现实的法律实践,学习怎样与当事人建立起一种关系,观察证人、法官和陪审团的行为,学习谈判和诉讼技巧。20世纪80年代末期,美国诊所式教育未来委员会报告中对诊所式法律教育已经达成共识,即诊所式法律教育原则表现为以下特征:学生面临的问题就是律师在实务中面临的问题;学生

---

① 参见刘晓兵:《法律诊所教育的基本理念》,载许身健主编:《实践性法学教育论丛》(第一卷),知识产权出版社2010年版,第86~87页。

参与解决问题的过程;学生必须与他人合作以明确问题并解决问题;也许最为重要的是,学生的实践有利于实现批判性思维的目标。[①]《法律诊所课程基本规范(指南)》亦明确规定,法律诊所课程通过学生参与实际案件的处理和法律活动,参与诊所课程学习,为学生提供一个传统课堂教学无法提供的真实环境,培养学生从事实际法律工作的能力和综合素质,了解和树立良好的法律职业道德,推动法学教育改革的深化。我国有学者认为,诊所式法律教育建立在真实的案件背景材料和真实的当事人基础之上,学生通过办理真实案件,可参与案件的全部过程和细节,激发学生学习的自主性和积极性。并且,总结了诊所式法律教育的六大特色:使用真实的背景材料、采用灵活多样的教学方法、学生的主动性学习、教学评估方式的自主多样化、注重对实践能力的培养、注重对法律职业伦理的培养等。[②] 由此可见,诊所法律教育不同于传统案例教学的首要特征或本质特征在于学生通过参与办理正在发生的真实案件,训练解决问题的方法和技巧,培养学生的法律适用能力和职业责任心,并关切社会正义。因此,学生参与办理正在发生的真实案件,即法律实践活动就成为法律诊所教育的基本要素。

但需要明确的是,上述基本要素并非法律诊所教育的全部构成,实际上,法律实践活动确实是诊所课程的重要组成部分,但课堂教学部分是核心内容,具有特殊的地位。[③] 何美欢教授认为,专业法学教育的核心是技能的培育,技能可分为智能技能与实务技能。智能技能是指处理法律概念、条文和其他法律资料的能力,具体包括对实体法的足够认识、认定法律问题和就法律问题构建有效和中肯切题的论证的能力、明智地运用一切资料进行研究的能力 12 个方面,其核心在于有效率地适用法律的能力,即解决问题的能力。

---

① Report of the Committee on the Future of the In-House Clinic, 42 J. Legal Educ, 1992, pp. 508 –510.

② 参见许身健主编:《法律实践教学手册》,法律出版社 2012 年版,第 4 ~8 页。

③ 参见汪世荣主编:《有效的法学实践教育》,法律出版社 2012 年版,第 112 页。

实务技能则包括草拟法律文件的能力、在不同场合发表有力的口头或书面论证的能力、对专业及道德标准有足够的认识12个方面，其核心是处理业务中人际关系的能力。[①] 在智能技能与实务技能的训练途径上，何美欢教授指出，实务技能主要应由执业界培育，法学教育不应过分强调实务技能的培养。如果在一个学期，学生仅接待了一两个客户，则他从中能学到的实务技能实在太少。实际上，法学教育的目标是培养德才兼备的准法律人（半成品），具体包括核心法律知识、核心法律技能以及核心法律价值3个方面。[②] 至于掌握熟练实务技能的成熟法律人，则需要经过长期职业的法律实践训练，并不属于法学院的培养目标，法学院也不可能达成这一培养任务。因此，法律诊所教育并不单纯是参与办理真实案件，进行具体的实践操作，通过课堂教学提升学生的智能技能，养成法律思维和法律应用能力，也是法律诊所教育的一个重要构成因素。

综上所述，法律诊所教育模式选择时，既要关注法律诊所教育的“实践性”要素，设置学生参与办理实际案件的环节，又要关注法律诊所教育的“课堂性”要素，但基于法律诊所教育的实践教学特质，即便在“课堂性”要素部分，也应注重学生的主动操作，通过角色扮演等“模拟课程”形式开展，而不应将课堂教学等同于传统的专题讲授课或经验交流课。

（三）法律诊所教学的实际困难

法律诊所教育自从引入我国以来，虽然取得了长足发展，但由于法律诊所属于“精英式”教育，需要一系列的条件作为支撑，正是由于某些条件的不具备、不充分，使我国法律诊所教育面临着一些困境和瓶颈，制约着法律诊所

① 参见何美欢：《理想的专业法学教育》，载许章润主编：《清华法学——法律现代化法学教育研究》（第9辑），清华大学出版社2006年版，第5~7页。

② 参见许身健：《明确法学教育培养目标 提升实践性法学教育》，载许身健主编：《实践性法学教育论丛》（第一卷），知识产权出版社2010年版，第5页。

教育实际效果的发挥。

一是案件来源不足。法律诊所教学强调“在做中学”，因此开展诊所教学需要真实的案件支撑。但根据我国目前的法律规范和司法实践，一方面在校学生难以获得诉讼代理人的资格，另一方面当事人也难以放心地将案件交给在校学生办理，导致诊所教学所依托的案件来源严重不足。以我国法律院校普遍开展的法律援助中心工作情况为例，多数在法律援助中心值班的学生只是进行简单的法律咨询活动，难以获得真正意义上的诉讼代理案件资源。

二是师资力量不足。诊所教育对于师资力量的要求较高，不仅需要教师有丰富的教学经验，还要求教师有丰富的办理案件经验。但目前我国从事诊所教育的师资仍以传统授课老师为主，实践经验普遍欠缺，亟须多渠道、全方位补充诊所教学师资力量。

三是经费保障不足。相较于常规的课堂教学，诊所教学经济成本更高，对于经费保障的要求也更高。例如，学生在办理案件过程中，需要整理卷宗、调查取证等一系列工作，相应的材料费、交通费、餐饮费等均是一笔不小的开支，需要在开展诊所教学前即有相应的经费保障。但从目前的教学实践看，缺乏对于诊所教学经费方面的倾斜和保障，严重制约了诊所教学开展，也降低了教师和学生开展诊所教学的积极性。

上述问题严重制约着我国法律诊所教育的发展，必须认真对待并加以解决。在设置诊所法律教育模式时，要充分考虑上述三个方面问题，切实增强诊所教育开展的现实可能性。例如，对于案件来源不足问题，可以多渠道进行开拓，不必限于传统的法律援助公益案件；对于师资力量不足问题，一方面可以多举措吸纳律师、法官、检察官等担任兼职导师，另一方面鼓励专任教师兼职开展法律实务工作，积累办案经验和授课素材，同时加强对诊所教师的专门培训；对于经费保障不足问题，则可以通过经费申请、机构赞助等渠道统筹解决。总之，法律诊所教育所面临的问题大多较为复杂且现实性很强，单靠学校及专任教师难以解决，总体上应加强社会资源利用，通过社会渠道解决这些现实问题,以顺利推进法律诊所教育的开展。

三、我国法律诊所教学模式的完善路径

针对我国法律诊所教学模式的实际状况,结合法律诊所模式设置的考量因素,本文认为,应从构建专业化诊所、加强模拟演练、完善实操课程体系等方面完善我国法律诊所教学模式,提升法律诊所教学实际效果。

(一)积极运用社会资源,构建专业化法律诊所

在我国诊所法律教育初期,由于诊所法律教育师资缺乏,案件来源不足,加之法律服务市场整体专业化程度不高,因此各高校在进行诊所设置时,综合性诊所占有较大比重,这是我国在当时背景下开展法律诊所教育的理性选择。有学者亦建议,法律诊所设置应以综合类诊所为主要形式。① 但从目前看,诊所法律教育在我国已经开展了20余年,期间不断加强师资培养,多渠道解决案件来源。更为重要的是,我国的法律服务市场经过近20年的发展培育,其专业分工越来越细,律师专业化程度不断提高,而万金油式的律师越来越不能适应市场需要。据统计,中华全国律师协会下设专业委员会达23个,基本涵盖了主要的专业领域。② 北京市律师协会下设专业委员会更是达到58个,专业分工更加细化。③ 法律服务市场的不断专业化为法律诊所教育模式提出了新要求,提供了新条件。一方面,日益专业化的法律服务市场客观上要求专业化的法律人才,法律诊所作为培养学生实践技能的教育模式,更加

① 参见程滔、钱丽鑫:《论我国的法律诊所教育模式》,载许身健主编:《实践性法学教育论丛》(第一卷),知识产权出版社2010年版,第38页。

② 数据来源于中国律师网,http://www.acla.org.cn/home/toPage,最后访问日期:2022年12月15日。

③ 数据来源于首都律师网,https://www.beijinglawyers.org.cn/cac/more/a200.htm,最后访问日期:2022年12月15日。

要密切关注市场动向，及时调整教学模式，向着专业化诊所方向发展以适应市场需求。另一方面，专业化的法律服务市场为开展专业化诊所教学提供了大量的兼职师资力量，完全能够满足诊所教学师资需求。当然，这就需要各高校建立更加开放的师资引进渠道，通过授予兼职教授、客座教授等名誉鼓励方式，积极吸纳法官、检察官、律师等参与法律诊所教育。以中国政法大学法律硕士培养为例，其将法律诊所设为法律硕士专业学位必修课，充分利用北京法律服务资源优势，联合北京市金杜律师事务所、北京市中伦律师事务所等，为学生开设刑事法、婚姻家庭法、专利法、公司法、金融法等20余个专业化诊所，既解决了专业化师资不足、经费场地受限等实际问题，又提升了学生的专业技能培养成效，受到了学生的好评和赞誉。

专业化诊所与该地区法律服务市场专业化程度密切相关，如果高校所在地经济发展水平和法律服务市场专业化程度不高，则可以因地制宜设置综合性法律诊所。但即便在综合性诊所中，教师也应根据可能处理的主要案件类型对学生进行专业化模拟培训，以提升学生处理诊所案件的实践技能。例如，某高校与当地法律援助中心合作建立综合性法律诊所，可以根据法律援助中心受理的主要案件类型，如劳动争议、婚姻家庭等，将学生进行内部分组，由合格的诊所教师进行专业化模拟训练，当学生值班或者法律援助中心指派合适学生代理的案件时，则由教师指定经过专业训练的小组进行代理。

（二）以案件全流程办理为主线进行模拟演练

在模拟课程阶段，要摒弃模拟课程与操作课程脱节的现象，建立以真实案件为载体、以案件办理流程为主线、法律问题与技能培养并重的全流程模拟课程。

一是以真实案件为载体，加强案例选择与设计。诊所课程选择真实案例是当然要求，即便在模拟课程阶段，虽然当事人不是真实的，案件也是已经发生的，其真实性不如实操阶段，但相对于指导老师而言，该案件仍然是其真实办理的案件，因此可以最大限度还原案件办理流程，以及各个流程的关键问题，便于学生进行模拟演练，培养其法律适用能力。这里有两个问题需要注意，其一，案例选择上，尽量选择典型案例或者常规案例，避免稀奇古怪案例。诊所课程中，案例的选取尤为关键，需要注意案例的典型性和普遍性，同时要考虑学生的理解接受能力。典型案例或者常规案例由于在司法实践中容易重复出现，相应的法律规范也比较成熟完备，比较适宜作为诊所模拟案例使用。相反，如果案例本身很罕见，司法实践中出现的概率很小，则尽量避免作为诊所案例使用。此外，要考量案件的复杂程度，程度适中的比较适宜作为诊所案例，案件证据过于复杂的，卷宗材料过多的，学生在短时间内难以消化，则不适宜作为诊所案例。其二，案例设计上，诊所案例是真实的，但这并不意味着诊所课不能进行课程设计。相反，如果不进行有意识的设计，则诊所课可能面临支离破碎的境地，如今天拿这个案件、明天拿另一个案件，或者今天有这个当事人，明天有那个当事人。但这些案件之间哪些更典型，哪些更适合诊所教学，缺乏思考。这样会让学生无所适从，也混淆了诊所课与专业实习的界限。因此，老师们在选择诊所案件时，需要思考：为什么拿这个案件进行教学，有什么典型性、普遍性，涵盖的知识点或者方法论是否足以支撑起教学需要。这样经过系统思考和设计，每一次课的目标、路径、方法就会比较明确，有条件的可以形成课程教案，再结合学生讨论情况，反复使用该案例。

二是以办理案件流程为节点进行指导。在目前的模拟课程中，多是按照不同的技能进行课程设置。例如，会见、文书写作等；这种模式导致模拟课程演变为专题教授课程，背离了诊所课程的基本特点。为避免这种现象，应通过案件的全流程办理实现模拟课程的实践化。具体来说，诊所课重点在于学生的实际操作、体验，培养以解决问题为导向的思维，并因此加深对理论的理解和掌握。因此，诊所课中一定要以学生为主体，以具体案件为载体，以办案的关键流程节点为主线，一步步引导学生最终提出问题解决方案，加深理论应用能力。以会见为例，在全流程办案中，第一个流程就会涉及会见的问题，但这并不是会见的专题，在以后的案件办理过程中，仍然会有第二次会见、第三次会见等，每次根据办案进度的不同，会见的内容也不同，当事人的问题也不同，这样根据办案流程处理办案过程中的问题，避免了模拟课程的专题讲解化。

三是法律问题与技能培养并重。在诊所案例教学中，由于依托真实案件，以解决问题为导向，因此必然会涉及实体、程序、证据等诸多法律问题，这里面就涉及法律理论的应用。但同时，单纯研究法律问题是不够的，不足以解决实际问题，有时候一个方案从法律上没有问题，但实践中不具有可能性，或者当事人不认可，所以通过诊所教学，不仅要应用法律，还要培养学生在实践中掌握一些技能技巧，如如何与当事人有效沟通、如何说服当事人接受自己的方案、如何让法官听明白等。并且在这个过程中塑造法律伦理。如果诊所案件已经结案了，诊所老师可以模拟当事人、模拟法官等，角色扮演提出问题，让学生与当事人、法官沟通等，锻炼学生的表达说服能力。

（三）完善实操课程体系

有学者指出，学生通过办理真正的法律援助案件，通过法律服务而学习，为学生提供综合性的实战环境，是诊所法律教育中最实质、最精华也最不可或缺的内容。①

1. 加强模拟课程与实操课程的衔接

前文指出，法律诊所强调“在做中学”，以学生处理正在发生的真实案件、接触真实的当事人为本质特征，但是法律诊所并不完全等同于实操练习，否则与学生实习将难以区分。实际上，法律诊所作为一门实践课程，强调课程自身的体系化、规范化，实操课程只是诊所课程的一个必要组成部分而非全部。在实操课程之前，要对学生进行系统的模拟训练。在开展模拟训练的基

① 参见蔡彦敏：《定位、规范与挑战——我国诊所法律教育当下需应答的基本三题》，载龙翼飞主编：《中国诊所法律教育探索与创新》，法律出版社2017年版，第66页。

础上，才能进入实操课程阶段。因此，合格的法律诊所应分为模拟课程与实操课程两个阶段。例如，在美国，对于提供学生办理真实案件的诊所，其课程分为两部分，一部分是诊所相关理论的学习，由诊所老师通过课堂教学的方式教导学生一些诊所必备的技能，如如何会见当事人、如何调查事实、如何谈判、如何撰写法律文书等。另一部分则是学生亲身体验办理真实案件。[①] 并且，二者在时间上存在先后关系，即模拟课程在先，实操演练在后。例如，纽约大学法学院要求学生在第一学年和第二学年参加一系列的模拟训练，进入第三学年，学生才有机会涉足一些真实的案件，并成为委托代理人。[②] 在我国，根据中国法学会法学教育研究会诊所法律教育专业委员会发布的《法律诊所课程基本规范（指南）》，关于法律诊所课程的结构，一般应当包括两大部分内容：一部分是课堂上的教学活动讲授、讨论和分析部分，即由任课老师组织进行课堂讲授和教学活动；另一部分是实际案件处理并提供相应的法律实践，即由学生实际参与各种法律咨询、协商、调解等非诉讼法律服务，或参与仲裁和诉讼等法律代理及辩护活动。

关于课堂教学与实操教学的关系，《法律诊所课程基本规范（指南）》要求课堂讲授部分与案件处理部分应当在讲课内容和进程上有机地结合在一起，为学生提供系统的理论和实践的训练。但从实际运行情况看，则多数存在课堂教学与实践教学各自为政，二者衔接不畅的问题。主要原因：在课堂教学阶段，教学内容多按照不同模块进行设计，而不是根据实际办理案件流程进行设计，而到了实际操作阶段，则是根据办案流程来处理案件，模块化与流程化二者之间存在某种冲突与张力。模块化的设置结构中，各个模块内容相互独立，授课案例也相互独立，因而与传统的专题授课更加类似，更加适合讲授式教学，不同老师可以只负责其中一个或几个模块。但这种模块化教学导致

---

① 参见程滔、钱丽鑫：《论我国的法律诊所教育模式》，载许身健主编：《实践性法学教育论丛》（第一卷），知识产权出版社 2010 年版，第 31 页。

② 参见刘瑛：《知识产权法律诊所之运行研究》，中国政法大学出版社 2017 年版，第 22 页。

学生难以获得整体性的办案技能，难以为第二阶段的实操课程提供有效的技能指导，课堂教学与实操教学脱节严重。

本文认为，应当探索模拟课程与实操课程的一体化建设，以解决二者之间衔接不畅的问题，主要有：一是教学师资的一体化，即在模拟课程与实操课程阶段，力求授课教师的通力配合，不能相互割裂、各自为政；二是教学内容的一体化，即要根据实操阶段可能出现的案件类型，进行有针对性的模拟训练；三是教学方法的一体化，即凸显教学的实践性，让学生在“做中学”，具体说来，要改变目前的模块化课程设置，建立以案件办理流程为主线的模拟课程，将相关的模块技能融入办案全流程中，进而使学生获得整体性的办案技能，实现模拟课程与实操课程的有机结合、融会贯通。

2. 拓宽实操课程内容

实操课程是诊所教育的典型特征，缺乏实操课程则难以称得上是合格的诊所教育。但在实操课程的内容选择上，目前仍局限在律师代理案件方面，案件资源缺乏，训练内容单一。实际上，美国的法律教学以培养律师为重点，相应地，其诊所教育中学生担任代理律师作为实操课程的重点。但在我国，律师、法官、检察官、法务工作者均是法律职业共同体的一员，学生今后的职业方向也不限于律师一种，因此，应主动适应我国实践需求，在实操课程内容设置方面，不限于让学生担任代理律师办理案件，也可以探索由学生担任法官助理、检察官助理、法务助理等，参与办理真实的案件，提升诊所教育实际成效。

3. 优化学生办案形式

传统的诊所教学中，强调学生要接触真正的当事人，办理真正的案件，并且这种办理是以学生为主导。但在我国，不宜过多强调学生办案的“主导性”或“独立性”，这样不仅会带来一定的风险，也可能损害委托人的利益。实际上，即便在真实的司法环境中，案件的办理也多是承办人与助理共同工作的结果，既然如此，就更没有必要也不应该过多要求学生办案的“主导性”“独立性”，在真实的案件环境中，不论是以律师助理的身份，还是以法官助理、检察官助理的身份，抑或法务助理的身份，只要其真正实质化参与案件的办理，即可以达到法律诊所教育的教学目标。因此，在办案形式上，应强调学生的"实质化参与"而非"独立办理"。

四、结语

法律诊所教育自从进入我国以来，与我国教育实践与司法实践不断融合，创造出多样的诊所教学模式，并成为我国法律实践教学体系的重要组成部分，成效明显，但同时也面临着一些困难和问题。在经历诊所教学模式多样发展的基础上，有必要结合法律诊所教学特点和我国的实践状况，对诊所教学模式予以规范优化。从法律诊所教学的多元目标、构成要素和实际困难出发，建议从以下方面予以完善：在诊所设置上，应当立足当地经济发展和律师资源实际状况，不断推进专业化诊所设置；在诊所教学环节上，模拟环节和实践环节二者同等重要，不可偏废；其中在模拟环节，应以案件全流程办理为主线进行模拟演练；在实操课程环节，应加强模拟课程与实操课程的衔接，将实操课程内容从律师代理案件拓宽到协助法官、检察官、法务等不同主体办理案件，将办案形式由强调学生办案的"独立性""主导性"转向办案的"协助性"与"实质参与性"。

论破产法律实习生的培养

王兆同*

摘　要:破产律师专业化程度高,具有综合性、团队性、周期长、阶段性等特征,对破产专业人才培养提出了更高的要求。应明确破产法律实习生的培养目标,明确职业规划,培养法律实务思维,储备破产法律人才。在培养方法上,综合运用沉浸式体验、阶梯式培养、精细化钻研等多种方法,并注重解决破产业务周期性与破产法律实习生全面培养的冲突问题、破产业务非诉特点与诉讼律师工作要求的衔接问题、破产业务工作的游牧式与校园学习要求之间的冲突问题等。

关键词:破产律师;实习生;培养目标;养路径

目前,破产业务越来越成为律师业务中的热门业务。但是,由于破产业务对破产律师的要求较高,破产业务领域也出现了破产法律人才断层的局面。为解决这一问题,通过破产法律实习生的培养,以完成破产法律人才的识别、储备和培养,已经成为诸多破产团队的工作重点。

我们在破产业务领域执业多年,在破产法律实习生的培养方面做过许多尝试,现将多年积累的破产法律实习生培养经验和教训进行归纳总结,以期对拟从事破产业务的法科学生有所助益,对破产法律团队的搭建有所帮助。

---

* 王兆同,北京市炜衡律师事务所律师、合伙人。

一、破产法律业务本身特点及对从业律师的要求

（一）破产法律业务的范畴

破产法律业务通常被列入非诉业务范围，但并非完全属于非诉业务范围。从实务角度来看，破产法律业务包括以下范围：

1. 破产管理人业务

破产管理人在破产程序中的地位非常关键，在理论上称为“破产管理人中心主义”。“在绝大多数国家，破产管理人都被赋予管理破产案件与处理案件中各项事务的关键职责。由此，破产程序中相关事务的完成、程序推进速度以及案件的整体效率，都取决于破产管理人的专项技能、知识水平以及从业经验。因此，一国破产制度的关键，往往在于有关破产管理人选任以及确保破产管理人可信、适格以及品德端正的制度设计。”①

在入选管理人名册的中介机构中，律师事务所往往占据大部分名额，以北京市高级人民法院2018年制作的管理人名册为例，在共计50家中介机构中，律师事务所占据其中的41家。②

对于破产律师而言，管理人业务是破产法律业务的基石和核心。破产律师的品牌和业绩往往构建在管理人业务之上，其在破产衍生业务领域的判断都要依赖于其从事管理人业务的经验。从某种意义上来说，没有管理人业务支撑的破产律师不是严格意义上的破产律师。

2. 破产衍生业务

破产律师除了办理管理人业务之外，还会办理其他与破产有关的业务，

---

① ［美］杰伊·劳伦斯·韦斯特布鲁克等：《商事破产：全球视野下的比较分析》，王之洲译，中国政法大学出版社2018年版，第167页。

② 《北京市高级人民法院关于公布企业破产案件机构管理人名册的公告》，载京法网事，https://mp.weixin.qq.com/s/Gj6ki40PcEXDkNOwXDQ43g，最后访问日期：2022年3月12日。

以调节和补充管理人业务，这些业务包括：(1)破产受理前的破产有关业务，如对拟申请破产企业展开的法律尽职调查业务、破产申请业务、破产方案制作等；(2)担任债权人、取回权人等相关权利人的顾问和代理律师；(3)担任重整投资人的顾问及代理律师；(4)参照破产程序而开展的庭外债务重组业务。

总体来说，破产法律业务以管理人业务为核心和基石，以其他衍生业务为补充和辅助的法律业务。破产团队的构成以及破产法律实习生的培养都基于破产法律业务的特点，是为了满足破产律师的业务要求。

(二)破产法律业务的特点

与其他法律业务相比，破产法律业务具备以下特点：

1. 综合性

对于破产法律业务的综合性，就其核心业务管理人而言，联合国贸易法委员会对此作了精辟的论断："鉴于许多破产程序的复杂性，破产管理人应当称职，最好懂得法律(不仅是破产法，还应懂得相关的商法、金融法和商业法)并有商业和金融事务包括会计方面的适当经验。在清算和重整过程中，在破产法可能规定时限的情形下，在商业上的需要必须与法律上的考虑加以平衡的情形下，以及在需服务于其他人如债权人的利益和可能需考虑公共利益的情形下，破产管理人必须显示出针对种种可能引起争议的不同案件和情况履行其受托职责的才干。"①

2. 团队性

从工作范围来看，破产管理人业务属于一个系统工程，自管理人全面接管破产企业，到组织债权申报审查，财产状况调查，到破产财产变价方案、分配方案的制作及财产分配的执行，直至企业注销，业务期间的工作安排及节奏需要合理、高效、紧凑而有序，这靠律师"单兵作战"根本无法完成，需要团

① 联合国国际贸易法委员会：《企业破产法立法指南》，第157页。

队作业，且需要团队成员间紧密协作才能完成。

一般而言，小型企业的管理人团队需要2～3人，中型企业的管理人团队需要10人左右，大型企业的管理人团队需要几十人，特大型企业的管理人团队少则百人，多则二三百人的管理人团队。据了解，在雨润控股集团有限公司等78家关联公司的实质合并重整案中，常驻合伙人及律师两个团队共计22～25人；常驻律师助理两个团队共计30人左右；最高峰时期全国调配律师及律师助理达到100余人。

伴随经济下行趋势，叠加疫情影响，破产案件数量增加，多数破产律师的案件规模都在上行，团队作业甚至大型团队作业是必不可少的。如果团队没有充分的人力资源整合动员能力、规范的团队管理机制、标准化的操作流程以及全局性的任务分解及整合能力，难以胜任破产业务需要。

在破产衍生业务中，由于债权数额不断攀升，作为债权人顾问和代理人的破产律师，经常也要采用团队作业的方式。以我们为某金融机构提供顾问服务的破产案件来说，最初驻场人员为11人，提供协作的非驻场人员为10人，这大大突破了一般顾问项目的参与人员规模。

3. 周期长

诉讼业务具有“短、平、快”特点，是一种能够在较短时间内取得成绩，获得成就感的业务。但是，破产业务不同于诉讼业务，破产业务周期长。从管理人接管破产企业到企业注销或重整计划、和解协议执行完毕，业务处理周期少则多半年，多则三五年，更甚者十几年。所以有律师说自己做破产3年了，实际就做了一个破产项目，这不是笑话而是破产业务的现状。

破产业务周期长主要是因为事务繁多。正如叶建平法官所说，“破产业务周期长，与破产案件本身具有概括执行、总括执行的性质，需要集中审查、处理破产企业的全部债权债务有关，无论此前有当事人协议争取管辖，利用人民调解司法确认程序，运用担保物权实现程序，适用督促程序，还是启动诉讼、仲裁、执行程序,都将为破产程序所吸收、吞并且覆盖”。①

另外,破产案件不同于一般的民商事案件,具有开庭与开会相结合、办案与办事相结合、裁判与谈判相结合的特点,②相较于一般的民商事案件而言,破产案件更具有结果导向,也就是说其不仅要有判断结论,还必须切实地解决问题。在破产程序中,只要存在未了结事项、未处置资产,法律业务就几乎不能停止,这便导致其周期较长。

4. 阶段性

破产业务具有严格的程序性特点。以管理人业务为例,该业务基本按照如下流程进行:先接管并组建团队,再集中进行债权审查、资产清查、待履行合同梳理,然后再根据归纳的数据进行方案设计,按照不同的程序制作财产变价分配方案、重整计划、和解协议,最后相应的法律文件被批准后予以履行。对于破产衍生业务而言,其工作节奏是跟随相应案件管理人的工作节奏进行推进。

在不同的阶段,破产业务的特点是不同的。债权审查、资产清查、待履行合同梳理阶段是基础工作阶段,这个阶段需要大量的人力投入,并且以事务性工作为主;在方案制作阶段,需要以经验丰富、专业且能够创造性解决问题的律师为主;在后续方案执行阶段,又需要大量的人力开展事务性工作。由于工作的阶段性,破产团队一直在高强度工作与无事可做两种状态之间摆动。

另外,破产业务的多寡具有周期性。近年来由于结构化调整、僵尸企业出清、疫情影响等因素叠加,光伏、钢铁、汽车制造、房地产等行业相继进入深度调整阶段,导致破产企业数量激增。但是,如果经济形势见好,破产企业数量也会随之回落。

---

① 叶建平:《破产制度归零规则之于市场困境涅槃之道》,载《21 世纪经济报道数字报》2017 年 11 月 23 日,第 11 版“私人银行”。

② 参见王欣新、尹正友主编:《中国破产法论坛》(第八辑),法律出版社 2013 年版,第 444 页。

二、破产律师的要求

我们所说的“破产律师”，不是指参与破产案件的所有律师。因为许多破产业务中会有一些专业的律师参与部分工作，但其只是破产业务中分包出来的部分业务，这些律师无法归入破产律师之列。“破产律师”应当是能够在破产项目中担任负责人或骨干、以破产业务为主业的律师。

（一）必要的知识储备

如前所述，破产业务具有综合性，破产律师必须有相应的知识储备，这些知识储备包括以下方面：

1. 破产法知识

破产法知识分成三类，分别为程序类知识、实体类知识、实践类知识。程序类知识和实体类知识都是指相关的法律规则，实践类知识是指在司法实践中的创新和习惯做法。破产律师对于这部分知识的储备体现在三个方面：一是对于基本规则的熟悉掌握，二是对于实务中前沿问题和争议问题的掌握，三是能够在最短时间内完成资料和案例的检索。

2. 相关部门法知识

由于破产法与诸多部门法都有交叉，因此破产律师处理业务也需要部门法知识的储备。当然，破产律师对于这些知识的掌握是分层次的，具体而言：对于物权法、合同法、担保法、公司法、民事诉讼法，破产律师必须熟练掌握以达到出庭要求；对于其他部门法，破产律师应当能够掌握基本的法律理论，有问题意识，在遇到问题时能够借助检索能力及时找到相应法律规则。

3. 财务知识

破产管理人开展债权审查和资产清查，都是以查阅企业的财务账册、资产负债明细、银行流水作为工作起点，通过与企业的各部门以及审计机构、评估机构进行沟通和协作，对各种财务信息进行甄别、筛选、补充、归纳、统计，从而完成基础数据的搜集，这需要律师具备一定的财务知识。如果破产律师看不懂破产企业的财务账簿，则无法充分利用财务资料开展工作，无法发现企业财务问题可能引发的法律问题，那么这些律师即便在做破产业务，也只能永远游离在破产业务的外围业务，无法触及破产业务的核心内容。

4. 相关产业的知识

由于破产企业拥有不同的经营范围，因此，要求破产律师掌握各个产业的知识是不现实的。但是，破产律师必须有基本的知识储备，以便在短时间内掌握破产业务所需要的产业知识。当然，对于一些类型化的破产企业，如房地产企业、制造业企业、零售企业、互联网平台等，破产律师在平时要注意搜集相关信息。

（二）较强的沟通能力

诉讼案件具有对抗性，对于说服能力要求不高，强调专业性表达，即说服专业人士的能力。而破产律师在与法院等专业部门沟通时要进行专业表达，在与债权人、债务人、职工、投资人等进行沟通时又要具备专业外说服力。

所谓“专业外说服力”体现在以下方面：

1. 消除对抗性。无论是管理人业务还是破产衍生业务，避免对抗性非常重要，因为沟通的目的在于化解矛盾、形成共识、做出方案、解决问题，尤其是破产重整项目的重整计划需要债权人会议表决通过。破产律师一旦与沟通主体掀了桌子，可能导致后续的沟通不顺畅，并最终导致目的不达。

2. 形象化表达。由于沟通的主体多数不会在破产程序中聘用专业律师，破产律师要学会形象化表达，尽量将法言法语转变为非法律专业人士能够理解的语言，因此，破产律师要学会采取故事、典故、比喻等方式进行表达。

3. 情绪的引导。在破产程序中，一些主体在沟通中有情绪化的过激反映，因此，破产律师要有能力进行情绪引导，将债权人的不满情绪转化为冷静思考，将债务人管理层及职工的颓废情绪转化为积极配合。

（三）具备管理能力和团队协作意识

破产律师的主要角色是负责人和骨干律师。其中，负责人应当具备较强的管理能力，骨干律师则应当具备团队协作意识和一定的管理能力。

负责人律师的较强管理能力主要表现在：（1）团队规划，包括团队业务拓展、品牌建设、人才梯队建设、外部合作单位整合；（2）项目整体把控，包括项目工作方案确定、项目工作思路、人员配备与分组、项目费用管控、项目成员薪酬确定与激励等；（3）工作标准统一，包括提供文件模板、确定统一的债权审查标准、确认工作流程等。

骨干律师的团队协作意识和一定的管理能力主要体现在：（1）能够与其他伙伴共处，尊重伙伴的工作并获得伙伴认同；（2）能够带领小组其他团队开展工作，有明确的工作步骤安排和工作目标；（3）能够及时、主动地与其他小组、合作单位对接，实现信息互动；（4）能够及时补位，填补团队内部各组别之间的空隙。

（四）具备一定的抗压能力

对于破产业务的压力，多数破产律师都有感触——“项目经常需要长时间驻场。我最长一次是近两个月没有回家。脱离了自己熟悉的生活环境、缺少家人和朋友的陪伴，有时工作闲下来时就会觉得孤单。如果长期是这种情况，心理上也容易陷入疲乏的状态。”①

当然，对于刚入行的年轻人来说，这种压力更大——“很多青年才俊，拿着书本时意气风发，指点江山，一接触到具体工作就寸步难行，步履维艰。在现实的摔打面前，很多管理人团队成员会陷入‘无助无望无价值’的病毒性信

① 傅熙：《债务重组“优秀律师”的成长秘籍》，载金杜学堂，https://mp.weixin.qq.com/s/Voo0DtxoAnOemxuPYVJbow，最后访问日期：2022 年 3 月 20 日。

念状态。”①

企业进入破产程序，往往是由于某些矛盾已经到了不可调和的境地，才需要公权力的介入。管理人受法院指定作为解决矛盾冲突的中立第三方，需要面对各种矛盾和冲突，需要承受和化解来自各方的情绪释放。在债权人、职工的诉求没有得到合理解决前，如果管理人没有做好情绪安抚，矛盾和冲突将会时时存在，甚至可能会发生群体性事件以及影响社会稳定的事件，这要求破产律师必须具备强大的抗压能力和不断的心理建设。实务中，也有破产律师因长期处于各种矛盾和压力中，不能调整好心态，而患上心理疾病，影响身体健康的例子。所以，破产律师不仅需要有足够专业的法律知识，还需要有强大的内心承受力。

三、破产团队对法律实习生进行培养的目标

目前，许多破产团队将实习生作为“廉价劳动力”，未能充分利用实习生培养工作对破产律师团队的建设作用。笔者认为，破产团队从长远出发既有利于实习生，又有利于破产团队建设。因此，团队应当确立以下实习生培养目标。

（一）实现破产律师人才识别和储备

破产法律实习生具有较强的“人才识别”功能。破产业务“高大上”的名声，一直在律师的江湖中流传但实际上它是又“苦”又“累”，且“难做”的业务，许多学生选择进入破产团队，往往是信其名而非务其实。破产律师的要求较高，通过面试、笔试等工作不足以识别出具备做破产律师潜质的法科学生。通过实习，却可以发现实习生的知识功底、性格特征、沟通能力、组织能

① 王少华、黄蓉：《论在破产程序中引入心理咨询师的必要性》，载《第十一届中国破产法论坛论文集》（第一册），第415页。

力以及思维周密程度，所发掘的人才更能够行稳致远。

当然，有些被认可的实习生，在收到OFFER后可能仍然会选择离开，如果能做到保持联系留有余地，这些实习生就是储备的破产业务人才，在其经历了其他法律业务之后，有极大可能进入破产业务领域。

（二）实现“校园人”到“社会人”过渡

破产业务能够在较短时间内，能够让实习生实现从“校园人”到“社会人”的部分转变。实习生大多是即将走出校门，踏入社会的学生，在进入社会前的社会关系、人际关系相对简单，大多数实习生对于自身的认知处于一种不全面、不准确的状态，需要在实务中予以印证，进行纠正。

破产业务“难”，企业在破产状态下的各种矛盾积累时间长，解决难度大，破产业务的工作压力大。破产业务“累”，需要我们在较短时间内，完成海量工作，所以加班是常态。破产业务“苦”，业务周期长，有时候成效慢，有的破产企业属于停业多年的企业，无留守人员，实习生需要在守得住长期“寂寞、孤独”的情况下完成工作。上述状态往往给予实习生以较大的冲击，即使实习生在实习期间严重不适应，待真正进入社会工作后，其适应程度要远高于未实习或实习不充分的学生。

对于破产团队而言，校招的毕业生具有较强的可塑性，但是需要较长时间等待其适应，且试错成本对于毕业生个人来说过高。通过实习，在破产团队与毕业生都付出较低成本的情况下实现“校园人”到“社会人”过渡，是一种双赢选择。

当然，对实习生来说，破产团队对其工作成果期待并不高，对其心理承受能力推定并不高，且会对其进行心理引导，让其在相对舒缓的情况下完成部分过渡。

（三）有利于构建职业规划

法律实习生对于自身未来是否做律师、适合做哪类律师业务、如何做好律师业务,大多没有明确的职业规划,之所以出现这种情况是因为其没有机会接触到不同的业务类型和职业角色。

破产业务需要团队作业,破产团队可以通过内部良性互动,驱动实习生自身进行职业规划的构建:

1. 实习生可以通过实习,知道律师业务的特点、风险、压力与愿景,决定是否从事律师职业;

2. 破产业务需要整体规划,需要团队内部的协助与协同,有利于实习律师对自身业务专业化发展方向做出识别和判断:是适合从事非诉业务还是适合从事个体的诉讼业务;

3. 破产业务综合性强,涉及各种部门法,实习生可以选择自己有兴趣的领域,如房地产、劳动法、商法、公司法、行政法等领域,作为自己努力的专业领域;

4. 在业务推进过程中,破产团队会根据业务需要对团队成员进行一定的业务培训、业务指导,能够让实习生认识到自身长处是什么、不足是什么,让实习生知道自己未来的提升方向。

(四)培养基础的法律实务思维

"长期以来我国法学教育存在两个问题:一是在校期间的基本知识学习阶段,学校局限于知识传授和学生取得良好的成绩,不够重视培养和训练学生掌握实务技能,较少顾及学生今后的发展与工作需求,造成学生'知晓'过于'能做';二是缺乏司法研修这一重要的学习阶段。通常,四年大学毕业后的法学本科生即使经过司法考试,也没有经过专门的训练,便进入法院、检察院或律师事务所等机构从事相应工作。"[①]律师业务是一个需要通过大量的实践来验证理论知识体系的行业,是一个高度实践性的业务,造成法学学生所

① 刘瑛:《法律诊所教育与律师培养》,载《中国法学教育研究》2011 年第 3 期。

学与律师业务的要求相去甚远。

在实习生培养阶段，我们注重让实习生培养法律实务思维，具体包括以下几方面：

1. 行动思维。对于学生与职业律师律师来说，学生是以理论套实务，而职业律师是以事实找理论，两者是不同的思维。刚实习的学生往往有无处下手的感觉，因此我们要求其拿到任务，立即行动，以行动带动思考。

2. 问题思维。职业律师往往能从纷繁的事实中发现症结所在，再由问题找到证据、规则和理论支撑，所以我们要求实习生在经过实习后，能够建立起问题意识，列出一系列需要关注的问题，再去逐一论证、解决。

3. 矛盾思维。职业律师会从对方的论证中发现矛盾裂缝，然后通过事实、规则和理论的构建突破对方的逻辑体系，所以我们要求实习生能够最大限度地发现矛盾裂缝，并且由此不断突破达到否定结论的结果。

4. 拼图思维。破产律师对于自己的阶段性工作要有一个拼图，将任务分板块，协调自己的工作，最终解决问题。我们要求实习生能够将任务肢解为不同的、细小的、标准化的模块，然后再能够拼接成一个完整的体系。

四、破产法律实习生培养方法

考虑到破产业务不同于其他业务，破产律师也不同于其他律师，所以，我们在实践中探索了一套培养破产法律实习生的特有方法。

（一）沉浸式体验

为了让实习生能够真正体验到破产业务的真实状况，我们采取以下方法让其沉浸其中：

1. 独立性。只有让实习生独立地完成工作，独立地享受成果，才能让其全身心地投入。因此，无论任务是简单的还是复杂的，我们都会要求其独立受领任务,并且享受可能的奖励。比如,对于实习生写的文章,即使由其他律师进行重要的修改,我们也会让实习生独立署名,让其独自受到关注或批评。

2. 完整性。我们一般都会让实习生完整地完成一项工作,这样他们就能够从头至尾地做完一件事情,对该事项有整体的判断和感知,如果虎头蛇尾,那么实习生就会有一些机会主义的思想,认为此后会有人兜底,从而难以沉浸其中。

3. 自由度。我们会在任务布置之后,让实习生保留一度的自由时间和空间,由其按照自己的意愿来推进工作,从而判断其是否具备自我管理的能力。对于未能达到预期工作节奏和目标的,我们会及时予以指导和纠正。

4. 封闭性。在管理人接管企业后,为更好地开展工作,团队人员一般需要驻扎在破产企业。破产业务驻场的特点似乎将破产实习律师及团队成员与律师事务所的其他同行进行了隔离,也将破产实习生所接触的业务限定在"破产业务"范围之内。破产实习生需要与团队成员朝夕相处,一起扎进企业处理相关破产事务。

通过上述举措,我们让实习不再是蜻蜓点水、走马观花式的实习,让实习生真正能够沉浸在其中,从而全面、切身、深刻地体验到破产法律业务。

(二)阶梯式培养

笔者认为,要以成长的眼光来看待实习生和实习培养,采用阶梯式的方式,一步一步促成其体验和成长。这种阶梯式培养一般来说分成以下几步:

第一步:事务性工作。在实习生刚进入团队时,我们会安排其从事一些事务性工作,包括邮寄文件、归档、费用报销等,这些工作与法律专业关联度不高,但是可以培养一个人的细致和耐心,让其迅速融入团队,进入工作状态。

第二步:专业性工作。在这一阶段,我们会安排实习生从事一些与法律相关的专业性工作,如校核法律文书、梳理证据、检索裁判案例等,让其初步体验到将所学知识运用到实务，寻找专业感觉和钻研精神。

第三步：判断性工作。在这一阶段，我们会安排实习生从事一些类似债权审查、取回权审查、应收账款确认等事项，实习生需要在梳理相关事实、理解相关法律的基础上提出自己的处理意见。

第四步：沟通性工作。在这一阶段，我们会安排实习生与各类主体进行沟通，比如与债权人沟通补充证据事项以及债权审查结果通报，与债务人的原工作人员沟通事实询问事项，与其他主体沟通一些事务性事项（召集会议等）。

第五步：管理性工作。在这一阶段，实习生担任协调员的角色，包括根据客户需要提出任务分配建议、落实主办律师的安排、汇总信息等，从而提升其管理协调能力。

我们会根据案件的情况、实习生的成长程度、实习期间的长短决定培养的进度和内容。总体而言，对于实习生的培养，我们因人而异，因材施教。

（三）精细化钻研

电视剧《精英律师》中有这样一句台词："事情经历多了就会周全"，但是，如果实习生一开始并没有养成良好的习惯，此后的成长经历可能会形成无效率重复和低效率成长。只有在实习阶段的精细化每一件工作，形成良好的工作习惯、精准的专业直觉和高效的工作方法，才能筑好根基，找寻到正确的成长方向，收获快速的成长。

1. 规则的发现与解释

律师实务并不要求律师对于特定情形下的法律适用结果给出明确的答案，而且实务中可能存在不同的裁判结果，但是律师应当具备检索能力，从纷繁复杂的规则系统中梳理出规范性规则和具体裁判结果。一旦具备这种能力，律师在执业过程中将会不断地积淀，最终建立相对完整的知识体系。

我们会安排实习生就特定事实下的争议寻找规则支撑，并教授其进行检索的具体方法和技巧，让其具备能够理解立法精神、梳理理论争议、了解实务中冲突立场、确定不同裁判思路的能力。

2. 事实分析与建构

在律师业务技能中，构建法律事实也是必备技能，这就要求律师能够正确地搜集证据、审查证据、解读证据。我们会安排实习生在具体的债权审查事项中，先对申请人提交的债权申报材料进行分析，再分析破产企业的财务资料和重要文件，形成对证据材料的基本判断，找出证据链存在缺失的环节，进而采取从银行调取流水、询问相关人员以及其他辅助方式予以查明，如果还不能确定，则按照证据规则分配证明责任。通过一系列流程，实习生能够充分掌握必要的事实分析与建构。

3. 案例分析

在实习期间，我们会给实习生安排撰写一篇与破产有关的案例分析文章。我们认为通过案例分析写作，能够让实习生学习并掌握破产业务相关法律法规的途径变得立体、生动，能够让其通过以"点"带"面"的方式，迅速切入破产法的世界，深入了解、学习破产业务的相关法律法规。

撰写案例分析文章并非仅对案例裁判思路、裁判规则进行简单分析，还要求实习生就其中某一破产法律问题进行深挖，将该问题阐述明白、论述透彻，即要实现"小而精"的写作目的。这对实习生提出了至少两方面的要求，第一，对案例本身的事实和法律关系研究透彻；第二，在案例裁判思路和裁判观点的基础上，延伸到对该案例法律问题本质的研究。

一篇好的破产案例分析文章，往往需要在查阅、学习基础法律规定，检索大量的同类案例、查找相关问题的专业文章、书籍并进行分析、转化的基础上才能形成。所以，案例分析文章撰写训练，不仅能够训练破产实习律师的写作能力、主动学习能力，还能让实习生迅速地进入破产业务的核心问题地带，取得一石多鸟的效果。

4. 文书的撰写与校核

法律文书是律师对法律问题的认识程度、分析能力、解决能力的载体和表现，也是向关系相对方或第三方正式表达观点的一种方式。

刚开始撰写法律文书的破产实习生，多数不知道按什么样的标准、什么样的格式去写，所以对于新人必须提出具体、明确的写作要求。我们一般会在实习生开始写作时，给其一个范本，让其学习，然后拿走范本，让其自己靠着记忆模仿着写。写完之后，我们会召集团队的成员对其提出修改意见，从具体的用词，到句式结构，到逻辑，到理论应用，到格式调整，让其全面接受批评。经过一次经历之后，实习生接受全面的洗礼，其水平会迅速提高。

我们在实习生培养中形成的上述方法，经实践证明是成功的，多数实习生在实习阶段能够得到实质性的提升，能力提升体现在工作态度、工作成果、工作能力上面。部分实习生在实习结束之后，进入我们团队，经过后期的培养，都能够成为团队的骨干律师。

五、破产法律实习生培养中存在的问题及解决方案

（一）破产业务周期性与破产法律实习生全面培养的冲突问题

破产管理人业务具有周期性特征，有的实习生可能在项目一开始时就进入团队，完整经历了一个破产项目的全部周期，跟随团队一起经历，并在项目结束后可以单独负责破产项目。但也有实习生开始实习时接触的破产事务工作已经过半，甚至到了收尾阶段，很多具有破产业务特点或破产核心工作基本已经结束，而下一个破产业务很少能马上接续，会让人产生一种“实习不逢时”的无奈感。

对于这个问题，我们建议如果法律专业学生有意从事破产业务，应当到有破产业务品牌的律师事务所中的律师团队实习，这些律师团队有稳定的案件资源，且以破产业务为主，能够专注于破产业务，具有量的优势和专业浓度，往往一个项目未结案，另一项目就会上马，而且在项目的接续期间也会通

过专业培训的方式实现团队无空档期，能够保证实习生在实习期间专业化实习的需要。

（二）破产业务非诉特点与诉讼律师工作要求的衔接问题

对于许多实习生而言，诉讼出庭律师更符合大众对律师身份的定位，所以更多人倾向于选择诉讼业务，而认为非诉业务则多为文书写作，缺少对抗性，缺乏活力，这是对于非诉业务，尤其是破产业务的误解。

对此，我们认为无论是诉讼业务还是非诉业务，业务的本质皆为相通，破产业务对于律师综合素质的培养更为全面，更有利于实习生自身知识结构的完善。对于刚进入实习期的法律专业学生，如有机会参与破产项目，可以首选尝试破产业务的实习。因为破产业务事务性工作量较大而集中，接触人员范围广，解决的法律关系多元化，更能从多角度、综合培养、提升一个人的法律素养，更有利于实习生迅速成长为一名合格的“律师”。我们在实习生培养期间，也会注意到与未来非破产业务建立接口，即使实习生决定从事其他行业或业务领域，在破产业务实习期间的经历仍然会成为其未来职业生涯的财富。

（三）破产业务工作的游牧式与校园学习要求之间的冲突问题

目前，由于破产律师团队的稀缺，尤其是优秀的团队稀缺，许多能够提供实习生期待的团队基本上在各地都有业务，而破产业务又需要现场办公，因此，破产业务的工作方式有游牧式的特点，“做破产项目经常要出差，而且是出长差，周期长”。[①] 而一般在校实习生都或多或少地有一些学习任务，长期出差存在难度。由于这种冲突，导致许多破产项目培养实习生都存在没有充足的生源可供选择的困难，进而导致破产律师的稀缺。

---

① 张婷、郑志斌、徐阳光：《破产法的实施与破产业务律师成长之路》，载《破产法茶座》（第三卷），法律出版社2019年版，第33页。

对于这个问题，一方面，专业的破产律师团队一般都会与一些学校建立相对稳定的实习生培养合作机制，以确保实习生能够相对稳定地投入破产业务的实习中；另一方面，随着破产法律业务的多元化，团队在管理人业务与破产衍生业务之间也可以进行适当的调配，通过异地实习与本地实习的搭配组合延长培养期间，解决两者之间的冲突。

六、结语

破产业务目前已经迎来井喷，但是破产律师未必能够成为最大受益者。如果没有成熟、专业、稳定的团队满足市场的需要，那么市场必然会寻求替代的服务商。而破产团队又离不开破产业务人才，破产业务人才又需要长期的培养、学习和竞争。作为筑基工作的实习生培养工作，事多而绩寡，但任重而道远，尤其应当被破产律师团队、破产法教育机构充分重视，合理规划，切实推进，以求实效。

实践性法学教育论丛（第六卷）

教学圆桌

聚焦中外合作办学（法学）学生科研能力提升

梅　宏　贾博伟　王承宇　周珂锋*

中国海洋大学中外合作办学（法学）系中国海洋大学与美国亚利桑那大学联合设立的法学专业本科阶段合作办学项目，旨在培养学生通晓国内、国际法律规则并具备熟练的专业英语沟通能力。该专业自2015年创立以来，已经培养了七届学生。老师、同学评价该专业时称道“法律英语应用能力好”“学生综合素质高”，而且越来越多的学生在繁忙的功课之余积极参与科研活动、专业竞赛，取得了不错的成绩。（如图1、图2所示）

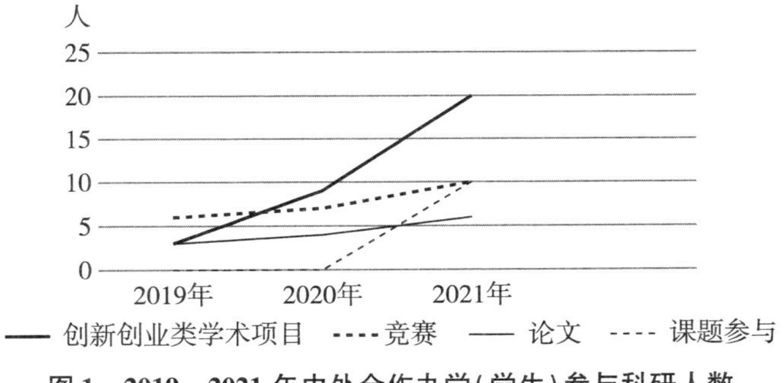

图1　2019～2021年中外合作办学（学生）参与科研人数

---

* 梅宏，中国海洋大学法学院教授；贾博伟，中国海洋大学法学院中外合作办学（法学）2019级学生；王承宇，中国海洋大学法学院中外合作办学（法学）2020级学生；周珂锋，中国海洋大学法学院中外合作办学（法学）2020级学生。

本文系中国海洋大学法学院中外合作办学（法学）教育教学研究项目“中外合作办学（法学）学生科研能力提升”的阶段性成果。

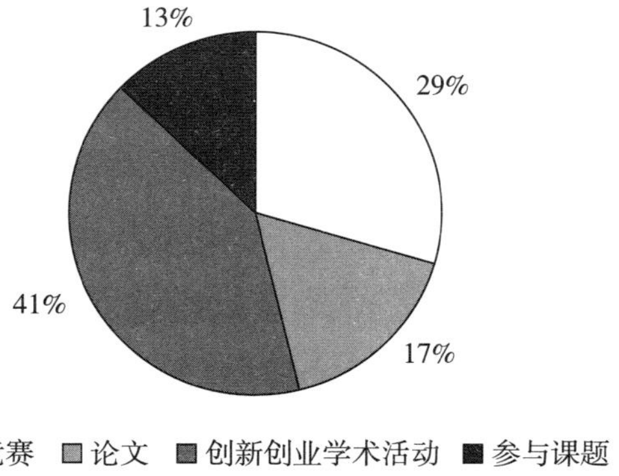

图2 2019～2021年中外合作办学(法学)学生科研参与分布

当专业科研进入本科生的视野，对于兼修中美两国法律的合作办学学生意味着什么？中外合作办学（法学）学生科研能力是否能够及如何获得提升？带着这些问题，中外合作办学（法学）教学双方围绕该专业“学生科研能力提升”展开讨论。

一、端好专业“饭碗”，了解科研规范

中国海洋大学法学院教授梅宏自中外合作办学（法学）课程运行伊始，就为各级学生主讲两门法学专业课，在多年从事一线教学及毕业论文指导、毕业生升学推荐等工作中，他认为，“中外合作办学（法学）学生科研能力提升”这个论题，究其实质，是为了鼓励学生端好专业“饭碗”，在本科阶段了解科研规范，而这正是科班教育的优势。

教学圆桌中，梅宏老师围绕其观点展开谈话：

在为各级中外合作办学（法学）学生讲授两门国内法学专业课程的6年中，我不仅看到学生整体素质的提升，也发现近年来越来越多的学生主动在课余时间向老师商请参与科研项目。起初，以为是学生为了请老师签写保研或出国推荐信，后来发现有多位学生是真的要投入参加课题组会、面谈选题

及论文全过程。作为教师，我听其言观其行后虽窃喜仍慎重对待。一方面，在科研的路上接纳新鲜血液，即便是新手，只要其态度端正、学术规范，何乐而不为呢？另一方面，科研规范的建立及养成，才是本科生能否研有所成的“试金石”。我觉得，“聊”课题、分头查资料、梳理或翻译资料及尝试写作文献综述的过程，是文科专业教师带领本科生参与科研的初步训练。在准备开始时，教师讲明规范要求、约定交流方式、商定时间表，是对本科生课外自由参与科研应予明确的前提。换言之，要么不做，要做就需要建立良好的科研交流习惯。事实上，不了了之的情况，多半因为一开始交代不清；急于求成的心理，又难免超越规律，身体也承受不了“急就章”的压力。

专业科研，类似于长跑，需要经历时间、沉淀思考、查证资料，更需要在酝酿成熟后排除干扰、完成写作。对于20岁左右的本科生，特别是功课繁忙的中外合作办学（法学）学生而言，首先要意识到专业科研不同于“考前突击”，无法一蹴而就；其次，本科生参与科研的动机或有不同，顺利与否取决于知识与能力积累、课题关联度、时间安排等因素。结合中外合作办学（法学）的课程设置，以及近几年该专业学生不必疲于应考雅思、托福等海外英语考试，我建议专业课程教学中酌情安排一些“研讨型作业”或“比较法研究”专题，这样学生做课内作业时就开始接触专业科研，有能力、感兴趣的同学就可以自觉地与相关老师交流，甚至将专题科研延伸至课外。当前，出于个人兴趣、保研、出国深造等原因，即将毕业的学生在结束了中国法课程教学之后尝试科研，确有时间、精力上的困难，却也因为修读美国法课程而丰富了比较法研究的思路。对于后者还可以联系在校的美国教授展开交流。

总之，专业科研在课外为学生架起中外交流的桥梁，不仅体现“中外合作办学”的“合作”内容，也有助于本学生形成专业研究意识，并了解科研规范。

二、学而思则研，研而悟则优

中国海洋大学法学院中外合作办学(法学)2019 级学生贾博伟在争取保送名校研究生之际，对于本专业学生科研能力提升感受颇多。大学本科阶段的专业课学习，既要接受知识，也要在消化知识、锻炼技能的过程中尝试去“生产”知识，只有这样将知识内化于心，才能在各种考察综合应用能力、专业创新能力的场合脱颖而出。她用“学而思则研，研而悟则优”概括自己的见解。

对于“本科学生科研能力”这一命题不乏有人持怀疑态度，甚至于认为“本科学生科研”是教师视角下创造的“伪命题”，而学生本身既不在意科研能力的训练，也不具备进行科研工作的能力。然而，事实并非如此。

从学生视角来看，中外合作办学(法学)学生的科研动机以外因诱导为主。法学学生若要从事法律专业类工作，仅本科学历是不够的。中外合作办学(法学)专业学生的学制中只安排了 2 学年学习国内法课程，整体而言，国内法知识的掌握较法学专业偏弱，且由于大三、大四 2 年美国法学习任务重，备战考研时间少，更倾向于选择国内保研或出国留学。无论是国内保研还是出国留学，学生的科研能力都是决定是否录取的重要标准。升学需求驱动学生有意识地、有目标地参加模拟法庭等竞赛或参与各类学术课题，并尝试写作学术论文。

中外合作办学(法学)专业的特色培养也为学生参与科研工作提供了独特的支持条件。首先，基于在课程教学中对中外法律体系的认知，学生比较自然地养成比较法研究的思维方式。例如，在美国法 Case study 学习中学生不仅思考美国法律会如何规定，也会思考同样的案件在中国审理会有怎样的后果，这无形中培养了学生学习、借鉴他国经验并联系本国实际展开思考的能力。其次，全英文课程，尤其是“法律研究和写作”等技能类课程的开设，使得该专业学生能够较快速地进行英文文献检索、阅读及写作。最后，中美文化碰撞、教育理念碰撞赋予学生更包容的学术心态，激发学生创新意识。[①] 中外合作是在“异”中求“和”，学生更多感受的是中美文化的差异。[②] 大学四年，学生在一所校园内体验两种截然不同的授课方式、教学模式，看待事物的维度更加广阔、角度更加多样、思维更加灵活、心态也更加包容。

作为一名对科研训练有强烈兴趣并且已接触科研工作的大四学生，我真切地体会到本科生在科研上存在巨大挑战。不得不说，大多数本科生对于科研工作是没有概念的。上了十几年学，我们所习惯的学习方式不过是课上听讲学习知识、课下读书消化知识。我们的学习使命好像就是把一纸试卷考到接近满分，却不懂得如何开展科研工作、产出科研成果，甚至连如何检索资料、如何书面化地表达观点都有困难。每次和老师交流论文选题时，我都信心满满、灵感爆棚，但实际写作时难出一字。由此可见，培养学生科研能力绝不是简单的口号，而是需要学校、教师和学生三方大量付出和共同努力的目标。学校合理安排科研课程，教师引导学生深入思考、教授学生科研技能，学生自身要在专业科研上投入足够的时间和精力。

为提高中外合作办学(法学)学生的科研能力，我希望学院在课程设置上进行“双减一增”，即减去大一、大二学年过多的英语课程，减去不必要的课程作业，增加培养学生科研能力的选修课、讲座。此外，建议专业课老师的课堂授课内容不局限于课程大纲和基础知识，而在课堂上循序渐进地提出相关领域的前沿问题，引导学生思考、讨论。有条件的话，学院还可以建立师生之间的“带教制度”，为有科研兴趣的同学搭配一名“带教老师”，挖掘这类学生身上的科研潜力，帮助学生解决科研过程中遇到的问题，使得这类学生不再陷

① 参见翟丛生：《华裔父母在美国：中美教育理念的冲突与融合》，渤海大学 2016 年硕士学位论文。

② 参见郭淑红、陈鹏、Natallia Yurava：《中外合作办学中的文化冲突及应对策略》，载《黑龙江教育（高教研究与评估）》2022 年第 6 期。

入孤独无助的境地。

三、文科也可成就“科研男”

已经在法学院学完大二课程的中外合作办学（法学）2020 级学生王承宇至今仍对选择文科存有心绪。他说，以往说起科学研究，脑海里浮现的画面都是科学家带领其团队成员奋战在实验室、车间、野外作业等现场，不受或少受各种人情世故的干扰，去分析、总结世间万物的发展规律，钻研新事物、新原理、新对策，而文科专业似乎与这些场景无关；专业课堂、模拟法庭、法律诊所以及实地调查中多是考虑人性、社会、法理这些抽象的、难以把握的内容，因为社会科学比自然科学更玄妙，需要更多人生阅历和对社会的观察。那么，本科阶段的法科生如何进行专业科研呢？王承宇带着他的问题参与了圆桌讨论。

对我校中外合作办学（法学）专业的学生而言，参与科研主要面临两大难题——其一，时间不足。从课程安排及课程任务量来看，即使学生有较高的科研热情，也难以投入足够时间。这使得该专业学生科研浮于表面，过于追求结果而忽略过程中的自我学习和提升。其二，知识储备不足。由于中外合作办学（法学）的英语课业重，大部分学生对于国内法学专业课的学习局限于课堂学习环节，而课堂上法学院老师较为重视基础知识的讲授，因课时有限故难以兼顾对学科前沿问题的讨论。

当然，中外合作办学（法学）专业的学生进行科研也有诸多优势。美国法学教育更加强调能动性学习、批判性思维、理论与实践高度结合。通过中方与美方的合作，中外合作办学（法学）专业的教学运用特色鲜明的“苏格拉底教学法”、讨论式教学、模拟庭辩、专业性沟通表达训练等先进教学模式和方法进行教学培养，大大提升了学生们的科研潜质与科研能力。中国海洋大学法学院注重“因材施教”，致力于培养特色人才，开设了一系列学科前沿课程，如极地法前沿课、民事诉讼法前沿课等,在本科生课堂上模拟研究生上课方式开展教学,并开设国内民商、刑事模拟法庭课程和国际公法、国际刑法模拟法庭课程,选拔优秀学子参加模拟法庭竞赛等。

2022年,我有幸入选中国海洋大学国际海洋法模拟法庭赛队,参加了竞赛的备赛环节。自2022年4月赛队组建以来,6位正式队员与4位辅助队员围绕赛题的四个主要诉讼请求,研究了诸多海洋法前沿热点问题,诸如大陆架界限委员会的法律效力、海洋环境的保护与保全以及全球气候变暖、航行自由与海洋科学研究的权利与义务、无人潜航器等。在备赛过程中,队员们大量检索国际海洋法法庭(ITLOS)和国际法院(ICJ)的判决,阅读许多英文论文、专著,积累了丰富的海洋法知识,同时,在与教练和队员们的讨论中形成了自己的观点与认知,并以此为基础撰写书状。在模拟法庭竞赛的备赛过程中,我增进了对专业科研的理解,科研能力有所提升。

不少人可能认为,本科生参与科研大多是为了完善自己的履历,获得一个奖项以期保研、综测得到额外加分;除此之外,很少有人发自内心地喜欢钻研学术。对此,我不置可否。当今社会,应届毕业生就业的竞争十分激烈,[①]就业岗位属于稀缺性的资源,若想谋取一份薪资待遇不错的工作,竭尽全力提升自己的履历(如重点高校的研究生学历、红圈所的实习经历)似乎是每一位应届毕业生的必然选择。[②] 法律人才市场的"内卷式"竞争尤为激烈。[③] 但是,我个人认为,科研的初衷十分简单——仅仅是质朴地做学问,或者喜欢做学问罢了。新中国依法治国、社会主义市场经济体制法律体系的首倡者、民商经济法学科的奠基人王家福教授一生奉献给新中国法治事业,鞠躬尽瘁,功成名就却又淡泊名利,甚至耄耋之年还在从事依法治国相关文件的起草工

---

① 参见《教育部关于应对新冠肺炎疫情做好2020届全国普通高等学校毕业生就业创业工作的通知》(教学〔2020〕2号)。

② 参见李昊儒:《2020年各省高校毕业生就业情况分析》,载《产业与科技论坛》2021年第13期。

③ 参见龚文豪:《法学本科毕业生就业困境研究》,载《教书育人(高教论坛)》2018年第24期。

作，这样毕生奋斗在科研一线的专家令法科学子肃然起敬。当然，不是每个人都适合在法学学术领域大展宏图，有的人可能更加擅长于法律实务工作，但是，对于法科生而言，倘若能在心中保留那份对法律永不泯灭的热爱与敬仰之情，无论将来从事什么工作，定会不忘初心，行稳致远。

"凌云壮志"更要"脚踏实地"。作为一名中国海洋大学法学院的本科生，我建议法学院开展更多的学术科研活动如举办学术论坛、学术沙龙以及学术论文竞赛等，组建更多模拟法庭赛队积极参加各类模拟法庭比赛。面向未来，我相信，中国海洋大学法学院一定会培养出更多优秀的涉海涉外法律人才，为中国特色社会主义法治建设贡献力量。

四、法律实务是否需要科研思维

长久以来，法律实务界人士，特别是律师群体的社会形象并不乐观。这一群体时不时会被理论界贴上负面"标签"，要么被认为"不学无术"，要么被称作"江湖郎中"。法律实务界与学术理论研究界往往因为思维模式的差异而分野，长期处在各自奔忙而又互不待见的境况。近年来这种境况确有改观，律师关心法律前沿理论研究成果，心系法学理论研究甚至从事法学理论研究的人数和频次都有明显提升，①实务界人士对于学术的热心表现在出版专著、发表文章、参加论坛等诸多方面。随着这样的趋势发展，律师事务所和公司法务部门越来越多地设立研究机构，承办或为各类大型学术讲座、论坛提供支持，这甚至大有成为实务机构未来市场竞争"新赛道"的趋势。上述种种现象似乎暗示着法律实务与学术研究界之间的分野格局正逐步消融，学术思维开始更多地向实务界人士渗透。在法律实务中熟稔学术思维，正成为一股潮流，也是在法律市场"后野蛮生长"时代专业程度提升、细分赛道发展和

① 参见熊谞龙：《"法律的生命在于经验"——读〈判解研究〉有感》，载《全国新书目》2003 年第 6 期。

差异化法律服务的大势所趋。笔者试图探究其背后的原因，谈谈对法学（中外合作办学专业）的学生提升科研能力有何启示。

对于法律实务界和理论研究界产生思维模式分野的原因，法科学生其实只要多接触或参与实务便可窥知一二。简言之，在学术研究中，往往更加注重对某一问题进行深入、全面的研究，对其制度性、规律性以及优化路径等方面得出结论；而在实务思维中，则更加注重针对个案的情况进行全面的分析，在综合分析多条救济路径的基础上，不断进行经验性、技术性的及时调整，以谋求个案中处理路径的优化和当事人利益的最大化。比如，法学研究要解决的问题是如何研制武器或建造武器库，而法律实务解决的问题则是在某场战役中如何灵活机动、因地制宜地组合使用各种武器。学术研究是单武器、多战役导向，而法律实务是单战役、多武器导向。

实务界越来越多地关注法律研究，本身是法治进展的体现。① 究其背后的机理，除了实务工作者的个人学术志趣而，也与法律行业的竞争状态深有关联。随着经济社会高速发展，法律行业过去几十年里经历了一段“野蛮生长”的时期，人们对于法律服务的需求量急剧上升，但与之不匹配的是提供法律服务的从业者数量不足、专业化程度不高。② 这种供需间的不平衡，造就了很多“万精油”律师，即尽可能多地开拓案源，追求更大的经济利益，却不追究对法律业务某一领域深入的精细化研究。律师圈里俗称的“哪儿赚钱就在哪儿踩一脚”的做法，在“十年磨一剑”的法学研究者看来，不免有急功近利、蜻蜓点水之嫌，故不为后者认可。双方都在研究法律，却因志趣不同、方法迥异而少有深入交流。

在法律市场呈现的繁荣姿态与中央高层做出的“建设德才兼备的高素质法治工作队伍”顶层设计等多重因素影响下，各大高等院校纷纷扩招、增设法学专业，使得法科学生的数量增长迅速，法律服务从业者的数量和质量也相

① 参见李树民：《2020 年法学学科研究发展报告》，载《中国社会科学报》2021 年 1 月 18 日。

② 参见马海岸：《律师事务所业务精细化管理研究》，广东财经大学 2017 年硕士学位论文。

应提升。这使得曾经供小于求的法律服务市场逐步实现供需平衡，部分地区甚至出现了供过于求的迹象。

在“后野蛮生长”时代，法律市场对实务界人士提出更高的要求。日益复杂的纠纷和可能产生的法律风险对从业者专业程度的要求大幅提升，应运而生的是高度专业化的法律服务团队和一大批求精而不求博的“深耕型”律师。这样的“深耕”恰巧与理论研究界的思维模式不谋而合，成为法律实务界与法学理论界分野格局渐趋消弭的发端。

法律实务工作者提升自身学术水平，既是提升竞争力的一种体现，也是实务办案水平高低的体现。就实务工作者而言，没有对一个问题的深入把握，不可能形成一套系统深入的观点，更不必说开发出一套有效办案工具。在很多的法律实务处理过程中，学术水平的高低，决定了其能否在大量的法律规范之中寻求最优的解决方案。随着经济社会不断发展，商业模式更趋复杂化、多变化，许多新类型的服务需求和争议涌现，在现有法律没有给出明确指引的情形之下，实务人士需要依循一定的法理研究、逻辑推理进行法律分析和论证才能解决案件中的法律问题，从而更好地保障个案公平正义的实现。

换一个角度来说，从事法律实务工作也为学术研究提供了良好的土壤。对于很多新出现的案件类型，背后往往牵涉新型、复杂的学理问题。身处第一线的实务工作者比起深居“象牙塔”的传统学术研究者能够更早地、直观地发现问题。对于进行学术研究而言，除了需要丰厚的学理知识储备、严谨的学术规范与写作规范，发现新问题、提出新问题至关重要，有意义的问题正是学术研究的第一步。

对于正在学习中的法科学生而言，囿于专业知识积累和研究能力不足，以及缺乏足够时间去深入钻研某一领域的理论，单凭在学校里本科期间短短几年的法学课程学习难以完成法学专业知识体系的全面构建。在这样的情况下，即使学生有志于科研，也很可能因提不出高质量的新问题，连迈出从事科研的第一步都困难。如果能够在法学院学习之余更多地参与到实务中，感受实务工作，接触实实在在发生的争议，特别是新领域、新类型或较为复杂的争议，对于法科学生精进志业，发现实践中的新问题，激励学生从实践中的问题出发并进行深度思考大有裨益。

将视角回到法学（中外合作办学）专业，该专业的对外招生宣传口径和学生培养的方案计划中都透露出浓郁的法律“实务”倾向。课程安排较为紧密、课时紧凑，但同时缺乏一些学术前沿的介绍类课程，对于培养学生的科研能力有些许劣势。不过，中外合作办学（法学）专业学生因兼修中国法与美国法、注重英语的听说读写故在实习机会的竞争中具有优势，能够获得更多参与实践的机会。前文已述，学生参与更多的实践机会是其发现问题、提出问题的有效途径，有助于提高法科学生的思辨能力与研究能力。

中外合作办学最大的特色就是结合了中美两种不同的法学院训练方法，能够培养出两种思维方式。中国的法律教学模式，力图通过体系化、系统化的课程教学为学生讲授概念、原理、制度、体系，而美国法学院教育模式则倾向于“苏格拉底式教学”，通过布置课前的案例材料阅读，要求学生在课前完成阅读任务，课上进行大量提问和探讨。在我看来，最不适合系统化教学的“苏格拉底教学法”恰好是对注重系统化讲授的中国法教学的有益补充。这种相互补充的教学模式有助于培养学生不同的法律思维模式，开拓思考问题的广度与深度。无论是在法律实务中体现的缜密思维，还是在学术研究中展现较为丰富的视阈，学生在中外合办的教学模式下都有获得提升的路径。

一言之，学术之路对于大多数法科学生来说熟悉又陌生。熟悉之处在于，每一名法科生都会在学业中了解到金光闪闪、熠熠生辉的大家学说；陌生之处在于，有机会、有能力在本科学习阶段就登堂入室、全身心致力于学术研究的学子尚不多见，以至于许多人认为学术是仅属于极少数顶尖学子的赛道。实际上，在对专业知识需求的精度、深度和广度都与日俱增的当下，越来越多的法律实务界人士已形成新的共识，学术研究已经不只是法学博士研究生和“学院派”学者的专属，作为法律职业共同体中的每个人都应当做好在整个法律职业生涯持续学习和钻研的准备，在长期个人发展中针对或实务或学术的问题进行深入探索，进而形成在某个领域或学术问题上的知识优势，从而在该领域取得个人独到的成就。

五、结语

"学生科研能力提升"是中国海洋大学中外合作办学（法学）专业教学研究立项课题。中外合作办学的师生围绕这一话题展开对话，道出学生科研能力提升的不易与出路。科研是富有创新性的工作，如果能够吸引富有好奇心的本科学生参加，可谓两相其美。鉴于学生对参与科研有认识、有需求也有行动，教师更应按照科研的规律引领学生，使其在课程学习的基础上再上台阶，对于教师孜孜以求的专业科研有所领略、参与，及至阶段性收获。如此，为"教研相长"理念写下宝贵的注脚，为中外合作办学留下生动、有意义的学研合作，为不断发展的本科教育教学谱写时代新篇。

实践性法学教育论丛（第六卷）

学生论坛

四级审级职能定位改革背景下法学实践教学应对

——以基层法院民庭为例

李毅林*

摘　要:四级审级职能定位改革背景下,基层法院的职能定位得到了重新的厘清,"准确查明事实""实质化解纠纷"成为基层法院新的定位。《关于加强新时代法学教育和法学理论研究的意见》要求基层法院成为广大法学学子实践教学的依托,法学实践教学更应该以基层法院的新定位作为培养目标。基层司法活动的实践教学要求法科学生在法学理论知识和法律技能之外更多地了解基层法治运行状况,将法学知识和技能与基层状况结合起来,能动地为基层司法活动服务。

关键词:审级职能改革;实践教学;基层人民法院

一、引言

法学实践教育指以法律职业活动作为教育对象,以法律职业知识、技能、

* 李毅林,中国政法大学法律硕士学院2022级法律硕士研究生。

职业伦理为内容，展开的课程教学活动。常见的形式包括模拟法庭、法律诊所等一系列旨在让学生们感受、接触、体会法治实践的活动。在传统法学教育的图景下，法学教育更强调理论知识的讲授，未能实现向法治职业从业者培养的转向。当下法学教育主旨已转向希望通过法律职业化改革来建立一支高素质的法律职业队伍，最终达至提升法治活动质量以满足社会需求的总体性目标。从横向比较来看，世界各国的司法改革都将塑造高素质的法律职业作为提升本国司法水平的一种核心方式。① 而从纵向来说，发轫于20世纪末的我国司法改革运动和法学界研究一直都将法律职业化作为一个重要追求目标。② 这无疑对我国的法治实践教育提出了更高的要求，《关于加强新时代法学教育和法学理论研究的意见》（以下简称《法学教育研究意见》）中首次作出了“一体化推进法学专业理论教学课程和实践教学课程建设”的论述，强调法学院校和法治工作部门在实训方面的衔接。这一教育改革正与我国法院审级职能改革存在交叉，本文立足于审级职能改革的背景下基层法院工作的定位重述，对在基层法院的实习实训和模拟法庭制度尝试给出建议。

二、四级审级职能定位改革

（一）改革的规范意旨

审级制度的改革发轫于《中共中央关于全面推进依法治国若干重大问题的决定》（以下简称《依法治国决定》），之中就有“完善审级制度”的表述并大

---

① 日本在20世纪之交的司法改革就将塑造一支“支撑司法制度的司法队伍”作为三大目标之一。参见最高人民检察院法律政策研究室组织编译：《支撑21世纪日本的司法制度》，中国检察出版社2003年版，第11页。

② 参见蔡定剑：《历史与变革：新中国法制建设的历程》，中国政法大学出版社1999年版，第402～407页。

致勾勒了审级制度改革的图景。最高人民法院2021年发布的《关于调整中级人民法院管辖第一审民事案件标准的通知》与《关于完善四级法院审级职能定位改革试点的实施办法》(以下简称《审级改革办法》)正式揭开了审级职能定位改革的序幕。此项改革意义重大,被认为是“新中国成立以来涉及法院层级最全、涵盖诉讼领域最广、系统集成程度最高的一次审级改革”。① 本次改革以“试点先行”的模式首先在12个省、自治区、直辖市的法院展开审级别职能改革。本次主要的改革意旨在于明确各审级的定位,主要措施在于明确最高人民法院的指导地位和民事、行政案件管辖的下放,使得一审重心进一步下移,并为此配备配置了案件的管辖权转移和提审制度;在再审方面更多强调最高人民法院的“有限再审”,主要由高级人民法院对本级作出生效裁判的案件进行再审,最高人民法院主要对普遍的法律适用问题进行提审。《民事诉讼法》《行政诉讼法》的修订已经纳入2023年度立法计划,也可以视为这一改革的配套措施。数项改革措施之间内在是相互联系,相互作用的:以一审管辖权下放为基础,由此推动实现基层人民法院积极参与社会治理和中基层法院有效审结案件新的定位。基于更多案件已经在中基层法院以多种方式实质解决纠纷并实现二审有效终审的情况下,高级人民法院和最高人民法院势必要以再审为方式实现纠错,以典型性案例和指导性案例统一裁判尺度与法律适用的功能,因此需要完善再审程序和再审立案的标准,进一步发挥再审功能。面对重大、困难案件时为保证审理质量,同时发挥上级法院的法律适用指导功能,需要在下放审级时建立筛选机制,由此建立提级管辖和择案而审机制。

(二)背景

自最高人民法院2021年发布《关于调整中级人民法院管辖第一审民事

---

① 何帆:《中国特色审级制度的形成、完善与发展》,载《中国法律评论》2021年第6期。

案件标准的通知》与《审级改革办法》以来，正恰逢疫情暴发期间，基层人民法院受理的案件数量已经呈现了爆发式增长。对比2020～2023年4年以来的最高人民法院工作报告，以地方各级人民法院审结一审民商事案件数量进行分析。2021年随着多元化纠纷解决机制的设立使得民事案件的受理次数首次下降，但这一指标又在2022年、2023年回升。随之而来的是法院受理案件数的上升和法官人均查办案件数量的上升，2020年至2022年受理案件以年均70.6万件的数量上升，而法官的年人均结案量从225件上升至242件。[①] 案件积压、审理周期长、人员紧缺等问题虽然有所好转但依然存在于部分法院之中。在审级下放之后，基层法院将面临巨大的审限压力。面对这种现实压力，最高人民法院作出积极的应对，号召各高级人民法院积极争取省级组织部门、机构编制部门支持，推动编制、员额配置向基层和办案一线倾斜。各高级、中级人民法院通过专题培训、典型案例、审判指引等方式，加强对下审判业务指导。[②] 可以预见的是，审级改革未来的图景是基层人民法院更为能动地参与诉源治理，成为基层法治社会建设的重要据点。

三、基层法院职能定位重述

基层人民法院是本轮审级职能改革的重点，也是相当一部分法学学子的法律职业的起点。在《法学教育研究意见》要求法学实践教学工作要“建立一批校外法学实践教学基地”“接收法学专业学生实习实训工作制度，探索法学专业学生担任实习法官检察官助理”。在审级改革的背景下，基层人民法院将会给法学院校提供更多的实践实训机会，到基层法院的实习实训也将会是

① 《最高人民法院工作报告》解读系列的第5场全媒体直播访谈，载腾讯新闻，https://new.qq.com/rain/a/20230310A02JC200，最后访问日期：2023年6月6日。

② 《最高人民法院关于四级法院审级职能定位改革的中期报告》，载最高人民法院网，https://www.court.gov.cn/zixun-xiangqing-370831.html，最后访问日期：2023年6月6日。

众多法科学生建立对法治实践运行的认识的契机。在这个意义上，有必要对审级改革制度下基层人民法院的职能定位进行解读。①

（一）准确查明事实

1. 查明何种事实

我国的三大诉讼法中均确立了“以事实为根据”的基本裁判原则，但此处的“事实”是何种事实并未在法条中作出明文规定。就学理而言，此处的事实应认定为“案件事实”。“案件事实”是对案件的情况在司法活动特定程序中作出的陈述。在诉讼程序进行中，是案件诉讼参与人和其他非参与人以语言、文字等方式再现的内容，也是原被告双方存在争议希望以证据证明的内容，更是法院据以作出评价用以涵摄进特定规范以确定法律效果的内容。②事实的认定是整个诉讼流程的核心环节，“诉什么”“审什么”“判什么”是围绕特定的事实进行司法活动的最好概括。

基于《审级改革办法》中作出“准确查明事实，实际化解纠纷”的论述，不妨做如此的解读，也即“准确查明事实”是为达到“实际化解纠纷”目的而设置的方法。“查明”系指庭审过程中的法庭调查阶段，“案件事实”是法庭调查时应当查明的对象。从学理上说，法院在诉讼中审查的内容称为诉讼标的。基于“实际化解纠纷”的目的下，对诉讼标的应当采取何种学说是此处应该考虑的。此处不妨参考日本国诉讼法学学术观点的变迁。“二战”前后，日本诉讼法的目的以兼子一教授主张的“纠纷解决说“为主流，强调将逻辑上对法现象的客观认识活动和实践性的法解释活动统一起来，而非仅仅限于法治国下的理性主义司法。③ 配合纠纷解决说，诉讼标的的认定宜采取新诉讼标的说下

---

① 本文主要从基层人民法院的民事审判工作展开，毕竟“民庭是最重要的庭”；此处可以参见苏力：《基层法院法官专业化问题——现状、成因与出路》，载《比较法研究》2000 年第 3 期。

② 参见杨贝：《论案件事实的层次与建构》，载《法制与社会发展》2019 年第 3 期。

③ 参见[日]兼子一：《回到民事诉讼的起点》，载《法学协会杂志》第 65 卷第 2 号，昭和 22 年。转引自[日]新堂幸司：《新民事诉讼法》，林剑锋译，法律出版社 2008 年版。

的一分肢说，将原发事件作为诉讼的对象。此处的原发事件不仅仅限于当事人为支持其主张而向法庭提交证据以证明的事实，而是案涉事件的全貌全过程基于此，只要当事人提起诉讼，事件就会用一个判决来作出全括性的解决。对于当事人，可以省去多余的程序，防止多次诉讼、上诉；对于法院而言，可以一次性地解决所有问题，符合诉讼经济的原理。[①] 这要求基层法院在查明事实时更多地强调对案涉事件的全面还原，而非仅限于诉状上所载的内容。这要求基层法院的人民法官履职更为能动。

在划定应当纳入审查范围的内容为“原发事件”之全部事实后，继而需要对这些事实进行司法技术上的处理将其转化为“法律事实”，也即具有法律意义的事实。要在纷繁浩杂的规范体系中找到这些事实对应的法律规范的位置，继而进行司法推理。在找寻规范时，法官不得不“目光在事实和规范之间往返”，[②]以规范“裁剪事实”，以事实为纲目去寻找规范，直至规范和事实之间足够融洽能定向到某一种法律后果之上。“原发事件”的事实是一种逐步厘清的过程，则“法律事实”也并不例外。基于纠纷化解的目的和图景，基层法官在查清事实时要以当地的社会、经济、产业、文化等发展现状为底色，慎重地考虑事实中是否有何种细节是应当纳入考量的，充分利用释明和说理，引导当事人充分地表述事实中关系信息的性质和意义，而非机械地在案涉事实中发现法律术语和法律概念，以“词语”的方式发现法条，落入“概念法学”的陷阱，而放弃了对事实的还原。依托于概念和术语给案件建构事实，打上某种标签，然后“依法处理”，这实际上是一种偷懒并要求法官偷懒的方法。[③] 我们应当再重新思考霍姆斯大法官的名言“我们应当想的是事而不是词”。[④]

---

① 参见张卫平：《民事诉讼：关键词展开》，中国人民大学出版社 2005 年版，第 197 页。

② ［德］卡尔·恩吉施：《法律思维导论》，郑永流译，法律出版社 2014 年版，第 72 页。

③ 参见苏力：《送法下乡：中国基层司法制度研究》，北京大学出版社 2022 年版，第 172 页。

④ Oliver Wendell Holmes Jr, "*Law and the court*", *in The Mind and Faith of Justice Holmes*, The Modern Library, 1943, p. 389.

2. 怎样证明事实

怎样证明事实似乎是一个不需要回答的问题,《民事诉讼法》第67条明文规定:"当事人对自己提出的主张,有责任提供证据……人民法院认为审理案件需要的证据,人民法院应当调查收集。"这个问题提出的价值要回顾发端于20世纪90年代中后期的民事司法改革使得我国的民事审判方式的变化。这一点在证据收集方面的体现最为明显。在改革之前,我国原有的审判方式强调法院依职权审判,这要求法院包揽大部分证据收集的工作。可以说,20世纪90年代的民事司法制度改革,就是以举证责任为重点展开的。[①] 现行实证法中,对于人民法院依职权收集的证据,依照《最高人民法院关于适用〈中华人民共和国民事诉讼法〉的解释》(以下简称《民事诉讼法解释》)仅仅限于身份关系等五项拘束的内容,并无相应的兜底条款。这种对于法院的依职权调查范围的限制,无疑削弱了法院查明案件事实的能力。在基层的民事诉讼中,当事人不能提交符合法定证据规则的证据是常见现象。同时我国的民事证据法中对证明标准的要求是偏高的,一般的实体问题的证明标准需要达到"高度可能性"。[②] 法定证据规则和证明标准对基层民事诉讼中某一方当事人而言,未免负担太重。基层,尤其是农村地区的基层更多是一个熟人社会,大量的交易甚至很难形成文字的记录。[③] 因此,需要反思过分限制法院依职权调查取证的做法,起码在基层人民法院面对基层如此的司法运行现状,确实需要在执行中采取更为灵活的姿态。机械地执行《民事诉讼法》《民事诉讼法解释》既背离了各国民事诉讼制度力求使得法律真实接近客观真实,并在查

① 参见李浩:《回归民事诉讼法——法院依职权调查取证的再改革》,载《法学家》2011年第3期。

② 以英美法为例,英国的主流观点为盖然性衡量,美国联邦民事诉讼规则则采取"优势证据说",仅要求某一事实发生的可能性高于不发生的可能性,这一要求远低于我国现行实证法;此处可以参见吴泽勇:《"正义标尺"还是"乌托邦"?——比较视野中的民事诉讼证明标准》,载《法学家》2014年第3期。

③ 参见费孝通:《乡土中国》,天津人民出版社2022年版。

明法律真实的基础上适用民事实体法进行判决这一基本要求，[①]又脱离了一贯重视和追求实体公正的中国法律传统。

（二）实质化解纠纷

1. 实质化解纠纷的路径

“多元化纠纷解决机制”于2004年首次在《人民法院第二个五年改革纲要》中出现后，最高人民法院以“先调研后试点”的方式不断累积工作经验和实践基础，在全国法院范围内推广“诉讼与非诉讼相衔接的矛盾纠纷解决机制改革”，促进了各种纠纷解决机制的萌芽和发展。[②] 自党的十八届四中全会《依法治国决定》提出了完善多元化纠纷解决机制改革的任务，也提出了“矛盾预防”机制。党的十八届五中全会又提出要构建全民共治、共建、共享的社会治理格局。以《依法治国决定》和“共建、共治、共享”理念为指导的多元化纠纷解决体系建设拥有了更为充实的内涵。就像前文所述，基层人民法院是基层社会治理的重要据点，同时人民法院也是法定的审判机关，对各类纠纷问题具有最后的决定权，是基层纠纷化解最权威，也最有实践经验的机关。在扩宽纠纷化解路径上，有更多的发挥空间。自2017年以来，基层法院逐渐形成了一套行之有效的综合治理方案。

以调解和裁判的衔接为例，人民法院已经建立起多种衔接路径。调解活动贯穿诉讼全过程，并以不同的方式助力纠纷化解。首先是庭前调解与庭上调解相结合，对于案件性质合适，纠纷内容明确的案件，有可能以调解方式解决的案件，合议庭可以在庭前以召集调解会的方式向双方疏明利害，说理释

---

① 高特沃德教授曾指出：“我们不应该忘记所有证据制度的一个最起点的问题，就是所有的法律体系，无论是大陆法系、英美法系、社会主义法系，都是在于发现事实，针对真相来判决案件，去解决争端，这在各个法律体系中都是一样的。”江伟主编：《比较民事诉讼法国际研讨会论文集》，中国政法大学出版社2004年版，第124页。

② 参见李少平：《努力构建具有中国特色的多元化纠纷解决体系》，载《人民法院报》2016年7月6日，第5版。

法以促进调解结案;[①]在庭审中遭遇双方对事实认定(正如上文已经介绍过的,这在基层往往常见)和法律、情理等问题僵持不下,难以推进庭审时法官往往主动促使双方转入调解程序,更为灵活地促进双方的矛盾化解,双方也可以免受证据规则、举证责任、证明标准等规则的负累,无负担地协商。[②] 其次是以立法的方式,确认了调解协议的效力并设置了确认调解协议效力的程序。2009 年的《最高人民法院关于人民法院民事调解工作若干问题的规定》中就规定了调解协议经由当事人、审判人员、书记员签名或者盖章后本身的效力为“具有法律效力,可以申请执行”;《人民调解法》、《民事诉讼法》(2013年)规定对通过调解组织调解后,可以向法院申请确认调解协议的效力。法院经审查认为合法有效的,可以作出确认裁定书,从而赋予调解协议以强制执行力。这一改革使得法庭调解和民间调解的作出调解协议本身的效力形成一致,鼓励更多主体参与到调解活动中,极大扩宽了调解的面对人群。再有就是支持建设调解组织和创设委托、委派调解制度。人民法院按照一定的标准从群众、各领域的专业人士中以选拔、邀请等方式建立调解员名册,由人民法院培训指导,借力民智服务于社会矛盾化解。同时由法院主导或指导设立各类调解组织,根据案件性质和当事人的特点邀请适于本案的调解组织进行调解,同时可以在立案登记、庭前会议、文书执行各个阶段邀请各自专门调解组织调解,与法官或法官助理一同推进纠纷化解。多种纠纷化解方式要求合理分配司法资源,充分结合社会力量,了解案件情况和双方当事人诉求,以期选择最合适的纠纷化解形式。

2. 实质化纠纷化解之实质

实质化解纠纷之实质本文认为是结果意义上的实质,也即纠纷能够得到

---

① 《民事诉讼法》第 97 条规定这种调解“可以由审判员一人主持……简便方式通知当事人、证人到庭”,本身对法院的裁判效率是一种提高,法庭发起调解的意愿也较高。

② 《民事诉讼法解释》第 107 条中规定当事人为达成调解协议而妥协的事实,不得在后续诉讼中作为不利证据;同时调解协议本身可以超过诉讼请求。这就使得调解程序中双方可以对事实问题不需反复争辩,无顾虑地参与调解。

一次性地、完全地解决，不因同一事由反复提出救济；吸收双方当事人不满，使得双方对纠纷处理结果表示信服。《依法治国决定》中指出，要建立"矛盾纠纷预防化解机制"，"保障合理合法诉求依照法律规定和程序就能得到合理合法的结果"。这一表述无疑重述了"实质化"的内涵，要求将纠纷化解延伸到预防阶段，也指明了"实质化"化解纠纷的尺度和直接目标。为达到体系上的融贯性，本文分别从预防和化解两个方面对"实质性"进行解读。

纠纷的预防需要人民法院将角色从被动中立的裁判者转向积极主动的治理者，搭建起一条"发现矛盾—协商表达—矛盾化解"的工作机制。2019 年发布实施的《最高人民法院关于深化人民法院司法体制综合配套改革的意见——人民法院第五个五年改革纲要（2019—2023）》，首次提出"诉源治理"的概念，要求"坚持把非诉讼纠纷解决机制挺在前面，推动从源头上减少诉讼增量"。从源头上减少诉讼增量显然属于纠纷预防的作用，这也是"诉源治理"的应有之义。"诉"指法院的诉讼案件，"源"是指纠纷产生的根源和来源，"诉源治理"要求人民法院积极主导发动各类社会个体及机构对纠纷的预防及化解所采取的各项措施、方式和方法，使潜在纠纷和已出现纠纷的当事人的相关利益和冲突得以调和，并且采取联合行动所持续的过程。[①] 矛盾的预防首先要求人民法院能动地发现潜在的纠纷。首先，人民法院尤其是基层人民法院在履职时应加强对案件的性质、关涉主体、内容的统计分析，对于涉及同类案件多的主体要更多关注，统一案件的裁判思路和尺度，必要时可以联合行政机关发出公告向群众释明风险；其次是能动履职，紧密联系群众，将日常的法制宣传工作和与群众沟通联系工作结合起来，更灵活地实施立案登记制度和法律援助制度，释明典型案例中的法律风险；最后是建立与其他纠纷解决组织的信息共享制度，主动从其他机关机构履职过程中的情况通报中发现潜在的社会纠纷因素，合力推动化解。

---

① 参见郭彦：《共建共赢内外并举全面深入推进诉源治理》，载《人民法院报》2016 年 12 月 28 日，第 8 版。

实质化化解纠纷的结果维度正如前文所述，要求一次性终局地解决全部的问题。这又可以分为结果的全面性与结果的可接受性；结果的全面性承接前文所述的查明事实的内容，在充分还原原发事件的全部细节的基础上，充分听取双方当事人的诉求，对全部的诉讼请求作出裁判，对于未提出的可能影响案件裁判结果的诉讼请求，应主动行使释明权利，告知当事人可以提出的诉讼请求和可能的法律后果；在调解制度等非诉解决方式中，应当引导双方就原发事件的全部进行阐述，厘清争议的事实和法律焦点问题，就重点争议问题进行充分的调解。调解时要尊重案件的本身性质和当事人的意愿，适当引入了解基层情况、具有专业知识技能和一定威信的调解员居中调解。调解的进程中适当加强无争议事实记载机制，本次调解未达成调解协议的，调解员可以在征得各方当事人同意后，以书面形式记载调解过程中双方没有争议的事实，并告知当事人所记载的内容并存档保存。经双方签字后，当事人无须也不应在之后的调解活动中重复就相同问题提出争议，启动诉讼的，在诉讼过程中无须就已记载的事实举证。①

结果的可接受性首先是裁判结果的可接受性，裁判结果的可接受性必然内含地包含三个层面的可接受性：(1)裁判依据事实的可接受性，正如前文已经备述的，裁判所依据的事实应更多地探寻原发事件的全貌，在必要时法院要依职权探寻事实，此处不再赘述；(2)裁判说理的可接受性，说理的内容除去对法律条文的解释，也更要结合当地实际情况与案件性质，对涉及公共利益的、涉及弱势群体保护、涉及公序良俗风俗习惯的案件要加强说理，发挥司法裁判在国家治理、社会治理中的规范、评价、教育、引领等功能；②(3)裁判结论的可接受性：裁判结论是法官根据裁判事实和裁判理由所作的最后决定。

---

① 参见余文唐：《莆田法院：ADR 的“莆田模式”》，载《中国审判》2015 年第 8 期。

② 参见《关于深入推进社会主义核心价值观融入裁判文书释法说理的指导意见》《关于加强和规范裁判文书释法说理的指导意见》等规范性文件。

这个“决定”与裁判事实及裁判理由具有逻辑上的因果关系。[①] 在全面认定事实和充分说理后，保证“事实—说理—结论”的同一性，逻辑严密，在关键争点上有所回应，自由裁量的部分要充分平衡双方意见。而调解的结果可接受性与当事人的合意高度相关，要保证结果的可接受性，就要力求双方当事人的全面、完整合意。调解者保持不过是当事者之间自由形成合意的促进者的定位，从而能够与以自己的判断来强制当事者的决定者区别开来的场面，可以视为调解过程的基本形态。[②] 调解者可以提出调解方案、分别倾听当事人诉求、主张特定的调解方式和参与主体等方式促进合意，但要基于当事人的自由同意，不能以调解代审判强制当事人调解。

四、基层法院重新定位法律实践教学应对

上文对基层法院在审级定位改革背景下的定位进行重述，从“准确查明事实”“实质化解纠纷”的内涵和外延开始，论述了基层法院在审级职能改革背景下，法官应该扮演何种角色。同样地，这些也是法学实践教育应当设定的目标。尽管并不能称为详尽，却也足以表明，在基层人民法院的法治实践过程中诚然需要法学素养、法学理论的教育基础，但法律技能的需求甚至是对基层情况的了解的需求是更为迫切的。法学实践教学不仅是一项简单的教学改革问题，而是转型中的中国社会的诸多因素促成的，这些因素通过法院的职能定位改革最终会投射到法科学生的教育上。基于前文的“准确查明事实”“实质化解决纠纷”的阐述和分析，本文尝试对法科学生的实践教学给出一些建议和展望。

---

① 参见江国华：《论中国实践主义司法哲学》，载《法律科学（西北政法大学学报）》2023 年第 1 期。

② 参见［日］棚濑孝雄：《纠纷的解决与审判制度》，王亚新译，中国政法大学出版社 1994 年版，第 13 页。

(一)从法条的解释者转向服务的提供者

环顾我国当下的法学教育路径的选择,法教义学和社科法学这两个概念总会被频频提及,构成了一种法学知识演进中的知识型态的概括。这场争论从法学的方法论开始,扩展到各个部门法学,自然也成为法学教育领域中不断被提及的内容。自 2014 年的"法教义学和社科法学的对话"学术会议之后,法教义学越发成为法学研究、教育的主流方法论。这不仅体现在目前的刊物文章发表量上,更体现在法学教育的课程内容上。① 目前法学教育的主要内容多涉及法解释学,教授以条文方式展开讲授,学生以法条为依托进行解释与法律推理。法教义学无疑是一门艰深、复杂的学问,同样也是一种富有逻辑美感的精密构造的研究方法。但基层的法治建设中所面对的问题远比法规范条文中更多种多样也更为复杂,在基层人民法院被重新定位的当下,查明事实和实质化解纠纷的任务能否以教义学、解释法条、法律推理等一系列法学方法所完成,是值得重新考量的。

基于前文中对基层纠纷的粗略简述,已经可以推断出基层的司法活动应对司法"被动、中立"的属性重新理解,更多着重司法能动的一面,这更要求基层法官在纠纷化解中的角色甚至是基层法治建设的角色中不再是仅仅对法条进行解释分析,更要求全面地了解当事人的诉求和原发事件的全部,设身处地地为当事人的利益考量,以法官的释明权为依托给当事人提供司法建议和解决方案,这更类似于一种法律服务甚至生活服务的提供者。在基层法律工作者严重缺乏的背景下,这种角色仿佛更接近于律师甚至当事人某个热心长辈,以此来填补基层的法律服务空缺甚至是社会服务的空缺,消弭基层秩序和法律规范本身的隔膜,是更有效解决纠纷的方式。

这仿佛与公众视野中"司法精英"的形象不甚相符,但是对于法科学生而

---

① 参见《CLCSI 年度报告:论文发表情况与统计分析》,载 http://fxcxw.org.cn/dyna/content.php?id=24392,最后访问日期:2023 年 6 月 17 日。

言，首先应了解基层法官的角色，防止所学习的法律理论和法律职业技能与社会实际需求相互背离。[①] 在21世纪第一个十年，“复转军人进法院”一度是一个学术领域和公共社会领域所关注的问题，这个问题背后所折射的诸多问题中不可忽视的一个其实是“基层需要什么样的法官”。我们不妨以一个案例展开讨论，在苏力教授进行田野调查时，遇到这么一起案件：[②]一位50岁左右的妇女到基层派出法庭中向法官要求与离家出走20多年的丈夫离婚，并要求法官为她写一份状子。而这一请求的原因在于她曾经向该派出法庭请求“断绝母子关系”，当时负责接待的法官了解情况发现是她的儿子经常虐待她，出于无奈她才想到向人民法院寻求帮助。几位法官和干警讨论后一致给出了离婚的解决办法。为什么采取这种方法？因为首先“断绝母子关系”并没有法律上的依据，面对这样的诉请法庭甚至难以立案。如果以虐待罪起诉她的儿子，即使判处有罪也不能防止以后不再发生这种虐待；如果以民事侵权来进行规制，她儿子既无什么财产来赔偿，乡间也没有足够的警力来保证禁止令的行使。最好的方式不如找个老伴让老伴来保护她，这种方法相比于单纯的法律方法来说更为可行，甚至几位法官干警还七嘴八舌地“推选”了几名合格人选。但是由于该妇女的丈夫早就出走，诉讼离婚必须以公告作为前置条件，而公告的费用对该妇女而言又是难以承受的，最后法庭打算为她先垫付这笔钱。

这一案件虽说看起来有些“荒诞”，但不可否认的是这其实就是基层的常见情形。家庭暴力是基层人民法院经常处理的案件，它往往还牵扯婚姻、继承、债权债务纠纷等一系列纠纷。[③] 此时，如果单纯以法条的解释者角度来要求“准法官”，要求他们“依法作出裁判”无疑是难以彻底解决纠纷的，甚至可

---

① 参见[美]理查德·A. 波斯纳：《法理学问题》，苏力译，中国政法大学出版社1994年版，第7~8页。

② 参见苏力：《法治及其本土资源》，中国政法大学出版社2004年版，第143~147页。

③ 参见李伟峰、聂清华：《性别视角下老年人受虐待问题研究》，载《山东女子学院学报》2019年第4期。

能导致矛盾的升级。本案中法官的做法似乎是一种范例,使得“准法官”们可以管窥一二基层的司法运行逻辑。首先,该妇女要求基层法院的法官为她写一份起诉状,这与传统意义上法院“被动、中立”的属性并不相互融合。所幸,口头起诉属于《民事诉讼法》法定的起诉方式,这也体现了法官在裁判之外往往要为弱势的当事人提供必要的服务和帮助;[①]其次,如果说为当事人的口头起诉提供服务尚属于对《民事诉讼法》条文的解释,那么对如何起诉这个案件以及会产生如何的法律后果进行分析,更针对各自诉请方式对应裁判结果的执行方式,以及执行后对当事人可能造成的影响作出分析并提出建议,则更像一个律师角色。而且是一位务实的,为当事人的利益作出全面考虑的资深律师:不仅能预测各种司法程序的后果,还从可执行性的角度对部分诉请方案一一驳斥;最后除了法律问题,还提供了两项社会服务:一是建议当事人找个老伴让老伴来保护她,并推荐几名候选人;二是对于诉讼离婚的前置公告程序的公告费予以垫付。这就已经超越了法律服务的范围而是社会生活服务的范围了,毫无疑问,这种纠纷化解方式确实有利于当事人的权益保障。这种基于基层现实生活经验作出的解决方案,体现在司法制度上,可能是不予立案或是驳回诉讼请求,往往被各种司法统计所忽视。但是法官作为一个服务的提供者在法庭外化解了纠纷,这带来的是诉讼程序实质意义上的终结,从而避免了二次诉讼,避免反复陷入“无法律意义”程序带来的“程序空转”。在这个案例中更能发现,基层人民法院法官往往是离案件纠纷当事人最近,最了解当地社会状况的法官(否则也找不到可以推荐的“候选人”),纠纷的化解仅仅在这个基础上才得以达成。在基层法庭实习实训的法科学生,在法条的解释之外应更关心实际的社会运行状况,将自己定位为基层的法律服务提供者和纠纷化解方案的提供者,以法律和法律之外的方式将纠纷从源头消灭。

---

① 《民事诉讼法》第 123 条第 2 款规定:书写起诉状确有困难的,可以口头起诉,由人民法院记入笔录,并告知对方当事人。

（二）利用基层的本土资源

正如苏力教授所倡导的，中国的法治建设应当"重视中国社会中那些起作用的，也许并不起眼的习惯、惯例，注重经过人们反复博弈而证明有效有用的法律制度。否则的话，正式的法律就会被规避、无效，而且可能会给社会秩序和文化带来灾难性的破坏"。[①] 这种习惯和惯例在基层司法活动中的影响是贯穿整个流程，涉及司法活动的方方面面。值得欣慰的是，现行实证法已经张开臂膀拥抱变化，在多处直接或者间接地认可这些本土资源在司法活动中的运用。《民法典》第10条规定："处理民事纠纷，应当依照法律；法律没有规定的，可以适用习惯，但是不得违背公序良俗。"《民事诉讼法解释》第105条规定："……依照法律规定，运用逻辑推理和日常生活经验法则，对证据有无证明力和证明力大小进行判断，并公开判断的理由和结果。"在实体和程序两方面都充分尊重习惯、惯例的使用。

在事实认定方面，习惯、惯例的运用可以作为事实认定的手段和方式，也可以作为事实认定的依据。最近风靡的"法官要求对着妈祖发誓"的笑谈就可以看出基层法院在事实认定上会充分利用风俗习惯作认定事实的依据。[②] 也有许多法院总结基层审判经验时多次谈及"深入田间地头、纠纷现场进行勘察勘验，走访左邻右舍，向相关村、居民委员会等了解情况"，要求法官更多直接了解社情民俗，主动探明事实，将调查走访作为认定事实的手段和方式。[③] 最高人民法院曾以典型案例的方式在涉及契约民间交易习惯的问题上。尊重民间交易已形成的习惯，强调对违背民事习惯的契约审查更注重合理性。再审申请人称被申请人解释由于未及时找到补充协议（一审、二审法

---

① 苏力：《道路通向城市：转型中国的法治》，法律出版社2004年版，第36页。

② 参见短视频作品：《舟山法官要求男子对妈祖发誓》，载抖音短视频，https://www.douyin.com/video/7220357322525150501，最后访问日期：2023年6月7日。

③ 参见赵国宾：《基层法院法官查明案件事实的方法论》，载《人民法院报》2023年3月2日，第8版。

院认定申请人败诉的关键证据)，故而在原诉讼期间中未提及的解释不符合情理，且补充协议中甲乙双方位置颠倒不符合民事习惯规则，补充协议内容显失公平，违背常理。最高人民法院支持了其主张，并在判决中多次使用“不合常理、常情”字眼。[①] 作为认定事实依据的则更多出现在婚姻家庭案件领域，例如，广州市某基层人民法院就按照中国传统取名习俗对案涉遗嘱上的笔误进行合理解释并以此为基础作出分配遗产的裁判文书。[②] 又如，甘肃省庆阳市中级人民法院在审理宫某和曹某某离婚纠纷上诉案件时，结合正宁县当地新婚夫妇给男方父母端礼的习惯合理排除了曹某某对已收下礼金的否定。[③] 当然，在习俗和惯例的合理甄别适用是使用的前提，法官应该评估当地习俗和惯例是否合理和普遍。仅仅当习俗或惯例是普遍适用且拥有合理性，那么法官可以考虑将其作为事实认定的依据。在此之上，即使当地习俗和惯例被视为是事实认定的依据，法官仍需要评估这些证据的充分性，确保符合自由心证下的采信标准。

在实质化解纠纷的过程中同样应当尊重地方风俗，充分认可地方风俗习惯在基层社会中的作用，对《民法典》第10条的理解上，采取“习惯、惯例推定可适用”的思路，仅仅在明显违反公序良俗时，才不予适用。在适用同时也权衡当事人的意愿和利益，了解他们的意愿和期望，尊重当事人对风俗习惯的理解和运用方式，充分调动当地资源。特别是在解决婚姻家庭、财产分割等民间纠纷时。以四川省雅安市石棉县为例，当地家庭以“家支”为单位生活，并且有专门的调解组织“德古”。“德古”采用的是彝族习俗来化解矛盾，在彝族群众中有相当的威信，彝族有谚语称“彝区的德古，汉区的官府”。[④] 石棉县人民法院将“德古”纳入司法工作者的行列，与基层人民法院法官一同进行调

① (2014)最高院民提字第178号民事判决书。

② (2012)穗荔法民一初字第1001号民事判决书。

③ (2014)庆中民终字第588号民事判决书。

④ 参见张邦铺:《凉山地区多元化纠纷解决机制研究——以彝族为例》，中国政法大学出版社2003年版。

解。“德古”一方面为法官充当当地风俗习惯的介绍者，另一方面在当事人之间充当调解的润滑剂，充分促进双方的沟通，避免矛盾的升级。① 前往基层人民法院实习的法学生，应当尽快将自己定位为“准法官”，承担作为纠纷化解者的角色，加强对当地风俗习惯、惯例的收集、甄别，明确这些当地风俗习惯的适用范围；加强与民间调解组织人才的沟通，学习作为居中调解者应掌握的语言技巧和观察能力，同时熟悉与基层组织、民间调解人才的沟通协作配合机制，通过适时释法说理，通报典型案例的方式为调解工作提供法律规范上的支持。

（三）注重社会效应

正如前文所述的，基层人民法院应当不仅是基层矛盾的居中裁判者，更是基层中的法治社会建设的依托。基层司法活动应更注重社会效应的原因在于，它们的裁判结果不仅影响着当事人，还会对整个基层社会产生影响。基层人民法院是社会交往、规范化和权力制衡的场所，为基层社会的社会交往提供一个可被接受的范式、样本。司法活动不仅是一种法律行为，更是一种社会行为，其所涉及的问题不仅要依法公正、合理地解决纠纷，还要反映社会公正和社会价值观念，甚至要以司法活动来执行公共政策。因此，基层司法活动的裁判结果是否能够得到社会认可和支持，对司法公信力和社会稳定有着至关重要的影响。

本文认为，基于大部分基层社会，尤其是农村基层社会的相对封闭性②和

---

① 参见《司法工作中如何合理运用民族习惯化解矛盾纠纷——以石棉县人民法院处理涉彝族离婚纠纷案件为例》，载石棉县人民法院网，https://www.yaancourt.gov.cn/html/sm/detail/9828d5d0-107f-5082-c155-1249a19b.html，最后访问日期：2023年6月7日。

② 参见费孝通：《乡土中国》，天津人民出版社2022年版，第5~9页。

农村地区缺乏真正足够的法律工作者，[1]法规范的概念相比于更为具象的裁判结果、调解结果来看，所得到的传播是更少的，被接受的可能性也是更低的。笼统地援引具有“普适效力”的司法原则和运用法学技术，很难说是一种对症下药的解决方法。在基层，案件更多以口耳相传的方式呈现和传播，在这种特定环境下严谨而精巧的法言法语往往失去了它的“真理性”。更兼之以中国传统文化中固有的“厌讼”观念，和法律服务人员不足、诉讼的程序对其而言较为复杂、障碍较多的现状，[2]实际上能把纠纷矛盾主动提交法庭的情况是有限的。相对于面对“司法黑箱”这种复杂机制带来的难以理解的巨大不确定性（即使现在的恣意司法已经很少见），他们更希望从结果的维度上，以通俗的社会语言去了解已有的裁判、调解结果，用以支持自己的主张。

这种情况的转变是长久以来基层现状导致的，在没有基层结构性改变前提下，司法活动对基层社会的塑造是逐步的、渐进的，尤其在基层法律服务工作者有限和矛盾化解机制建设中的现在。这就需要基层法院的法官在作出裁判时和主持调解时不仅仅要考虑结果对当事人的影响，更要充分考虑裁判、调解结果作为实践意义上的“案例法”，很可能被纳入作为基层社会交往规则。相比于个案中的法律效果，社会效果的评价更注重个案中的价值因素，实际上是基层社会主体对基层社会默认交往规则经法律评判后结果的接受程度的体现。[3] 基层法官要以裁判、调解的方式维护和实现社会交往规范的确定性、统一性和连贯性，但又要在社会交往规范失范时以个案的方式扭转当地的交往习惯。这需要基层法官的角色作出更多的转变，就像前文所述

---

① 截至2021年年底，在乡镇所执业的基层法律服务工作者仅有2.5万人，在整体法律工作人员中占比不足5%，参见中华人民共和国司法部政府信息公开，http://www.moj.gov.cn/pub/sfbgw/zwxxgk/fdzdgknr/fdzdgknrtjxx/202106/t20210611_427394.html，最后访问日期：2023年6月10日。

② 关于这一点，可以参见［日］大木雅夫：《日本的法观念》（日文版），东京大学出版会，1985年。

③ 参见刘峥：《司法裁判中的法律效果与社会效果》，载《人民法院报》2018年1月8日，第2版。

的，吸引、筛选更多了解当地风土人情的基层人士参与诉讼和调解，法官通过这些人士了解基层风俗习惯后对于明显与现行法律不相符的，可以在充分听取基层人士的意见建议上以法律为依托对该项风俗习惯作出不同的解释，以这种解释的方式对纠纷的当事方而言更有说服力和可接受性，也能以个案的形式形成一种“裁判规范”，继而转变为基层的社会交往的行为规范，逐渐以司法活动方式移风易俗。基层的社会价值观是由不同的角色在不断地交互、潜移默化中形成的一种“实践理性”，这种基层社会价值观于司法活动结果而言，互相影响互相交叠。一方面基层的群众对司法活动的结果抱持者符合其价值观的期望，另一方面又希望案件判处和纠纷解决的结果能弘扬社会风尚。这种互动模式正显示了基层社会观念可以说是“隐藏在现代法治理念背后的、最根本的拘束力”。①

这也要求依托基层展开的实践法学教育活动中，要求法学生尽快进入法官角色，树立法官思维。兼顾个案裁判、调解中的当事人纠纷矛盾化解和个案结果对基层社会不特定多数人的“先例效力”，以现行实证法为基础重新解释风俗习惯作出判决或调解，将法理渗入情理，以情理解释法理，强化说理的可接受性。在作出裁判、调解结果时，更多考虑结果的社会因素，在面对多种选择路径时，不仅对条文进行解释，更要对不同路径造成的后果进行权衡以保证裁判结果的可接受性。只有这样，才能有以司法活动引导基层观念转化的可能。②

五、结语

本文对四级审判职能改革背景下的基层法院定位进行了重述，并以基层

---

① 参见冯辉：《判决、公共政策与社会主流价值观——“跌倒争议案”的法理省思》，载《政法论坛》2012 年第 4 期。

② 参见杨知文：《基于后果评价的法律适用方法》，载《现代法学》2014 年第 4 期。

人民法院法官的角色展开探讨了法律实践教学面对这种定位应作出的应对。毕竟,更多的法科学生未来更有可能走向基层法院的岗位,在基层的司法活动之中,仅仅对法条的解释完全不足以面对基层纷繁复杂的纠纷类型。面对也许曾经认为是细枝末节的小问题,也许需要更多的“实践理性”。法学教育不能以法律精英教育自居,法科学生作为未来的法律职业从业人更不能将自己掌握的法律知识和法律技能与基层社会中的种种诉求相互对立起来。一方面,法学实践教育应该鼓励法律职业从业者在基层社会治理中了解更多基层的运行逻辑,竭力弥合基层朴素的价值观与专业司法活动的距离,做社会服务的提供者;另一方面,也必须发挥法学理论本身的理性价值,将基层的“法治资源”作为能动履职的依托,以司法活动促进基层的治理格局转变。

法学研究生职业伦理教育的理想建构路径

覃振模*

摘　要："立德树人、德法兼修"应贯穿法学教育之始终，而当前法律职业伦理教育在研究生培养阶段尚属空白。重视法律职业伦理教育是法律职业共同体的需求，也是法学教育的必然要求。法律职业伦理教育的目标应包含知悉法律职业伦理框架、掌握法律职业伦理基本原则、培育法律职业信仰和强化伦理教育与法律职业融合四个方面。法律职业伦理教育可以通过对传统教学模式的革新，以及教育形式的创新两个方面建构完善，提升教育质效。

关键词：法学研究生；法律职业伦理；法律职业共同体；伦理教育

一、问题的提出

"为谁培养人、怎么培养人、培养什么样的人"①三个关键问题贯穿法学研究生的培养过程，法学研究生的职业伦理教育亦应围绕这三个关键命题展开。毫无疑问，教育的核心目标是为国家培养人才。在法学领域，这一目标

---

* 覃振模，上海财经大学法学院博士研究生。

① 教育部课题组：《深入学习习近平关于教育的重要论述》，人民出版社2019年版，第15页。

更加明确,即培养法治人才。申言之,法学研究生教育的目的在于培养高质量、高层次,且兼具理论与实践的复合型专业法律人才。研究生法律职业伦理教育,对于实现德法兼修的法治人才培养目标,满足法律职业发展和法学教育的需求,以及塑造未来法律职业者崇尚正义、追求公正的品质和品格,具有深远的意义。

"法律职业伦理学是一种以伦理学的方法研究法律职业伦理道德现象的学科。"①实践中,虽然大部分学校已经将"法律职业伦理"课程列入本科教育阶段十门法学专业核心必修课程之一,但是还没有具体的规范性文件要求开设或加强"研究生阶段"的法律职业伦理教育,这对未来需要从事法律行业的研究生而言至关重要。根据教育部《分学科研究生数(总计)》,2021 年法学学科研究生招生人数为 6.7 万人,其中汇集了跨一级、二级学科报考法学专业;报考法律硕士(非法学)专业;采取非全日制培养模式等各类研究生,其中就包含一定比例尚未学习法律职业伦理的研究生。除此之外,囿于课程设置不够完善、教学内容与方式陈旧、师资力量不足、学生对课程认识不足、实践环节缺失等多种问题亟待完善,使在研究生培养阶段继续开展及深化法律职业伦理教育显得尤为重要。

二、法律职业伦理教育的因应

(一)法律职业共同体的需求

法律职业,由法官、检察官、律师和公证员等为代表的,受过专门的法律专业训练,具有相关法律技能与法律伦理的法律事务岗位从业人员所构成的共同体。尽管法律职业伦理教育在法治人才培养中占据着至关重要的地位,

① 王申:《法律职业道德建构的伦理学之维》,载《河南大学学报(社会科学版)》2023 年第 4 期。

却常被法律院校所忽视。[①] 在当前全面依法治国的新时代背景下，为了推动我国法学教育的进步和法治人才的培养，以及构建更加紧密的法律职业共同体，我们必须进一步强化法律职业伦理教育。这样，法学研究生的培养才能与时俱进，更好地与法律职业的需求相对接。首先，法治人才培养是依法治国的重要组成部分，兼具基础性和先导性。[②] 法治人才的培养包括通识教育、基础教育、职业教育和专业教育等多个层次，每个层次的目标定位不同，培养模式也有所区别，[③]然而，法律职业伦理教育始终贯穿每个层次的培养过程中，对于培养合格的法治人才具有不可或缺的作用。其次，在司法腐败现象难以完全遏制的当今社会，我们需要从法律伦理教育这一根源入手，加强对其的重视和实施。因为法律职业人在社会生产生活及司法实践中拥有较大的自由裁量权，而监督机制的不足使得法律职业伦理的重要性更加凸显。[④] 因此，培养法律职业者的伦理素养，是遏制司法腐败、确保司法公正的重要途径。此外，每个职业共同体都拥有符合行业特色的伦理道德规范，这种规范是维系共同体及其成员社会地位的重要基石，[⑤]法律共同体亦是如此。是故，为了有效应对社会问题和法律职业风险的挑战，需辅以配套、完善的法律职业伦理教育。

（二）法学教育的应然要求

百年大计，教育为本。“法律教育的目的，是为国家培植法律人才”[⑥]，而法学研究者不仅需要具备丰富的法律知识，还需要具备高尚的法律道德，才能真正称得上是法律人才。法学教育，不仅需要教授必要的“法律知识”，还需要教授必要的“社会常识”，更需要教授“法律职业伦理道德”。前者是认识

① 参见许身健：《认真对待法律职业伦理教育》，载《检察日报》2018 年 2 月 28 日，第 7 版。

② 参见黄进：《志存高远培养卓越法治人才》，载《光明日报》2017 年 5 月 26 日，第 11 版。

③ 参见蒋银华：《多元一体化：法治人才培养的实现机制——基于改革开放 40 年法学教育的经验总结》，载《广州大学学报（社会科学版）》2020 年第 1 期。

④ 参见沈强、刘芳：《法学教育中的职业伦理教育》，载《党政干部学刊》2008 年第 1 期。

⑤ 参见孙笑侠：《法律家的技能与伦理》，载《法学研究》2001 年第 4 期。

⑥ 参见孙晓楼：《法律教育》，商务印书馆 2015 年版，第 9 页。

和完善法律的基础，中者是符合时宜准确运用法律的保障，后者是执行法律的必要资格。法律职业伦理教育不仅在法学学科中占有重要地位，在教育学领域也具有不可或缺的价值。无论对于个人的法律职业发展，还是对于依法治国的总体要求，它都是必要且不可或缺的。教育部、中央政法委发布的《关于坚持德法兼修实施卓越法治人才教育培养计划2.0的意见》（教高〔2018〕6号）提出："加大学生法律职业伦理培养力度，面向全体法学专业学生开设'法律职业伦理'必修课，实现法律职业伦理教育贯穿法治人才培养全过程。""全过程"强调了法律职业伦理教育不应是阶段性的、局限性的，而应是贯穿法学教育的全过程，即开展法学教育就应融入法律伦理教育，法学研究生培养阶段亦应如此。需要注意的是，研究生阶段的法律职业伦理教育相较于本科生阶段，在目标性、阶段性和层次性方面有其特殊性，因此需要对研究生职业伦理教育课程体系进行更为细致和深入的设计与探讨。

三、法律职业伦理教育的目标

（一）知悉法律职业伦理框架

法律职业伦理，也被称为法律职业道德、司法伦理道德或法律伦理道德等，是指法律职业者在从事职业活动和日常生活中应当遵循的行为规范和基本准则。如果法律人缺乏法律职业伦理将失去方向，甚至可能滑向犯罪的深渊。① 要了解和掌握法律职业伦理准则，需要深入了解、认识和熟悉其表现形式和具体规定。而法律职业伦理规范在不同法律领域、不同法律程序、不同法律救济以及不同司法程序中的存在形式和表现形式都存在差异。从实体法层面来看，我国在《法官法》《检察官法》《律师法》中，从权利、义务、职责、

① 参见伍治良：《法科研究生学习之"道""术""势"》，载《中国研究生》2019年第4期。

业务的角度，对法官、检察官和律师的职业伦理道德进行了规范。从程序法上看，《民事诉讼法》《刑事诉讼法》中审判人员接受当事人或诉讼代理人请客送礼，关于违反规定会见当事人及诉讼代理人的情形可以被要求回避等。从规范性文件的发布主体来看，最高人民法院和最高人民检察院分别出台了针对法官和检察官的职业伦理道德规范；司法部针对律师、公证员行业出台了相应的职业伦理道德规范；中华全国律师协会、中国公证协会亦通过颁布准则健全行业伦理建设。（见表1）

表1 部分涉及法律职业伦理准则的法律及规范性文件

名称	效力层级	制定主体	最新修订/实施时间
《法官法》	法律	全国人大常委会	2019年10月1日
《检察官法》	法律	全国人大常委会	2019年10月1日
《律师法》	法律	全国人大常委会	2018年1月1日
《法官职业道德基本准则》	两高工作文件	最高人民法院	2010年12月6日
《检察官职业道德基本准则》	两高工作文件	最高人民检察院	2016年11月4日
《司法鉴定职业道德基本规范》	部门规范性文件	司法部	2009年12月23日
《司法部关于进一步加强律师职业道德建设的意见》	部门规范性文件	司法部	2014年5月23日
《律师职业道德和执业纪律规范》	行业规定	中华全国律师协会	2001年11月26日
《律师职业道德基本准则》	行业规定	中华全国律师协会	2014年6月5日
《律师协会会员违规行为处分规则（试行）》	行业规定	中华全国律师协会	2017年3月31日
《公证员职业道德基本准则》	行业规定	中国公证协会	2011年1月6日
《仲裁员行为考察规定》	组织内部规范	中国国际经济贸易仲裁委员会	2021年5月1日
《中国体育仲裁委员会仲裁员聘任和管理办法》	组织内部规范	中国体育仲裁委员会	2023年3月10日

除此之外,随着新技术和生成式人工智能 ChatGPT 的发展,相关伦理规范还散见于其他规范性文件中。如 2022 年 12 月 8 日最高人民法院出台的《关于规范和加强人工智能司法应用的意见》(法发〔2022〕33 号)第 7 条就要求"坚持将社会主义核心价值观融入司法人工智能技术研发、产品应用和服务运行全过程,保证人工智能司法应用不得违背公序良俗,不能损害社会公共利益和秩序,不能违背社会公共道德和伦理,健全风险管控、应急处置和责任查究机制,防范化解人工智能司法应用中可能产生的伦理道德风险",同时第 20 条亦要求司法数据的共享和应用模式需要"通过司法人工智能伦理委员会"审查。由此可见,规范的主体不仅包括司法实务人员,还应包括参与开发人工智能司法技术的其他人员,而后者基本不接触法律职业伦理教育。利用现有的法律职业道德规范文件,可以为法律职业伦理的讲授提供一个初步的框架和范围,为后续更深入的法律职业伦理学习提供指导方向。

(二)掌握法律职业伦理基本原则

法律职业伦理基本原则有别于法律职业伦理准则,前者是从后者中抽象出来的基本规范与核心内容。易言之,二者类似于"法律原则"与"法律规则"的区别。职业伦理基本原则不仅是法律职业行为的准则,更是法学研究生应该自觉内化为自身职业意识的重要内容。这种内化过程需要研究生在日常学习和实践中不断自我反思、自我教育,以形成坚定的道德信念和行为习惯。在考虑将本科阶段的法律职业伦理教育与研究生阶段进行区分时,应当更加重视研究生阶段对法律职业伦理基本规范的研究与实践应用。这意味着研究生不仅需要了解和掌握职业伦理的基本原则,还要深入研究和探讨其在实践中的应用,从而培养在未来实际工作中运用伦理原则解决复杂问题的能力。这种深入的研究与实践应用有助于提高研究生的职业素养和道德判断力,使他们更好地适应法律职业的要求,为维护社会公正和法治建设做出更大的贡献。

具体而言，法律职业伦理基本原则应包括但不限于以下方面：首先，正义规范是法律职业活动的基本原则。崇尚、追求和维护正义是法律人的使命。正义最终的实现依赖于司法，而司法过程又离不开法律职业者的参与。因此，法律职业者在实践中应当积极践行正义规范，以确保正义在每一个案件中得到伸张和维护。其次，诚信规范不仅是我国实体法中的重要原则，是法律上的"帝王条款"，也是法律职业伦理基本规范的核心内容之一。诚实守信不仅是现代文明的重要标志，也是法律职业者必须遵循的职业道德。在法律活动的全过程和各个方面，法律职业者都应该以诚信为本，恪守职业道德，维护法律的公正和权威。在法律职业活动中，保密规范与诚实守信密切相关。保密规范要求法律职业者必须严格遵守法律和各类规范性文件中的保密规定，严格保守国家秘密、商业秘密和当事人隐私，不得随意披露、泄露或公开。遵守保密规范是确保司法程序正常进行、司法秩序平稳运作的重要保障，也是法律职业者履行职业责任和维护公共利益的基本要求。因此，保密规范是法律职业伦理基本原则中的关键一环。[①] 再次，平等规范亦是法律职业伦理基本原则的重要组成部分。它包括形式意义和实质意义上的平等，前者要求所有人普遍受到法律的约束，不存在例外的特权；而后者更注重个案的公正性。平等规范旨在确保法律实施过程中的公正性和公平性，是维护社会秩序和正义的重要保障。最后，清正廉洁原则是法律职业伦理的基石。对于公职人员而言，廉洁之重要性不言而喻；对于其他法律职业者而言，亦应需做到自尊自重，依法依规进行职业活动，不得牟取非法利益。清正廉洁规范是维护司法公正性、权威性和有效性的重要保障，也是法律职业者履行职责、维护公共利益的基本要求。因此，法律职业者必须始终坚守清正廉洁的原则，以维护法律的公信力。

---

① 参见李本森主编：《法律职业伦理》，北京大学出版社 2015 年版，第 58 ~85 页。

（三）培育法律职业信仰

对于法学研究生阶段的教育而言，法律职业信仰的重要性不言而喻。法谚有云："徒法不足以自行"，法律的实施离不开法律人的对法律的信仰。法律职业人的职业信仰，特别是法律伦理素养，能够在一定程度上影响着法律的实行效力。有学者指出："忽略法律伦理和法律理想的法学教育只能向社会输送高级渣滓，甚至成为破坏良好社会秩序的害群之马。"①为实现树立法律职业信仰的目标，一是需要培育追求公正的理念。公正是法律职业最根本的价值取向，这一根本价值能够覆盖所有的法律活动，是整个法律共同体的共同追求。二是需要培育忠于法律的品德。法律的生命在于实施，而忠于法律是实施法律的必要前提。易言之，唯有对法律怀有坚定信仰，法律职业者才能准确、公正地运用和执行法律，从而真正履行其职业使命，这也是对公正的不懈追求和生动展现。三是需要培育学法律职业共同体责任感和荣誉感。无论法官、检察官、律师、仲裁员、公证员、法学研究学者等法律职业者，虽然彼此职业不同，在不同的司法程序中，甚至可能处于彼此的对立面，或对具体问题产生较大分歧，法律职业者都应承担起最基本的责任与担当。每一名法律从业者都经过了严格的理论和业务学习，并通过了法律职业资格考试或相关考核，都肩负着维护法律职业共同体团结和声誉的重任。详言之，需要共同体成员依据法律及相关规定，恪守职业伦理，在从事法律职业行为时做到彼此间互相尊重、相互理解，避免做出违背法律职业伦理的行为，以维护法律职业的良好形象。②

---

① 参见张利民：《评司法考试导向性法学教育——对于中国法学教育可持续发展的关注和思考》，载《法制与社会发展》2002 年第 6 期。

② 参见唐永春：《法律职业伦理的几个基本问题》，载《求是学刊》2003 年第 5 期。

（四）强化教育与职业衔接融合

法律职业是一项结合高尚法律伦理、系统法学知识和熟练法律技能的工作。[①] 因此，加强和改进法学教育的一项重要任务是促进法律职业伦理教育与法律职业的有效衔接。著名法学教育家孙晓楼先生在《法律教育之目的》一文中指出："法律教育的目的，是在训练为社会服务为国家谋利益的法律人才。"[②]首先，当教育阶段尚不止步于本科教育时，研究生教育阶段亦应包含职业伦理教育。相较于本科生，研究生阶段的培养虽然能够提升学习者的法律知识、技能、法学思维，但是却在法律职业伦理的强调较弱，这显得不太恰当。一方面，对于非法学本科的研究生对法律职业伦理教育还相对陌生；另一方面，对于应届毕业生而言，其法律实务工作能力和经验相较法律职业人还存在不小的差距。因此，法律职业伦理教育与法律职业的紧密结合应成为教育发展的重要方向之一。事实上，由不同资质的人员来执行同一部法律，都可能产生截然不同的实际效果，[③]而这所谓的"资质"不仅包括严格的法学理论学习和法律技能培训，更重要的是职业伦理的运用。在研究生阶段的教育中，合理、合法和适时地运用法律职业伦理是重点内容之一，也是法律职业人保护自身合法权益的有效方式。为了确保学习者在法律职业活动中牢记、考虑和运用法律职业伦理，我们需要加强法律职业伦理教育与法律职业之间的衔接。"融合"不仅需要将法律职业伦理的准则框架与基本原则相融合，而且还需要紧扣法律职业身份，与把握法律职业的发展趋势相融合。例如，结合领域内涉及法律伦理的正反面案例，关注司法体制改革对于法律职业的影响等内容，提升法律职业伦理教育的质效。

---

① 参见最高人民法院中国特色社会主义法治理论研究中心主编：《法治中国：学习习近平总书记关于法治的重要论述》，人民法院出版社2017年版，第395～399页。

② 参见孙晓楼：《法律教育》，商务印书馆2015年版，第9～11页。

③ 参见孙笑侠：《法律家的技能与伦理》，载《法学研究》2001年第4期。

四、法律职业伦理教育的实践路径

（一）传统教学的革新

1. 融入专业课程教学

相较于本科生阶段，研究生阶段的培养目标更为明确和深入，培养课程也更具专业性和针对性。这使得法律职业伦理教育内容融入专业课程教学变得更为可行，亦成为健全法学教学体系的重要内容之一。[①] 具体而言，通过将法律职业伦理的准则和基本规范有机地融入专业课程中，可以打破理论知识与实际伦理要求之间的壁垒。这种融合式的教学方法有助于提高学生的综合素质和职业素养，使他们更好地适应社会对法律人才的需求。将法律职业伦理教育融入专业课程主要有两种方式：一是教师在备课时有意识地将其融入课程的具体章节中；二是教师专门为本课程中的法律职业伦理教育预留一定的课时具体讲解。对比这两种方式不难发现：第一种方式可以让学生在处理具体问题时更容易联想到并运用法律职业伦理知识。然而，这种方式却可能导致知识的接收相对零散。而第二种方式则可以使讲授更为集中，帮助学生构建更为系统的知识体系。通过融贯式的教学体系，法律职业伦理教育可以由不同专业的教师针对各自课程进行讲解。这种方式不仅节约了另聘教师的成本，而且能够弥补教师间职业伦理教育质量不均的问题。具体的课程选择方式可以根据实际课程和院校情况进行灵活调整，但无论如何，法律职业伦理教育都是不可或缺的重要组成部分。无论采用何种教学方式，都必须确保学生接受到全面、系统的法律职业伦理教育，以培养他们良好的职业道德和职业素养。这是法律教育的核心目标之一，也是培养合格法律人才的

---

① 参见茹克娅·霍加、金子璐：《法律硕士教育与法律职业资格考试有效衔接机制研究》，载《法学教育研究》2023 年第 2 期。

必然要求。

2. 开展专题研讨

专题研讨可以从职业专题研讨会、法律共同体伦理专题研讨和个案专题研讨三个方面进行开展。一是专题的选择应当具备逻辑性和体系性。通过职业专题研讨，我们可以深入探讨法律职业的背景、职能、权利和义务等方面，从而使法律职业伦理的研究学习更具主体导向性。以职业为专题进行划分，能够使研究更系统、更科学，同时有助于教师教学和学生学习。这种专题研讨方式有助于全面理解法律职业伦理，并为进一步研究和学习提供有力支持。二是从不同职业中抽象出法律共同体的共同特质，如法官、检察官、律师、仲裁员等不同法律职业却有着共同之处，这些共同特质包括崇尚正义、信仰法律、客观公正、坚守法律底线等。总结这些共同特质有助于法学研究生深入理解法律职业伦理的内涵，从而更好地把握其本质和价值。这种对法律职业伦理共同特质的认识能够引导研究生在未来的法律职业生涯中坚守职业道德和底线，为社会正义和法治建设做出积极贡献。三是选择案例支撑。理论学习与研究离不开实际案例的支持，只有结合具体案例，理论依据才能得以充分展现。在个案专题研讨中，案例的选择至关重要。任课教师可以提供有针对性的典型案例供课堂讨论，同时也可以鼓励学生根据兴趣自行收集符合主题的案例。通过深入分析这些实际案例，学习者可以更好地理解法律职业伦理在解决实际问题中的应用，培养分析和解决问题的能力。这种个案专题研讨的方式有助于将理论与实践相结合，提高学习者的综合素质和职业素养。在收集主题案例时，既可以选择正面的、符合法律职业伦理道德的优秀典型，也可以选择负面的、违背法律职业伦理的不良案例。这些案例的选择应注重实效性，尽量选择近期发生的案例。通过对这些案例的深入分析和讨论，学习者可以更全面地了解法律职业伦理的实际应用，并从中吸取经验和教训。

教师可以先为学生提供一个案例收集与分析的示范，将相关案件的各种资料提前发送给学生阅读，并在课程中进行专题研讨。这种方式可以帮助学习者提升快速阅读能力和发现重要问题的能力，同时加深他们对学习内容的印象。在研究生阶段，培养学生的自主研习能力尤为重要。有观点指出，“网络论坛提供了目前看来最能够接近‘理想辩论情境’的言论空间”。[①] 因此，教师可以通过引导学生利用各种渠道，如裁判文书网、中国庭审公开网、学者论文和新媒体平台等，自行检索和挑选案例。通过强调问题意识，学生可以以问题为导向，提升信息检索和分析能力。这种自主研习的方法有助于培养学生的独立思考和解决问题的能力，提升研究生的信息检索与分析能力。在收集到相关案例后，研究生可以进行个人汇报或分组演说，并与教师共同研讨。对于存有争议的个案，还可以通过展开辩论，提升研究生的语言表达能力。最后，教师将对讨论进行总结和点评，对案例中涉及的法律职业伦理问题进行深入解说，进一步增强学生对知识点的印象，并提升其运用法律职业伦理知识分析和解决问题的能力。这样的教学方式旨在培养研究生全面的法律职业素养，为他们未来的法律实践奠定坚实基础。

（二）教育形式的创新

1. 融入法律诊所教学

相较于专题研讨式教学，模拟法庭、法律诊所等教学模式更注重实践应用，与法律职业的关联也更为紧密，是应用型法律人才培养的重要方式。[②] 法律诊所式教学是一种让学生在有实务经验的教师指导下，通过办理真实案件来学习职业技能和职业价值的教学模式。[③] 研究生阶段的法律诊所教学较之本科生阶段，更应强调法律伦理的正确适用和得当运用。如果说本科生阶段

---

① 参见桑本谦：《法律论证：一个关于司法过程的理论神话——以王斌余案检验阿列克西法律论证理论》，载《中国法学》2007 年第 3 期。

② 参见葛云松：《法学教育的理想》，载《中外法学》2014 年第 2 期。

③ 参见许身健：《认真对待法律职业伦理教育》，载《检察日报》2018 年 2 月 28 日，第 7 版。

的法律诊所式教学主要是通过让学生扮演不同法律职业角色来锻炼职业能力，帮助他们了解司法程序和法律职业的工作流程，从而激发学习积极性和主动性，那么研究生阶段的法律诊所教学则更注重运用所学知识解决实际问题。在这一阶段，法律伦理的内在化与外在化成为重点，研究生则需要关注自己在诊所课程中的言谈举止，将自己置于更广泛的社会层面中。他们可以就职业伦理冲突和社会问题进行交流与评价，进一步理解法律职业的责任感和使命感。这对教授者亦提出了更高的要求：开展法律诊所形式不仅需要模拟、创设真实的法律环境，也需要对学习者的法律知识、法律技能的运用加以指导，并重点针对法律职业伦理的体现制定完善的评分标准，通过分析、讨论、反思，使学习者深入理解职业伦理在实际工作中的应用。由此，法律教育、职业教育和伦理教育在研究生阶段的法律诊所教学中得以有机融合。

2. 组织实务座谈会

在现实的法治实践中，无数杰出的法律职业者树立了许多优秀的典范，提供了真正意义上的法律职业者形象。这些典范正是法律职业伦理观和道德观的集中体现。① 通过举办实务座谈会，可以深入学习优秀法律职业者的范式，从中吸取有益的经验和启示。在具体操作上，首先，法学研究生的教育人数相对较少，专业划分更为细致，不少研究生已对个人的未来规划有了更清晰的认知，因此采用座谈会的形式来探讨法律职业伦理问题更为可行。与传统的讲座形式相比，座谈会更能发现问题，更具有针对性和导向性，能够就具体问题进行更深入的探讨。通过与会者的互动交流，可以更好地启发思考和激发灵感，促进对法律职业伦理的深入理解和掌握。其次，实务座谈会的举办方式更加灵活，不受时间、地点和考试安排的限制。一方面，可以邀请优秀的法律职业人士进入校园，②与对应专业的法学研究生进行座谈交流；另一

① 参见张燕：《论法律职业伦理道德责任的价值基础》，载《法学》2018 年第 1 期。

② 参见丁国峰：《论我国法学教育"一体两翼"培养模式的构建与完善》，载《河北法学》2018 年第 8 期。

方面,可以有计划地组织在校法学研究生分批次进入实务工作部门主动学习,[①]与一线法律工作者进行深入的座谈研讨。此外,在研究生完成专业实习或实训等实际法律职业活动后,再进行总结座谈讨论亦不失为一个很好的选择,能够让研究生更加深入地了解和体验法律职业伦理的实际应用。通过亲身参与实务工作,与法律实务工作者的交流,研究生不仅能够了解职业工作经验和方法,更能够深刻体会法律职业伦理在实践中的运用及其重要性。这种亲身体验和深入思考有助于研究生更好地理解和掌握法律职业伦理,为其未来的职业发展奠定坚实的基础。

3. 举办互联网论坛

通过举办互联网论坛的形式,一方面能够克服传统课程的限制,如时间、地点、参与人数和疫情等因素影响,同时还具有节约参会成本、提供回放功能等优势;另一方面,研究生能够接触到更广泛、更多元化的法律职业人群,包括不同职业背景和水平的法律从业者。这种形式能够生动地展示不同法律职业人对职业伦理的不同理解、观点和表达方式,从而激发研究生对职业伦理的深入理解和思考。为了具体落实,学校或学院可以发挥校友资源与校外实践基地的资源,主动牵头举办全校性或专业性的互联网论坛。在形式上,可以邀请校外专家、司法实务人员、律师、仲裁员、公证员等进行互动式、研讨式的交流。在内容上,不同法律职业者可以结合自身办案经验和职业伦理理解,聚焦职业伦理的价值、应用与影响等方面进行讨论。这样的活动将有助于学习者更深刻地认识职业伦理的实践意义,以提高其在未来实际工作中的应用能力。

五、结语

法学研究生职业伦理教育的重要性无法忽视,它不仅是培养未来法律从

---

① 参见王晨光、陈建民:《实践性法律教学与法学教育改革》,载《法学》2001 年第 7 期。